China Knowledge：
金融与管理系列丛书
丛书主编　李志森

中国商业银行经营模式创新案例研究

于宝山　陈作章　陈奕君　等著

苏州大学出版社

图书在版编目(CIP)数据

中国商业银行经营模式创新案例研究 / 于宝山等著
. —苏州：苏州大学出版社,2018.10
（China Knowledge：金融与管理系列丛书 / 李志森主编）
ISBN 978-7-5672-2427-8

Ⅰ.①中… Ⅱ.①于… Ⅲ.①商业银行-经营管理-管理模式-案例-中国 Ⅳ.①F832.332

中国版本图书馆 CIP 数据核字(2018)第 114875 号

中国商业银行经营模式创新案例研究
于宝山　陈作章　陈奕君　等著
责任编辑　肖　荣

苏州大学出版社出版发行
（地址：苏州市十梓街1号　邮编：215006）
镇江文苑制版印刷有限责任公司印装
（地址：镇江市黄山南路18号润州花园6-1号　邮编：212000）

开本 700 mm×1 000mm　1/16　印张 16　字数 270 千
2018 年 10 月第 1 版　2018 年 10 月第 1 次印刷
ISBN 978-7-5672-2427-8　定价：48.00 元

苏州大学版图书若有印装错误，本社负责调换
苏州大学出版社营销部　电话：0512-67481020
苏州大学出版社网址 http://www.sudapress.com

序 一

中国古代丝绸之路为当时沿途各国人民友好往来、互利互惠做出了贡献。如今"一带一路"倡议通过"丝绸之路经济带"和"21世纪海上丝绸之路"发展同各国的外交关系和经济、文化交流,构建人类命运共同体已经成为应对人类共同挑战的全球价值观,并逐步获得国际共识。

新加坡在"一带一路"特别是"21世纪海上丝绸之路"中发挥着积极作用,并成为重要的战略支点之一。2015年新加坡对华投资占"一带一路"沿线64个国家对华投资总额的80%以上,中国对新加坡投资占中国对"一带一路"沿线国家投资总额的33.49%,中新贸易额占中国与"一带一路"沿线国家贸易总额的8%,新加坡的地位和作用凸显。

继苏州工业园区和天津生态城之后,中新第三个政府间合作项目以"现代互联互通和现代服务经济"为主题,面向中国西部地区,项目运营中心落户重庆市,充分显示中新政治互信和经贸关系日益加强。

新加坡作为"一带一路",特别是"海上丝绸之路"沿线重要国家,也是亚太金融、贸易、航运中心,其独特的地理位置和有目共睹的"软"实力,孕育了与"一带一路"交汇的巨大潜力和发展机会。新加坡是一个非常重要的金融中心,新加坡是大量资本聚集地之一,是全球第二大财富管理中心、第三大金融市场中心,也是最大的大宗商品交易中心。在东南亚所有项目融资中,有60%是由在新加坡运营的银行安排的。作为一个全球金融中心,新加坡既可帮助中国资本和贸易走出去,也可为中国引入外资发挥作用。随着中国资本市场的进一步开放,新加坡可为中国企业进入全球债券市场提供帮助。

阿里巴巴在新加坡设立研究中心说明未来中新两国共同推动"一带一路"相关项目的前景十分广阔。"一带一路"倡议给中国经济、企业和金融机构带来很多机会,同时也给周边国家及区域经济体带来了一些机遇。世界各国都可以双赢模式共享发展成果。

新加坡是较早支持"一带一路"倡议的国家,中国对"一带一路"沿线国家的投资中有近三分之一均先流入新加坡,新加坡对中国的投资占"一带一路"国家对华投资总额的85%。新加坡现在正在打造四个平台以支持"一带一路"的发展。一是在金融方面,有很多中资企业到新加坡融资,这将为人民币率先在"一带一路"沿线国家实现国际化创造机会。二是在硬件设施方面,如正在推进的新加坡与苏州工业园区深度合作、重庆互联互通项目等。三是在三方合作领域,可为"一带一路"沿线国家的官员提供培训。四是在法务合作方面,可为国际商业纠纷提供帮助,新加坡已有完善的平台给企业提供这方面的服务。

在全球经济复苏不稳定,反全球化、民粹主义以及贸易保护主义抬头的背景下,新科技迅猛发展及地缘政治问题给世界经济发展带来巨大挑战,并且对世界各国就业市场带来巨大冲击。许多国家的企业,特别是中小企业,面临需求不振和成本居高不下等问题,迫切需要产业转型升级和开拓新市场。各国政府虽已采取许多鼓励措施帮助企业,并提高银行业对实体经济的支持力度,但中国银行业不仅要应对互联网企业的业务竞争,也要应对国内外同行业的业务竞争,其面临着许多亟待解决的问题和挑战,因此,需要从理论和实际上对这些难题进行深入探讨和研究。

China Knowledge 与苏州大学出版社合作出版的"金融与管理系列丛书"针对中国企业技术创新与金融业发展中的实践和理论问题进行深入研究,分析其原因并找到解决方案,这不仅对中国经济发展具有参考价值,而且对世界其他国家经济发展也具有借鉴意义。该系列丛书对增进国际经济发展与合作及学术交流具有推动作用。

新加坡中盛集团(China Knowledge)执行董事
赵中隆(Charles Chaw)

序 二

本书是"China Knowledge：金融与管理系列丛书"中的一本，该系列丛书由法国 SKEMA 商学院（SKEMA BUSINESS SCHOOL）苏州分校前校长李志森教授主编。第一辑系列丛书包括四部著作，其中《中国商业银行经营模式创新案例研究》一书主要研究了上市商业银行竞争力问题、商业银行收入结构多元化的影响问题、商业银行理财产品业务发展问题、商业银行个人金融业务营销问题、商业银行贷款风险评估机制问题及城市商业银行操作风险问题等；《商业银行业务竞争与风险防范案例研究》一书主要研究了商业银行电商平台业务创新问题、商业银行个人理财业务营销策略问题、城市商业银行核心竞争力问题、中小企业信用贷款业务风险控制问题、商业银行个人住房贷款违约风险管理问题及商业银行宏观信用风险压力测试问题等；《企业技术创新与金融市场优化案例研究》一书主要研究了民营企业技术追赶战略和发展模式问题、价值链拆分的双重商业模式的战略选择问题、FDI 影响技术创新中间传导环节问题、L 时装公司供应链管理系统问题、江苏省创业板上市公司成长性内部因素问题、再生能源项目 PPP 融资风险管理问题、D 证券公司资产管理问题、明星基金的溢出效应问题、股权结构对上市公司财务困境影响及融资融券对我国股市波动性影响等；《金融机构业务创新与金融市场监管案例研究》一书主要研究了民生保险互补共赢机制与制度创新问题、互联网金融产品创新与风险防范问题、互联网消费金融资产证券化问题、P2P 网贷平台风险与监管机制问题、小额贷款公司的法律监管与制度创新问题、寿险个人代理人制度创新问题、股权众筹发展与监管问题、期货市场套期保值有效性问题、社保基金投资绩效问题、可转债发行的公告效用及其影响因素问题等。

本套丛书以理论联系实际为指导思想,运用案例分析或实证分析的研究方法,主要针对中国金融体系中的金融机构和金融市场在经济发展新常态大背景下所面临的发展困境与金融创新中的实际问题和对策进行深入探讨与研究,从中找到具有可操作性的解决方案。这些研究成果可以较全面地诠释在中国特色社会主义市场经济发展中,中国金融机构和企业的创新发展路径,因此,这套丛书不仅对中国金融机构和企业等的高层领导者的经营战略决策具有重要的参考价值,也对相关专业本科生和研究生及 MBA 学员深入探讨理论和从事工作实践具有一定的指导和参考价值。这也是 SKEMA 商学院在国际化教育的战略下,使国际校区也可以提供"为本地制造"的教学服务。

目前,随着"一带一路"倡议的提出,金融机构和企业也需要探索和把握今后如何开展中国产业全球布局和投融资业务。因此,这些研究成果不仅对于中国学者和金融从业人员具有实际参考价值,而且对于"一带一路"沿线国家金融业和实体经济发展也具有重要借鉴意义。

法国 SKEMA 商学院(SKEMA BUSINESS SCHOOL)苏州分校前校长

李志森教授(Prof. Laubie Li)

前言

随着我国金融科技的飞速发展,金融机构将客户群体扩大至从前未获金融服务覆盖的群体。金融产品向追求体验至上转变,金融机构所提供产品和服务的重点也将从简单的标准化转变为创造个性化的体验。尤其是利用移动互联网渠道展开的网上银行业务量大幅度上升使得商业银行实体分支机构的重要性逐年下降。这些不仅使各商业银行之间的业务竞争加剧,商业银行与以第三方支付为代表的互联网金融机构之间也形成了激烈竞争的趋势。而未来人工智能、区块链和机器人流程自动化三项创新科技将给金融业带来深远的变化。

随着中国实体经济向工业4.0、共享经济演变,信息化、智能化和个性化将成为主流商业与生活模式。为顺应这一潮流,未来金融服务模式也将向3.0转型,从"产品和渠道为王",转变为以客户为中心。一方面,金融机构的实体网点功能向产品和服务的研究和生产中心、后台处理中心转型,所有的交易执行将通过智能渠道来完成。另一方面,金融服务也将融入生活,相关的支付、融资、保险等需求通过生活场景来挖掘。因此,未来的"新金融"服务模式,将包含"产品服务""应用场景""智能渠道"三大要素,而科技将是向"金融3.0"时代转型的重要支柱。

随着国际银行业的运行环境和监管环境发生巨大的变化,信用风险和市场风险以外的风险破坏力日趋显现,《巴塞尔协议Ⅰ》的局限性逐渐暴露出来。由于《巴塞尔协议Ⅰ》本身在制度设计上存在缺陷,同时随着经济金融全球化的进一步发展,金融创新层出不穷,金融衍生品大量使用,银行业趋于多样化和复杂化,信用风险以外的其他风险逐渐凸显,诱发了多起重大银行倒闭和巨额亏损事件;此外银行通过开展表外业务等方式来规避管理的水平和能力不断提高。因此,《巴塞尔协议Ⅱ》在最低资本要求的基本原则基础上,增加了外部监管和市场约束来对银行风险进行监管,构建了三大支柱——资本充足率、外部监管和市场约束,形成了对银行风险全面监管的完整体系。但2007年金融危机的爆发使得《巴塞尔协议Ⅱ》的问题也日益暴露出来,为应对金融危机,《巴塞尔协议Ⅲ》从银行个体和金融体系两方面提出了微观审慎监管和宏观审慎监管理念。2007年2月中国银监会发布了《中国银行业实施新资本协议指导意见》,标志着中国正式启动实施《巴塞尔协议Ⅲ》工程。按照中国商业银行的发展水平和外部环境,短期内中国银行业尚不具备全面实施《巴塞尔协议Ⅲ》的条件。而银监会确立了分类实施、分层推进、分步达标的基本原则。2012年6月银监会发布了《商业银行资本管理办法(试行)》,这对中国商业银行风险管理提出了更高的要求,因此,今后各商业银行如何推进风险防范与管理成为关注的焦点。

金融机构要提升自身业务竞争力就必须跟上金融科技发展的节奏。目前,金融机构不仅专注于系统升级,也着眼于相关解决方案,这除可提高客户服务质量外,还有助于金融机构提升效率、降低成本、强化安全性。这一切不仅对金融业从业者将产生巨大压力,也将对金融专业学生的学习产生巨大冲击。如果他们不能够在工作中发挥机器不可替代的作用,就将被新的金融科技冲击波所淘汰。因此,金融机构工作者需要具备扩大产品和服务的范围、拓展客户基础和更好地分析和利用现有数据的能力。在金融科技的竞争浪潮中,想要获得优势,金融机构需要的是复合型人才,其数字技能、商业头脑、管理能力缺一不可。因此,如何培养面向未来的人才,不仅是大学教育需要深入探究的问题,也是金融机构所面临的重要课题。本书针对上述问题进行了以下研究。

通过建立上市商业银行竞争力评价指标体系,对我国上市商业银行竞争力进行实证分析。并选取14家上市商业银行样本,以各银行公布的2011年年报为样本数据来源,采用多元因子分析法,利用因子综合评分的结果,从盈利能力、安全能力、流动能力、规模实力、发展能力和创新能力等方面对上市商业银行的竞争力进行分析,并确定各银行的竞争力排名。根据实证分析的结果对如何提升上市商业银行的竞争力提出对策和建议。

选取我国16家具有代表性的上市商业银行2008年第一季度至2015年第三季度的相关数据为研究样本,按照不同体制,将这16家上市商业银行分为国有控股商业银行与非国有控股商业银行两个样本组,基于面板数据模型,对其收入结构的多元化水平与银行绩效进行回归分析。回归结果表明,我国商业银行收入结构的多元化水平与经营绩效间的相关性较强:从短期来看,扩大非利息收入并未给我国商业银行带来显著的绩效水平提升,反而对银行的绩效水平产生负向影响;但从长期来看,推动我国商业银行收入结构多元化有利于提高银行的绩效水平,且其影响力度要大于当期对银行效益的负向影响。另外,无论从短期还是长期来看,国有控股商业银行回归模型中影响系数的绝对值均大于非国有控股商业银行,表明国有控股商业银行收入结构的多元化水平对银行绩效的影响要大于非国有控股商业银行。其主要原因是:国有银行在营业网点和资金规模上均具有绝对优势,其在拓展非利息收入业务方面的规模效应要远大于规模、资金实力等相对较弱的非国有控股商业银行。最后,就如何优化商业银行的收入结构、实现战略转型、全面提升银行核心竞争力提出了针对性建议。

通过对 N 银行业务经营实地调研,分析 N 银行在理财产品创新方面的现状,发现其理财产品存在同质化严重、内部机制不健全、理财工作人员素质偏低和受到互联网金融产品冲击等诸多问题,并针对 N 银行产品创新的具体问题提出以下创新策略。第一,完善理财产品创新机制;第二,准确定位,按照个人生命周期部署差异化理财产品战略;第三,应从多方面拓展理财产品创新路径。为确保银行的理财产品创新改革策略有效实施,N 银行还应做好风险监控,做好理财业务风险控制保障。这些策略的提出旨在为 N 银行开展理财产品的创新策略调整提供理论参考,使 N 银行理财产品创新实施更加具有针对性和有效性。

随着个人财富不断积累,公众越来越需要商业银行提供全方位、高层次的金融服务,但由于受国内市场环境和银行科技发展水平的限制,个人金融业务的发展速度和服务水平均不能满足市场的需求。在此背景下,如何有效运用市场营销原理,通过产品创新发展个人金融业务,对银行的业务增长具有重要现实意义。以国内商业银行个人金融业务为切入点,对招商银行发展个人金融业务进行深入分析,指出国内商业银行个人金融业务发展存在的问题,提出商业银行个人金融业务的营销策略。

通过采用定性研究法和比较研究法对商业银行贷款风险评估机制进行研究,并提出构建相关商业银行贷款风险的防范策略。首先,对商业银行贷款风险的相关理论进行了系统性梳理,并以我国贷款五级分类法为基础对我国商业银行贷款的历史性数据进行分析。引入 VAR 方法对商业银行贷款风险评估进行了实证研究。从建立贷前风险预警体系、完善贷中审批决策制度和构筑贷后跟踪监控机制 3 个方面提出商业银行贷款风险的防范策略。

以 B 银行 S 市分行为研究对象,综合运用比较分析等多种方法进行研究。从分析该分行所面临的主要操作风险和操作风险管理机制入手,结合 S 市分行自身的实际运营情况,对 S 市分行的操作风险管理进行深入剖析,发现该银行在控制操作风险中存在的问题与原因,并提出适合 S 市分行实际情况的改进措施,希望能为该行业务的可持续性发展提供理论参考。

著者

目录

英文摘要 / 1

第一章 基于因子分析法的上市商业银行竞争力实证分析 / 5

 一、引言 / 5

 二、商业银行竞争力的相关理论 / 10

 三、我国上市商业银行竞争力评价指标体系的构建 / 15

 四、我国上市商业银行竞争力实证分析 / 23

 五、提升我国上市商业银行竞争力的对策探讨 / 38

 六、结论与展望 / 43

第二章 我国商业银行收入结构多元化对绩效的影响研究 / 45

 一、引言 / 45

 二、理论基础 / 55

 三、商业银行收入结构多元化对绩效影响的理论分析 / 60

 四、商业银行收入结构多元化对绩效影响的实证分析 / 68

 五、结论与建议 / 81

第三章 N银行个人理财产品业务的发展研究 / 87

 一、引言 / 87

 二、基本概念及相关理论 / 92

 三、我国商业银行理财产品的发展现状 / 100

 四、生命周期视角下N银行理财产品创新特点与不足分析 / 108

 五、生命周期视角下N银行理财产品创新策略 / 126

 六、结论与展望 / 134

第四章 商业银行个人金融业务发展研究 / 136

一、商业银行个人金融业务概述及理论基础 / 136

二、国内外商业银行个人金融业务发展的研究现状 / 139

三、我国商业银行个人金融业务发展现状、存在问题及分析 / 141

四、我国商业银行个人金融业务发展策略——以招商银行为例 / 144

五、结论与展望 / 153

第五章 我国商业银行贷款风险评估机制、问题与对策研究 / 154

一、引言 / 154

二、商业银行贷款风险理论概述 / 159

三、商业银行贷款风险分类制度 / 163

四、我国商业银行贷款风险评估机制及问题 / 172

五、商业银行贷款风险评估机制完善的对策 / 179

第六章 B银行城市分行操作风险管理研究 / 184

一、研究背景和意义 / 184

二、国内外文献综述及简要评析 / 185

三、操作风险管理的相关理论 / 193

四、城市分行操作风险管理现状分析 / 198

五、城市分行操作风险存在问题的原因分析 / 219

六、城市分行操作风险管理的对策 / 224

参考文献 / 232

后记 / 239

英文摘要

Chapter 1: Factor Analysis on the Competitiveness of Chinese Domestic Listed Commercial Banks

This chapter systematically reviews the latest research outcomes in terms of the competitiveness of commercial banks, reinterprets the definition of competitiveness and competitiveness of commercial banks, and summarizs theories in terms of competitiveness of corporations. Based on these theoretical foundation, an evaluation index system is set up to assess listed commercial banks' competitiveness. In the part of empirical research, 14 listed commercial banks are chosen as sample and data is collected from the 2011 annual report of these commercial banks. By utilizing factor analysis, the competitiveness of these commercial banks are assessed and ranked in terms of profit generation, safety, liquidity, scale, development and ability of innovation. Based on this empirical analysis, managerial implications are proposed in the perspectives of internal and external factors.

Chapter 2: The Study on the Implications of Diversified Income Structure on the Performances of Chinese Domestic Commercial Banks

Based on the previous research outcomes, the study collects data from 16 domestic commercial banks from their annual reports during the period 2008—2015. These banks are categorized as state-owned and non-state-owned commercial banks, and panel data is analyzed to assess the implication of diversified income structure on the performances of Chinese domestic commercial banks. Regression results indicate that there is strong connection between diversified income structures and bank performances: In the short-term, the non-interest income seems to be having negative impact on bank performances; however, in the long-term, the diversified non-interest income would help banks improve their performances. This positive impact on performance is estimated to surpass the negative impact brought by non-interest income in the long run. Nevertheless in the short- or long-term, it is indicated that the diversified income structure would have a greater impact on state-owned commercial banks compared with that on non-state-owned banks. This is possibly due to the fact that state-owned commercial banks could fully take the advantage of their national level to explore new channel of generating profit. Finally, managerial implications on how to improve banks' performances are proposed in terms of diversifying income structure and improving competitiveness.

Chapter 3: The Study on the Development of Personal Banking Services of Bank N

The study is about Bank N's innovation development in terms of delivering innovative personal banking services. The development of Information Technology is considered as an external factor when assessing the innovation activities in Bank N. Based on the literature review on the innovative personal banking services and life-cycle approach, as well as the field work conducted at Bank N, managerial strategies are proposed to Bank N for enhancing its services efficiency: (1) improve the mechanism of product or service innovation; (2) differentiate services and products based on the life-cycle approach; (3) implement the innovation strategy thoroughly. Besides, Bank N should improve the ability to manage risks to ensure the sustainable and transparent development of Bank N's personal banking services and related products. These proposed strategies are aimed at providing insights to Bank N to develop business in innovative personal banking sector and making its product and service innovation to be more efficient and specific.

Chapter 4: Marketing Strategies of Personal Banking Services in Commercial Banks

Personal banking services are banking or other financial services designed for individual or family in terms of savings, clearance, investment consulting, financing, intermediary services and consumer financial services. Since 1990s, personal banking service sector is at the core of competition among commercial banks owing to its high return, low risk and high market potential. High quality and comprehensive financial services are needed by consumers with continuously increasing disposable income. But the banking sector in China had difficulty in satisfing the growing demand in terms of speed of development and quality of services due to domestic market environment nowadays and limited technological progress. Within this context, it is of high significance to encourage innovation activities in terms of personal banking services by utilizing marketing theories. Marketing strategies are proposed based on the comparative analysis between China Merchants Bank and other commercial banks in China.

Chapter 5: Mechanism, Issues and Implications in Loan Risk Management of Chinese Domestic Commercial Banks

The study adopts qualitative research methods and comparative research methods to investigate the loan risk management mechanism of commercial banks and tries to propose the strategies of avoiding or reducing risks. First, this chapter reviews the general theories in bank loans and associated risks, including categorizing bank loan risks and characteristics, causes and implications of loan risks. Secondly, the five-level risk classification approach and China's classification approach are reviewed. Then, based on China's risk classification approach, historical data in terms of bank loans are analyzed. Thirdly, this chapter redefines and reinterprets the concept of loan risk management and defines the process of risk assessment as three stages namely pre-loan assessment, mid-term assessment and post-loan assessment. Besides, the study summarizes the methods of classifying risks and empirical research is conducted employing the VAR method. Finally, risk avoiding strategies such as developing an early warning system in the pre-loan phase, a refined approval process and a post-loan risk monitoring mechanism are proposed.

Chapter 6: Study on Operational Risk Management of City Branch of Bank B

This study combines theories and practices and investigates the operation of a branch of Bank B in City S. Relevant literature has been reviewed to gain insights from theories in terms of risk management in the financial service sector. Then the study takes a branch of Bank B in City S as an example in the comparative research and its risk management process has been examined based on data and cases collected from daily operations. Issues and causes are analyzed for the branch in terms of risk management with a focus on the branch's operational risks and its risk management tools. Meanwhile, the analysis is also based on the comparison of the branch's risk management process given the latest research findings in this field. Also, managerial implications are proposed, which are aimed at providing insights for the sustainable development of this sector and Bank B as well as other financial services providers.

第一章
基于因子分析法的上市商业银行竞争力实证分析

本章系统地梳理了商业银行竞争力的相关研究文献,并界定了竞争力及商业银行竞争力的内涵,同时对企业竞争力理论进行概括和总结,在此基础上,遵循科学、全面、可得性等原则,建立上市商业银行竞争力评价指标体系,并选取14家上市商业银行为研究样本,以各银行公布的2011年年报为样本数据来源,采用多元统计分析中的因子分析法,利用因子综合评分的结果,从盈利能力、安全能力、流动能力、规模实力、发展能力和创新能力等方面对这些上市商业银行的竞争力情况进行分析,确定各银行的竞争力排名,根据实证分析的结果分别从银行内部因素和外部金融环境方面对提升上市商业银行的竞争力提出对策和建议。

一、引 言

(一)选题背景及意义

1. 选题背景

金融业是现代经济的核心,是国民经济的基石和命脉。根据中国银行业监督管理委员会公布的统计数据,截至2011年年底,我国的银行业金融机构资产总额约为113.3万亿元,占到我国金融业份额的90%以上。商业银行作为我国金融体系的主体,其竞争力水平和经营状况对我国国民经济的发展具有重要影响,其改革和创新直接关系到我国金融业的变革与成长,是金融业的重要枢纽。

从国际上来看,我国自2001年加入世界贸易组织后,国内商业银行在改革中不断发展,各大银行在业务种类、服务质量和抵御风险等方面均取得了长足进步,但与国外银行相比还有很大差距。2006年我国取消了外资银行在中国经营人民币业务的地域和客户限制,对外资银行实行国民待遇,这意味着我国对外金融业务全面开放。随着大量外资银行纷纷登陆中国市场,中外商业银行的全方位竞争由此全面展开。外资银行凭借其雄厚的资本实力、先进的管理理念、完善的经营技术、一流的金融人才和丰富的市场经验,给我国银行业带来了巨大冲击。

从国内来看,我国已经形成包括国有商业银行、股份制商业银行及众多的地方性商业银行、城市商业银行等在内的商业银行体系。随着我国国有商业银行陆续上市,国有商业银行变身成为国有资本控股的股份制商业银行。此外,我国股份制商业银行和城市商业银行也取得了长足发展,并不断发展壮大,成为我国银行体系中的一支生力军。随着金融业改革的加快,银行上市已经成为中国银行业发展的必然趋势,2011年已经有17家商业银行分别在沪深证券交易所和香港联交所上市,我国银行业的发展已进入一个全新阶段。

我国商业银行在激烈竞争中如何面对机遇和挑战,通过制度创新全面提升各商业银行的竞争力,已成为急需研究的重要课题。

2. 选题意义

上市商业银行是我国银行业的中坚力量,而国内外研究尚未对其竞争力的基本概念、构成要素、评价体系等达成一致看法,本章的研究是对企业竞争力理论研究在金融领域的延伸与应用。

随着市场经济的发展,我国银行业开放步伐逐渐加快,这就使国内上市银行受到的政策庇护越来越少,各家上市商业银行不仅要面对国内同行的挑战,也要应对国外强手的竞争。因此,全面客观地分析我国各上市商业银行的竞争力强弱,既可科学地评估各银行的经营绩效,明确其在该行业的地位,认清自身竞争优势,明确发展方向,采取有针对性的措施来不断提高整体实力,在竞争中求发展;也可使公众更好地了解各银行的相关信息,为投资者提供分析上市银行投资价值的资料,对国内其他未上市银行具有重要的借鉴作用;还可为我国的银行业监管部门提供考核上市银行的重要依据,对维护金融业健康发展具有重要参考价值。

由此可见,基于客观实际对我国上市商业银行竞争力的研究具有重要的理论价值和现实意义。

(二)国内外文献综述

1. 国外研究现状

商业银行对各国金融业都具有巨大的影响力,因此,构建切实可行、全面系统的商业银行竞争力评价体系作为经济发展的重要指标,逐渐受到专家和学者的重视。在国际上对商业银行竞争力的相关研究具有较大影响力的主要有以下三个方面:

第一,世界经济论坛(WEF)和瑞士洛桑国际管理发展学院(IMD)设立的国家竞争力评价对金融体系竞争力测评。他们认为,一国金融业的竞争力主要体现在四个方面——资本成本、资本效率、股票市场活力和银行业效率,商业银行竞争力则主要体现在银行业效率这个子要素中。根据此标准,银行的竞争力主要体现在5个方面:(1)中央银行的政策是否有利于国内经济的发展;(2)银行的规模;(3)银行的资产总额占一国GDP的比重;(4)存贷款的利率差;(5)对相关金融机构的法律监督能否保持整个金融业的稳定。该评价方法评价一国的综合竞争力,对银行竞争力的分析仅停留在几个重要指标上,缺乏对商业银行竞争力的全面和系统的评价,因而无法完全反映银行业的竞争力。

第二,《银行家》等专业报刊对银行的指标排名和比较。英国《银行家》杂志自1926年创刊以来,始终反映着全球金融的历史变迁,是全球金融信息与情报的重要来源。《银行家》《欧洲银行家》和《亚洲货币》等杂志每年对全球1 000家大银行进行排名,以各大银行的一级资本规模为标准,根据这些银行资产规模、收益率、经营稳健状况及其他综合指标展开相对客观、全面的评价,综合考查单个银行及一国银行业的整体实力水平,这一排名被公认为国际银行业最权威的实力评估。但它只是按照一定时期财务指标的绝对数值进行大小排列,没有将银行的各项指标作为一个体系对它们进行综合评价和衡量,缺少对影响银行竞争力的制度和市场因素的分析,这是这一排名存在的缺陷。

第三,国际评级机构对银行的评级研究。

(1)标准普尔对银行的评级分析方法。标准普尔信用评级公司主要从两方面因素对银行进行评级,一方面是商业风险因素,包括经济风险、行业风险、业务种类、市场状况及业务地域的分布、策略及管理等;另一方面是财务风险因素,包括市场风险、信用风险、融资规模、流动性、风险管理、资本率、盈利能力和财务灵活性等。其对银行的评级分为短期和长期信用评级,对银行风险的评价灵活变通、适应性强,但其评价方法主要侧重于风险评价,忽略了其他重要因素。

(2)穆迪公司对银行的评级体系。穆迪投资服务公司作为美国三大著名的信用评级机构之一,其银行评级体系已被当今世界普遍接受,具有广泛的适用性。该评级体系分为7个层次:经营环境、管理策略与管理质量、盈利能力、风险状况与管理、所有权及公司治理、业务价值和资本充足性。穆迪分析评价体系涉及的指标全面、系统,对于构建银行竞争力指标体系有很大的指导作用,但其不足之处在于分析过程过于复杂、烦琐。

(3) CAMELS评级模型。CAMELS评级体系是美国金融管理当局对商业银行及其他金融机构的业务经营、信用状况等进行的一整套规范化、制度化和指标化的综合等级评定制度。CAMELS评级系统主要从资本充足率、资产质量、管理能力、收入及盈利性、流动性和对市场风险的敏感性6个方面进行评估。该模型充分考虑到银行的规模、复杂程度以及风险层次,采用了单项评分与综合评分、定性分析与定量分析相结合的有效分析模型。

2. 国内研究现状

与国外相比,我国对商业银行竞争力的研究起步相对较晚,兴起于20世纪90年代,并且正在逐渐深入。近年来,国内学者通过对国外商业银行竞争力研究的吸纳和取舍,并结合我国商业银行的现状和特点,已经取得了较多的研究成果。

焦瑾璞博士(2002)的《中国银行业国际竞争力研究》和《中国银行业竞争力比较》是国内较早研究银行业竞争力的著作,他认为银行业竞争力是银行综合能力的体现,是在市场经济环境中相对于其竞争对手所表现出来的生存能力和持续发展能力的总和,对商业银行竞争力的研究可分为以下4个方面:现实竞争力、潜在竞争力、环境影响因素及竞争态势。他把现实竞争力分为流动性指标、盈利性指标、资产质量指标和资本充足率指标4大类、14个子目来分析。书中运用大量的数据分析,客观衡量、比较和评价了中国银行业的竞争力,提出了提升中国银行业竞争力的途径和建议,为中国银行业经营、管理提供了十分重要的决策依据,是国内较系统的分析银行业竞争力的著作。

魏春旗和朱枫(2005)的专著《商业银行竞争力》对我国商业银行竞争力的现状进行了客观、全面的分析,认为商业银行的竞争力是商业银行表层竞争力、深层竞争力和核心层竞争力的叠加。商业银行的核心竞争力是由7个方面组成的竞争力体系:技术、流程、组织、人才、制度、文化和战略。因此,要提高商业银行的核心竞争力,必须先提高技术创新、流程再造、组织重组、人才资源、制度创新、文化重塑和战略管理能力。

胡静（2007）运用中国人民银行对中国银行业的实际情况修正过的CAMEL评级法，对中国五家股份制商业银行资本充足状况、资产质量状况、管理状况、盈利状况及流动性状况进行了评估，发现招商银行的综合竞争力最强，且最具规模优势。

迟国泰、王际科、杜鹃（2006）建立了市场占有能力、盈利性、安全性、流动性4个方面的竞争力评价指标体系，引入灰色系统理论，建立了基于灰色系统理论的商业银行竞争力评价模型，计算被评价银行与理想银行之间的关联度，将其关联度大小的排序作为银行竞争力强弱的顺序，通过主成分分析和灰色关联优势分析及综合关联度的计算得到各指标对综合得分的影响程度，并指出现有研究中存在对指标权重的确定主观性太强的缺点。

王松奇（2006）等的中国商业银行竞争力评价课题组对我国商业银行的竞争力进行了较为全面的研究，并将研究成果《中国商业银行竞争力报告》发表于国内的《银行家》杂志上。课题组认为，商业银行竞争力研究要区别于现有的银行信用评级及银行绩效评价，竞争力研究除了对现实的银行竞争行为和业绩评估外，还要考虑银行体系、人员素质、经营环境等其他因素。课题组将影响商业银行竞争力水平的因素分为两个层次：一是包括资本充足性、资产质量、市场规模、资产流动性等在内的现实竞争力指标；二是包括创新能力、科技能力、内控机制、人力资源等在内的潜在竞争力指标。此研究从定量和定性两个方面对商业银行的竞争力进行了较为全面和系统的研究。

张建波（2006）通过风险调整资产收益率（RAROA）指标来评价国有商业银行竞争力的变化，进而得出国有商业银行的效率改进对国有商业银行竞争力的提高具有明显的作用，高集中度的市场结构不利于国有商业银行竞争力提高的结论。

徐妍（2010）指出商业银行竞争力是银行通过各类金融产品和服务创造更多财富的能力，在不断提升自身资产价值的同时提供更优质服务的能力。他利用五家国有商业银行所披露的数据，建立CAMELS评级系统，对各商业银行的经营状况进行了定量和对比分析，并得出了最终的结论。

从理论创新的视角来看，各种观点和结论确实丰富了竞争力的内涵，但尚未形成理论体系。国外对于银行竞争力的评价多由评价中介机构进行，如标准普尔和穆迪都是以风险评价为主要内容；《银行家》杂志对世界银行的排名只是以商业银行的一级资本为主要依据，指标的设置往往侧重于某一方面，缺少对上市商业银行各指标的综合分析，不足以衡量和评价某个银行的整体竞争力水平。国内的研究多限于对指标的逐一对比,且偏重于对绩效评价中盈利性的考察,显得不够客观和全面,且其研究对象划分标准不一。因此,本章拟构建一个综合、全面的指标体系和银行竞争力基本分析框架,以客观和全面地评价我国上市商业银行的竞争力。

二、商业银行竞争力的相关理论

(一) 企业竞争力的内涵

1. 竞争与竞争力

"竞争"一词在《新帕尔格雷夫经济学大辞典》中被定义为"一种发生在个人(或团体、国家)间的争胜行为,只要有两个或两个以上的不同利益团体在为某种大家都达不到的目标而奋斗,就会有竞争",这一定义具有普遍性。这种竞争广泛存在于经济、政治、思想、文化等各个领域,但从本质上说,竞争实际上是一种经济关系,体现的是竞争者相互之间的经济利益。正是因为有了竞争,才可以实现日常经济生活中资源的优化配置和经济运行的有效调控。

竞争力具有较丰富的内涵,它是一个动态的、综合的、相对的概念。根据列宁所定义的"这种为共同市场而劳作的独立生产者之间的关系叫竞争",显然,竞争力是在市场比较中所展现出来的结果,是某些独立生产者在共同市场取得优势地位,而另一些人处于劣势地位的表现。竞争力按照研究范畴和层次不同可以划分为产品竞争力、企业竞争力、产业竞争力、国家竞争力,这四个层次的竞争力共同构成了竞争力理论的整体框架。

(1) 产品竞争力。产品竞争力指的是某一单项产品与其竞争对手的同一类产品或是替代产品相比在价格以及非价格等特性方面的市场吸引力,这就是一个企业竞争能力最直接的体现。

(2) 企业竞争力。企业竞争力是作为独立经济实体的企业,在竞争的市场经济环境下,通过对自身资源的不断优化配置以及对各种资源的综合运用,在为顾客创造价值的基础上,实现自身价值的综合性能力。

(3) 产业竞争力。产业竞争力是指某国或某一地区的某个行业相对于他国或地区同一产业在生产效率、满足市场需求、持续获利等方面所体现的竞争能力。迈克尔·波特认为,产业竞争力取决于五种基本竞争作用力:进入威胁、替代威胁、买方砍价能力、供方砍价能力及现有竞争对手的竞争,其驱动产业竞争的力量如图1.1所示。

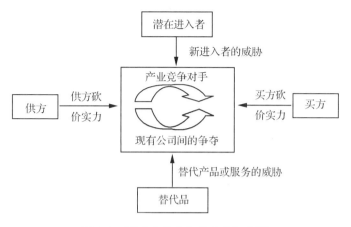

图 1.1 驱动产业竞争的力量示意图

（4）国家竞争力。国家竞争力是一国在世界市场的竞争中同世界其他各国的竞争比较而言，其所能创造的财富增加值以及国民财富的持续增长和可持续发展的整体系统的能力水平。

在经济全球化的背景下，企业竞争力在竞争力中处于核心地位，是其他各层次竞争力的基础。本章主要研究商业银行的竞争力。商业银行是一种特殊的金融企业，因此，商业银行竞争力研究从属于企业竞争力范畴。

2. 企业竞争力的内涵

关于企业竞争力的内涵，虽有一个直观的含义，但是对于如何准确定义这个概念还没有一个公认的结论。国内外关于企业竞争力内涵的研究现阶段主要有以下几种成果：

第一，美国哈佛大学迈克尔·波特对企业竞争力进行了最为系统的研究，得出学术界公认的最具影响力的竞争力理论。波特对企业竞争力的描述为：企业竞争力是企业与行业中其他企业、潜在新进入者、替代品生产者、供应商和消费者进行博弈时表现出来的综合力量。它由企业的生产要素状况、需求状况、相关及辅助产业状况、企业经营战略、结构与竞争方式、机遇和政府行为等因素构成。波特认为企业竞争力主要包括 3 个方面的内容：一是企业生产和销售产品或者提供劳务的能力；二是相对于竞争对手，企业在市场上所提供的产品或劳务的价格以及产品和劳务的质量是否对购买者更有吸引能力；三是企业能否利用其产品和劳务取得并保持最大收益的能力。

第二，世界经济论坛 WEF 在其《国际竞争力报告》中把企业竞争力定义为"一个公司在世界市场上均衡地生产出比其竞争对手更多的财富"，这一概念是从企业最终经营成果和国际福利的角度进行界定的,同时也把竞争力等同于竞争优势。

第三,我国学者金培把企业竞争力当成企业的一种综合素质,他将企业竞争力定义为"在竞争性市场中,一个企业所具有的能持续地比其他企业更有效地向市场(消费者,包括生产性消费者)提供产品或服务,并赢利和实现自身发展的综合素质"。

综合上述研究成果,可将企业竞争力定义为:作为单位经济实体的企业,在市场竞争中,通过对自身资源的不断优化配置和对各种资源的综合运用,并根据国家经济形势、政策和技术发展趋势等外部环境的变化及时做出反应,从而持续地比其他竞争对手更有效地向市场提供产品或服务,并获得盈利和自身发展的综合素质。

3. 企业竞争力理论

(1) 竞争优势理论。

竞争优势理论的系统构筑者是迈克尔·波特,他提出的国家竞争优势是当代竞争力理论的核心。该理论将国家和产业的竞争优势归结为六大因素:要素条件、需求条件、相关与辅助产业、厂商策略、机遇和政府因素,它们共同构成了"钻石模型"(图1.2)。

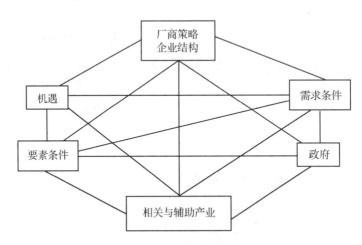

图1.2 钻石模型示意图

波特的竞争优势理论认为一国的国际竞争力实际上就是产业和行业的竞争力,理论中的生产要素不是一般的要素禀赋,强调的是要素的提升和创新,也依赖市场、企业和政府等的作用。在宏观方面,该理论强调了政府在创设有利于竞争的环境,形成产业集群,以及提高生产要素质量等方面所发挥的不可或缺的作用。在微观方面,该理论认为,国家的竞争力受该国企业的经营者目标、经营者和员工的责任感等因素的影响。

(2) 企业能力理论。

企业能力理论认为,企业的能力是在竞争环境中取得关键竞争优势的综合能力,强调企业内部因素的差异性,尤其是企业核心能力对企业获得超额利润的影响,明确了对企业能力的分析在企业战略制定过程中的重要性。企业能力理论侧重分析研究企业的能力分工,认为企业中蕴含着一种特殊的智力资本,这种资本能够使企业以自己特有的方式来有效地从事生产经营活动,处理在经营过程中所遇到的各种问题和困难,最终成为决定企业收益的关键因素,企业较其他企业所拥有的能力上的优势是企业获得持续竞争优势的源泉。

企业能力理论包括三层含义:第一,企业所拥有的竞争力是企业的核心,其本质是一个能力体系、战略管理方法;第二,积累、保持和运用能力开拓产品市场是企业获得长期竞争优势的决定性因素;第三,企业的能力储备决定着企业的经营范围,尤其是企业多元化经营的深度及广度。

(3) 核心竞争力理论。

"核心竞争力"的概念是美国经济学家普拉哈拉德和哈默 1990 年在《哈佛商业评论》上发表的《公司核心竞争力》中首次提出的,开创了核心竞争力研究的先河,为研究企业竞争力提供了全新的思路。核心竞争力是指一个企业能够在长期的市场竞争中始终保持优势的一种能力,是企业所特有的、能够经得起时间考验的、具有延展性,并且是竞争对手难以模仿的独特技能或能力。核心竞争力本质上是企业内部形成的,具有独创性、价值性、不可替代性、不可模仿性特征,能够发挥企业过去、现在和未来的竞争优势,是企业所特有的一种竞争能力。

核心竞争力具有以下几个特征:第一,价值优越性。核心竞争力能够使企业在降低成本和提高质量等方面总是领先于竞争对手,并且能够为顾客提供独特的价值。第二,异质性。核心竞争力是企业独一无二的能力,是其他企业(至少在短期内)所无法具备的能力,它的异质性决定着企业的异质性。第三,系统性。核心竞争力是企业各种能力的综合体,它和与之相匹配的其他相对次要的能力一起构成一个贯穿企业全部经营活动的完整系统。第四,持久性和动态性。核心竞争力的建立并非是一朝一夕就能完成的,它是一个长期的过程,同时,随着内外部环境的变化,企业在维护现有的核心竞争力的基础上,也需要不断开发新的核心竞争力。

(二) 商业银行竞争力的内涵

1. 商业银行的界定

我国 1995 年颁布的《商业银行法》中明确规定:商业银行是依据《商业银行法》和《公司法》设立的以经营存、放款,办理转账结算为主要业务,以盈利为主要经营目标的金融企业,具有企业的共性。这就是说,商业银行首先是企业,是众多企业类型中的一种。因此,企业竞争力的共性分析就是商业银行竞争力分析的逻辑起点,而商业银行竞争力是企业竞争力在商业银行领域的具体化。

商业银行的一般性表现是:一般企业提供的是有一定使用价值的商品,商业银行提供的是银行产品,所谓银行产品是指由商业银行开发或推销的金融产品,包括金融工具和金融服务。因此,市场经济的竞争性原则在银行业中同样得到体现,商业银行也是以市场需求为导向,以盈利为组织经营目标的,追逐利润最大化是其本质属性,只有通过改善经营管理、提高金融创新、优化金融服务等措施才能获取最大利润,从而提高竞争力,保持生存和发展。

商业银行的特殊性则表现为:首先,商业银行的经营对象不是形态和用途各异的普通商品,而是普通商品的价值一般等价物即货币资金,其经营方式是以信用为基础的借贷方式;其次,商业银行所特有的借贷经营活动具有高负债和高风险的特性,因此它必须保持一定规模并以"盈利性、安全性、流动性"为经营原则;再次,其本身所具有的特殊宏观企业特征决定了银行在实现自身利润目标的同时还要兼顾保持正常货币流通、稳定金融物价、维护社会信用秩序、促进经济稳定增长等社会责任目标。因此,银行业的经营内容具有特殊性,在国民经济中发挥着信用中介、支付中介、信用创造、金融服务和调节经济的职能。

2. 商业银行竞争力的内涵

商业银行竞争力有普遍意义上的企业竞争力的内涵,同时也有商业银行竞争力自身所具有的特殊性。在竞争优势理论、企业能力理论、核心竞争力理论等企业竞争力理论的支持下,结合银行竞争力理论以及商业银行的特点,商业银行竞争力可以定义为:在特定的市场结构下,以"盈利性、安全性、流动性"为经营原则,通过资源的优化配置、金融产品的持续创新、金融风险的有效管理,在市场规模、创造价值和维持长期发展等方面,创造比其他竞争对手更具优势的综合能力。同时,商业银行竞争力还有以下几个特点:

(1) 综合性。商业银行竞争力不是某几个力量的简单相加,它是由其构成要素相互作用而形成的一个动态的、交互的、复杂的概念。决定和影响银行竞争力的因素是多方面的,既包括反映银行长期盈利能力、抵御金融风险能力、抵御市场风险能力等硬性指标因素,同时,还包括内部决策管理机制、人力资源素质、技术创新能力等软性指标因素。因此,商业银行竞争力是由诸多因素共同决定的,是一种综合实力的表现。

(2) 动态性。商业银行竞争力是一种动态的、进化发展的能力,是在与其他银行互动以及竞争过程中体现出来的,并随着自身和竞争对手的发展而不断发生变化,是商业银行处于信息繁杂、复杂多变的金融市场的反应和应变能力。所以,评价商业银行竞争力不仅要反映其业绩表现,更要揭示其未来的发展潜力和可持续发展状况。

(3) 相对性。商业银行竞争力是一个相对的概念,即通过不同竞争主体以及同一主体不同时期的相互比较而产生。因此,商业银行竞争力水平的高低是相对的,而不是绝对的,其相对性包含两层含义:一是商业银行竞争力水平高低是与其他银行进行比较而产生的结果,由于比较对象不同,选取的评价指标不同,其竞争力水平高低也会发生变化;二是商业银行竞争力水平的高低只能代表当时的水平,随着时间的推移,银行各方面的情况会发生改变,银行相关指标在质量和数量上也会发生变化,因此竞争力水平也会随之发生变化。

(4) 发展性。从最终目标来看,任何一家商业银行都期待银行发展能够长盛不衰,持续地创造价值、提高盈利能力,因此,商业银行竞争力水平不仅要能够反映银行现阶段的整体业绩,更要揭示其未来的可持续的竞争能力。与其他商业银行相比,上市商业银行在追求利润最大化的同时,还要注重股票的未来发展是否有升值的空间,能否持续地为股东创造高额投资收益回报,要用发展的眼光来看待银行与投资者之间的关系。

三、我国上市商业银行竞争力评价指标体系的构建

(一) 商业银行竞争力评价指标体系的选择原则

评价商业银行竞争力的指标体系应该能够反映商业银行的综合能力,包括安全性、流动性、盈利性、创新能力以及银行经营规模等各方面的信息,以使评价结果科学、合理、有效。因此,建立有效的指标体系时,应遵循以下

原则：

1. 科学性

评价商业银行竞争力的指标体系应该能够正确反映商业银行的安全性、流动性、盈利性、创新能力等综合信息，其构建应该规范、合理，有科学的理论基础，精确的内涵和外延。同时，指标体系的设计应该与国际惯例接轨，能被广泛认可。

2. 系统性

上市商业银行竞争力是一种综合能力，在构建指标体系时要根据上市商业银行的特征，从不同的侧面来反映整体竞争优势，对其竞争力的全部内容进行综合评价；同时，上市商业银行竞争力评价指标体系是一个复杂的系统，将其划分成若干独立的子系统，并通过对各个子系统的研究和最终的整合分析，系统地反映上市商业银行竞争力的综合状况。

3. 可比性

上市商业银行竞争力不是一个绝对概念，而是一个相对概念，它的优劣在于和其他竞争对手相比较时所处的相对优势或劣势地位，因此，在构建商业银行评价指标体系时要遵循可比性原则，在选取指标时应该选择上市商业银行普遍接受和使用的指标，各项指标所包括的时间范围、经济内容、计算方法以及计算口径等也应该尽量统一，使得指标评价结果更加公平合理。

4. 可操作性

虽然构建指标体系的目的是对上市商业银行竞争力做出客观且全面的评价，但是如果指标体系的设计过于复杂会导致指标数据无法获取，则建立指标体系的意义也会大大降低，因此，反映上市商业银行竞争力的指标数据应该易于获取，比如能够从银行年报、季报、国家金融年鉴等对外公布的数据资料中获得，这样就保证了数据来源的权威性、指标体系的实用性和评价工作的可行性。

（二）我国上市商业银行竞争力评价指标选择

银行竞争力属于竞争力的范畴，与企业竞争力类似，本章在研究竞争力相关文献的基础上，设计出上市商业银行竞争力的指标体系，把商业银行竞争力分为内部竞争力和外部竞争力，其中内部竞争力又分为现实竞争力和潜在竞争力。现实竞争力是指银行在现有条件下所表现出来的生存能力，由一个时间剖面的一系列显示性指标集组成，主要表现为盈利能力、资产质量、资本充足率、流动性等财务会计指标；潜在竞争力则主要表现在公司的治理结构、创新能力等非财务指标上,重在反映银行发展的可持续性。外部竞争力主要受国家政策、经济形势等的影响,本章不做研究。具体评价体系结构如图1.3所示。

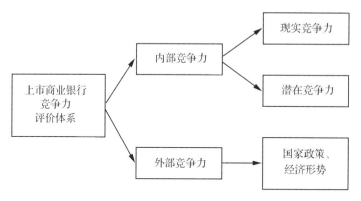

图1.3 上市商业银行竞争力的评价指标体系

1. 现实竞争力指标

商业银行自身的特点决定了其必须做好流动性、安全性和盈利性工作。这三个方面是商业银行存在的根本和发展的目标,盈利性是商业银行经营目标的要求,具有核心地位,是银行发展的必然要求;流动性是清偿力问题,即银行具有随时满足客户提款等方面的要求的能力,防止由于挤兑而发生风险;安全性是指银行管理经营风险、保证资金安全的要求,是银行得以存在的基础,这三个方面是相辅相成的。

(1) 盈利性指标。

盈利是上市商业银行经营的内在动力和最终目标,它不仅直接关系到股东投资的目的,也反映了银行偿还债务、抵御风险的能力,对于上市银行来说尤为重要。本章选择了资产收益率、净资产收益率、主营业务利润率和每股收益4个指标作为盈利性指标。

表1.1 商业银行盈利性指标

指标名称	计算公式	指标方向
资产收益率	净利润/资产总额×100%	正向
净资产收益率	净利润/所有者权益×100%	正向
主营业务利润率	主营业务利润/主营业务收入×100%	正向
每股收益	净利润/期末发行在外的普通股股数	正向

如表1.1所示,资产收益率衡量银行利用资产获取利润的能力,反映银

行资产的综合利用水平;净资产收益率反映股东权益的收益水平,可以衡量银行运用自有资本的效率;主营业务利润率反映主营业务利润对利润总额的贡献,体现了银行的经营效率;每股收益是衡量上市商业银行盈利能力最重要的财务指标,反映了普通股的获利水平。以上四个指标都是正向指标,资产收益率、净资产收益率、主营业务利润率和每股收益越高,说明盈利能力越强,银行竞争力越强。

(2)流动性指标。

商业银行流动性是指商业银行满足存款人提取现金、支付到期债务和借款人正常贷款需求的能力,它是反映银行短期偿债能力的一个重要指标。流动性被视为商业银行的生命线,过高的流动性说明银行吸收的存款没有得到有效利用,会导致成本上升,丧失一些盈利的机会甚至蒙受亏损,过低的流动性则会使银行面临信用风险,所以保持适当的流动能力是银行稳健经营的关键。本章选取的流动性评价指标有流动性比率和存贷比。

表1.2 商业银行流动性指标

指标名称	计算公式	指标方向
流动性比率	流动资产/流动负债×100%	正向
存贷比	贷款总额/存款总额×100%	逆向

如表1.2所示,流动性比率反映的是流动负债的偿债能力,该比率越高,说明银行的短期变现能力越强,我国对银行流动性比率的要求为大于25%。存贷比反映了上市商业银行的资金占用程度。存贷比越高,说明上市商业银行资金来源具有不稳定性,易产生信用危机;存贷比越低,说明上市商业银行资金的流动性越强,但是过低则会增加机会成本,影响其赢利能力,所以应保持在适度范围内。中国人民银行规定,各项贷款与各项存款之比不超过75%。

(3)安全性指标。

商业银行的安全性是指银行资产、信誉、收入以及其他所有经营发展条件免遭损失的可靠程度。商业银行的安全能力取决于资产质量以及资本充足性两个方面。所谓资产质量,就是将银行的贷款根据风险程度划分为正常、关注、次级、可疑、损失5类,对每一层次的贷款采取不同的管理方法,以此来保证资产质量。资本充足性是上市商业银行从事正常经营活动的根本保证,是防范和抵御风险的最后一道屏障。本章选择资本充足率、核心资本充足率、不良贷款率、拨备覆盖率作为安全性的代表指标(如表1.3所示)。

表 1.3 商业银行安全性指标

指标名称	计算公式	指标方向
资本充足率	(核心资本+附属资本)/加权风险资产总额×100%	正向
核心资本充足率	核心资本/加权风险资产总额×100%	正向
不良贷款率	不良贷款余额/贷款总额×100%	逆向
拨备覆盖率	贷款损失准备金余额/不良贷款余额×100%	正向

资本充足率反映商业银行在存款人和债权人的资产遭受损失之前,银行能以自有资本承担损失的程度,其目的在于抑制风险资产的过度膨胀,保护存款人和其他债权人的利益,保证银行等金融机构正常运营和发展,监测银行抵御风险的能力。《巴塞尔协议Ⅲ》规定,商业银行的资本充足率不得低于8%,核心资本充足率不得低于6%。

不良贷款率是衡量商业银行信贷资产安全状况的重要指标之一,它把贷款按风险系数分为正常、关注、次级、可疑和损失5类,其中后3类贷款的合计就是不良贷款。该比率为逆向指标,指标越低,表示信贷资产质量越好,面临的信用风险越小;比率越高,说明收回贷款的风险越大。拨备覆盖率是指对银行可能发生的呆、坏账贷款提取准备金的比率,是银行出于审慎经营的考虑、防范风险的一个方面,该比率越高表明银行抵御风险的能力越强。

(4) 规模实力指标。

在现实竞争力的研究中,银行属于规模经济显著性行业。通常情况下,银行的适度规模产生规模经济,有助于经营成本的节约和管理效率的提高,使银行具备较强的竞争实力。本章主要选择了资产总额、机构总数、存款份额和贷款份额作为衡量各上市商业银行规模实力的指标(如表1.4所示)。

表 1.4 商业银行规模实力指标

指标名称	计算公式	指标方向
资产总额	银行报表中直接可得	正向
机构总数	银行报表中直接可得	正向
存款份额	各银行存款总额/金融机构本外币存款总额	正向
贷款份额	各银行贷款总额/金融机构本外币贷款总额	正向

银行拥有的资产越多,就能以较大的市场占有率在同业竞争中显示出更强的主导和支配能力;银行的经营网点越多,越有助于扩大经营范围,合理配置资源;存款是目前商业银行获取利润及扩展规模的首要条件,也在一定程

度上反映了银行的实力;我国商业银行的利润主要来源于发放贷款,贷款的多少直接影响商业银行的获利能力。

(5)发展能力指标。

发展能力是指上市商业银行在市场竞争中的成长性和持续性,反映上市商业银行的业务拓展能力和未来的发展潜力,是考核上市商业银行竞争力水平的关键指标。本章选取总资产增长率、存款增长率、贷款增长率和利润增长率来衡量上市商业银行的发展能力,四个指标均为正向指标,数值越高,说明上市商业银行的发展能力越强(如表1.5所示)。

表1.5 商业银行发展能力指标

指标名称	计算公式	指标方向
总资产增长率	(本年资产总额－上年资产总额)/上年资产总额×100%	正向
存款增长率	(本年存款总额－上年存款总额)/上年存款总额×100%	正向
贷款增长率	(本年贷款总额－上年贷款总额)/上年贷款总额×100%	正向
利润增长率	(本年利润总额－上年利润总额)/上年利润总额×100%	正向

2. 潜在竞争力指标

我们分析商业银行竞争力不仅要看到现实竞争力,还要看到银行潜在竞争力。潜在竞争力是竞争优势的来源,是现实竞争力的基础,两者相互协调才能达到提高竞争力的目的。潜在竞争力侧重于对未来竞争能力的预测。

(1)创新能力指标。

20世纪80年代以来,银行业进入以金融产品创新为核心的新竞争阶段,金融创新能力包括战略创新、业务创新、产品创新、技术创新等。创新能力是银行竞争力的本质要求,是银行发展的不竭动力,是盈利能力的重要影响因素。通过金融创新,银行可以有效降低交易成本,提高经营效率,从而在激烈的资本市场竞争中获得更大的发展空间。在创新能力方面,我们选择了非利息净收入占比和员工中大专以上学历占比作为衡量的指标(如表1.6所示)。

表1.6 商业银行创新能力指标

指标名称	计算公式	指标方向
大专以上学历员工占比	大专以上学历员工人数/员工总人数×100%	正向
非利息净收入占比	非利息净收入/营业收入×100%	正向

上市商业银行的电子化、网络化对员工的人才结构、知识结构和数字化结构都提出了更高的要求,员工的文化层次越高,银行的潜在竞争力就越强。

高素质的金融人才已成为影响银行竞争力的关键因素之一。非利息净收入占比反映了上市商业银行的业务多样化程度、拓展能力及新兴中间业务的发展状况,是创新能力的主要指标。

(2) 公司治理结构指标。

治理结构主要是指上市商业银行自身的组织体系和经营管理体系中是否建立了有效的管理、权力制衡和激励约束机制,是银行建立现代企业制度的核心,也是提高竞争力水平的基础环节。清晰的产权制度和合理的法人治理结构,一方面可以对银行的经营者产生有效的约束,另一方面可以有效解决管理者利益与投资者利益兼容的问题,为提升上市商业银行的竞争力打下坚实的基础。上市商业银行治理结构的好坏,不仅关系到社会公众的利益,还关系到投资人的资本安全及收益。

本章选取第一大股东持股比例和前两大股东持股比例作为评价上市商业银行治理结构的指标。若第一大股东的股权比例过于集中,则其他股东将难以制约其在董事会中的影响力,上市商业银行可能完全被操纵;但若大股东之间股权过于分散,则会缺乏核心股东的有力支持,并带来不稳定性,同样也不利于上市商业银行的发展。

(3) 企业文化指标。

银行文化是由企业领导提倡、上下共同遵守的文化传统和不断创新的一系列行为方式,它体现为一定的价值观、经营理论和行为规范,渗透于上市商业银行的各个领域。银行文化包含3个体系:价值体系、行为体系和经营体系,每个体系又各有衡量的层面。从某种程度上说,银行企业文化建设方面的差别也许就决定了一个银行的竞争力。因此,文化也是竞争力,是一种综合的市场竞争力,是人格化了的银行竞争力,银行对其重视与否,重视的程度如何,将直接影响该银行的竞争实力。

上面讨论的上市商业银行竞争力评价指标见表1.7。

表 1.7　上市商业银行竞争力评价指标体系

因素	一级指标	二级指标	三级指标	序号
内部因素	现实竞争力	盈利性指标	资产收益率	X_1
			净资产收益率	X_2
			主营业务利润率	X_3
			每股收益	X_4
		流动性指标	流动性比率	X_5
			存贷比	X_6
		安全性指标	资本充足率	X_7
			核心资本充足率	X_8
			不良贷款率	X_9
			拨备覆盖率	X_{10}
		规模实力指标	资产总额	X_{11}
			机构总数	X_{12}
			存款份额	X_{13}
			贷款份额	X_{14}
		发展能力指标	总资产增长率	X_{15}
			存款增长率	X_{16}
			贷款增长率	X_{17}
			利润增长率	X_{18}
	潜在竞争力	创新能力指标	大专以上学历员工占比	X_{19}
			非利息净收入占比	X_{20}
		公司治理结构指标	第一大股东持股比例	X_{21}
			前两大股东持股比例	X_{22}
		企业文化指标	定性	
外部因素	外部环境竞争力	环境竞争力	经济环境、市场环境、制度环境	

四、我国上市商业银行竞争力实证分析

（一）因子分析法介绍

1. 因子分析的基本概念

因子分析是多元统计学的一个分支，它的主要思想是降维，目的在于以最少的信息丢失把众多的具有较高相关关系的观测变量浓缩为少数几个假想变量，并建立起最简洁的、基本的概念系统，以揭示事物之间本质联系的一种统计分析方法。

因子分析法认为每个变量既有特殊性又有共性。变量的共性指某个变量都受一些共同因子的作用，因此变量之间存在相关性。变量的特殊性指某个变量除受一些共同因子的作用外，还存在一些本身独有的、其他变量不能反映出来的信息。因子分析是根据样本的资料将一组变量分解为一组潜在的、起支配作用的公共因子与特殊因子的线性组合。一般使公共因子尽可能少，且在专业上有意义，公共因子共同作用于各个变量，特殊因子仅仅作用于对应的那个变量。因子分析法能起到削减变量个数、降低变量维数，而不会造成原有变量信息大量丢失的作用。

2. 因子分析的特点

（1）因子个数少于原有变量的个数。将原有变量综合成几个因子后，因子可以替代原有变量参与数据建模，这将大大减少分析过程中的计算量。

（2）因子分析能够反映原有变量的绝大部分信息。因子并不是原有变量的简单取舍，而是原有变量重组后的结果，因此不会造成原有变量信息的大量流失，并能够代表原有变量的绝大部分信息。

（3）因子之间的线性关系不显著。由原有变量重组出来的因子之间的线性关系较弱，因子参与数据建模能够有效地解决变量多重共线性等在分析方法应用过程中的诸多问题。

（4）因子具有命名解释性。通常因子分析产生的因子能够通过各种方式最终获得命名解释性。因子的命名解释性有助于对因子分析结果的解释评价，对因子的进一步应用具有重要意义。

3. 因子分析的模型介绍

因子分析多用于处理多维随机变量在线性变换下各分量间的相关问题，通过求协方差矩阵或相关系数矩阵的特征值和特征向量，按照指定的贡献率

求出集中原来随机变量主要信息的若干主因子,这些主因子相互间无关联性。其模型如下:

设有 n 个样本,每个样本包含 p 个观测变量,分别以 $X_1,X_2,\cdots,X_p$ 表示,$F_1,F_2,\cdots,F_m(m<p)$ 分别表示 m 个因子变量。如果

(1) $X=(X_1,X_2,\cdots,X_p)^T$ 为 p 维可观测变量,均值向量 $E(X)=0$,协方差阵 $\text{cov}(X)=\Sigma$,且协方差阵与相关系数矩阵 R 相等;

(2) $F=(F_1,F_2,\cdots,F_m)^T(m<p)$ 是不可测的变量,且均值向量 $E(F)=0$,协方差阵 $\text{cov}(F)=1$,即向量 F 的各分量之间是相互独立的;

(3) $\varepsilon=(\varepsilon_1,\varepsilon_2,\cdots,\varepsilon_p)^T$ 与 F 相互独立,且 $E(\varepsilon)=0$,协方差阵 $\text{cov}(\varepsilon)$ 是对角阵,即 $\text{cov}(\varepsilon)=\Sigma\varepsilon$,说明 ε 各分量之间也是相互独立的。

那么模型为

$$\begin{cases} X_1 = a_{11}F_1 + a_{12}F_2 + \cdots + a_{1m}F_m + \varepsilon_1, \\ X_2 = a_{21}F_1 + a_{22}F_2 + \cdots + a_{2m}F_m + \varepsilon_2, \\ \quad\quad\quad\quad\quad\quad\quad\vdots \\ X_p = a_{p1}F_1 + a_{p2}F_2 + \cdots + a_{pm}F_m + \varepsilon_p \end{cases}$$

因子分析模型也可以用矩阵形式表示为: $X=AF+\varepsilon$。

其中,$F_1,F_2,\cdots,F_m$ 是该模型中各个观测变量的公共因子,解释了变量之间的相关关系;$\varepsilon_1,\varepsilon_2,\cdots,\varepsilon_p$ 为特殊因子,表示每个观测变量不能被公共因子所解释的部分,相当于多元回归分析中的残差项;矩阵 $A=(a_{ij})$ 称为因子载荷矩阵,矩阵中的元素 a_{ij} 称为因子载荷,类似于多元回归分析中的标准回归系数,表示第 i 个变量在第 j 个公因子上的载荷($i=1,2,\cdots,p;j=1,2,\cdots,m$)。

4. 因子分析的基本步骤

因子分析主要解决两个问题:构造因子变量和对因子变量进行命名解释,通常可以分为 4 个基本步骤。

(1) 计算变量的相关矩阵。因子分析的最终目的是以最少的信息丢失把众多错综复杂的观测变量浓缩为少数几个公因子变量,但是其前提条件是原有的观测变量之间应该具有较强的相关关系,否则无法从较多的观测变量中提取出具有代表意义的公因子。所以,在进行因子分析时,首先要计算观测变量之间的相关系数矩阵,若相关系数矩阵中的大部分相关系数都小于 0.3,则不适合对这些变量做因子分析。

(2) 确定因子变量。这一步的主要目的是在样本数据的基础上,提取出少数几个可以反映大部分原有观测变量信息的因子,达到削减变量个数的目

的。确定因子变量的方法有多种,包括主成分分析法、主因子法、极大似然法、最小二乘法等。本章采用主成分分析法来确定因子变量。

(3) 因子变量的命名解释。求得的初始因子解往往很难解释,因为某个观测变量可能同时与几个因子变量有较大的相关关系。因此,必须通过因子旋转,对初始公共因子进行线性组合,让某个变量在某个因子上的载荷趋于1,而在其他因子上的载荷趋于0,使公因子变得更加容易解释。

(4) 计算因子得分。将因子变量表示为原始变量的线性组合,可以得到因子得分模型:从原始变量的观测值估计各个因子的值,这个值就是因子得分。

因子分析方法的基本步骤如图1.4所示。

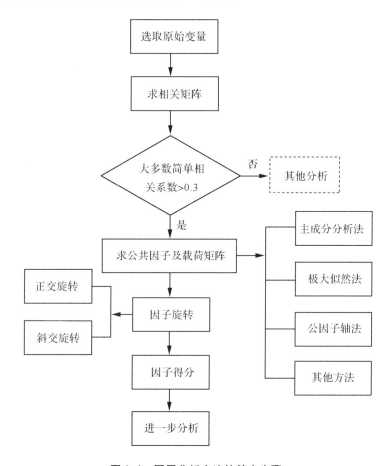

图1.4 因子分析方法的基本步骤

（二）研究对象选取及数据来源

1. 研究对象选取

本章选取我国商业银行体系中具有广泛代表性的 14 家上市商业银行进行实证分析，其中包括：5 家国家控股商业银行——中国工商银行、中国农业银行、中国银行、中国建设银行和交通银行，7 家股份制商业银行——招商银行、中信银行、民生银行、上海浦发银行、福建兴业银行、平安银行和华夏银行，2 家城市商业银行——宁波银行和南京银行。

2. 建立数据体系

为了保证数据的权威性，本章对商业银行竞争力的实证研究所使用的数据全部来源于 14 家样本银行各自披露的 2011 年年报，通过直接获取或计算整理的方法获得，运用 SPSS 19.0 软件进行相关处理，以对这些上市商业银行的竞争力进行综合分析与评价。各银行相关数据体系如表 1.8 所示。

表1.8 指标体系样本数据

银行		工行	农行	中行	建行	交行	民生	招行	浦发	中信	兴业	华夏	平安	南京	宁波
盈利性指标	资产收益率/%	1.35	1.04	1.05	1.38	1.10	1.25	1.29	1.02	1.11	1.06	0.74	0.82	1.14	1.25
	净资产收益率/%	21.76	18.78	17.17	20.89	18.67	21.54	21.89	18.33	17.66	22.14	14.43	14.02	14.84	17.39
	营业利润率/%	57.03	41.49	51.36	54.82	51.12	45.27	32.74	52.65	54.09	56.01	37.34	44.30	52.39	24.86
	每股收益/百万元	0.60	0.38	0.44	0.68	0.82	1.05	1.67	1.46	0.71	2.36	1.48	2.47	1.08	1.13
流动性指标	流动性比率/%	27.60	40.18	47.00	53.70	35.37	40.90	44.28	42.80	60.89	30.71	39.39	51.24	39.21	52.19
	存贷比/%	63.50	58.50	68.77	65.05	71.94	72.85	71.80	71.48	72.97	71.46	66.72	73.49	61.51	66.62
安全性指标	资本充足率/%	13.17	11.94	12.97	13.68	12.44	10.86	11.53	12.70	12.27	11.04	11.68	11.51	14.96	15.36
	核心资本充足率/%	10.07	9.50	10.07	10.97	9.27	7.87	8.22	9.20	9.91	8.20	8.72	8.46	11.76	12.17
	不良贷款率/%	0.94	1.55	1.00	1.09	0.86	0.63	0.56	0.44	0.60	0.38	0.92	0.53	0.78	0.68
	拨备覆盖率/%	226.92	241.78	220.75	241.44	256.37	357.29	400.13	499.60	272.31	385.30	308.21	320.66	323.98	240.74

续表

	银行	工行	农行	中行	建行	交行	民生	招行	浦发	中信	兴业	华夏	平安	南京	宁波
规模实力指标	资产总额/百万元	15 476 868	11 677 577	11 830 066	12 281 834	4 611 177	2 229 064	2 794 971	2 684 694	2 765 881	2 408 798	1 244 141	1 258 177	281 792	260 498
	机构总数/个	16 887	23 461	10 951	13 715	2 804	590	897	741	773	647	426	317	92	121
	存款份额/%	0.148	0.116	0.107	0.121	0.040	0.016	0.027	0.022	0.024	0.016	0.011	0.010	0.002	0.002
	贷款份额/%	0.134	0.093	0.109	0.112	0.044	0.014	0.028	0.023	0.025	0.017	0.011	0.011	0.002	0.002
发展能力指标	总资产增长率/%	14.99	12.96	13.10	13.61	16.69	22.23	16.34	22.51	32.89	30.23	-0.003	73.01	27.22	-1.05
	存款增长率/%	10.00	10.75	14.02	10.05	12.65	13.98	17.02	12.84	13.71	18.76	16.73	51.15	19.11	21.20
	贷款增长率/%	13.10	13.60	12.05	30.15	12.67	7.82	14.64	16.13	13.43	15.09	15.82	52.35	22.54	20.84
	利润增长率/%	25.60	28.5	18.93	25.09	29.95	58.81	41.33	42.28	43.28	37.71	53.97	64.55	38.97	40.12
创新能力指标	大专以上学历员工占比/%	92.30	71.60	90.81	85.51	93.3	92.00	97.68	78.85	96.64	97.89	98.80	96.70	96.00	97.30
	非利息收入占比/%	21.37	18.70	30.50	23.30	19.18	21.30	20.64	8.92	15.39	15.26	11.05	14.68	12.74	14.22
公司治理结构指标	第一大股东持股比/%	35.40	40.12	67.60	57.13	26.52	15.27	17.86	20.00	61.85	21.03	20.28	42.16	13.42	13.74
	前两大股东持股比/%	100.28	102.32	232.06	229.62	120.99	306.01	144.03	118.13	392.95	164.30	111.18	568.96	105.84	146.79

（三）我国上市商业银行竞争力实证分析

1. 统计检验

使用 SPSS 19.0 进行检验,结果见表 1.9。从表 1.9 中可以看出,KMO 统计量 = 0.607 > 0.5,Bartlett 球形检验卡方统计量 = 187.523,单侧 P = 0.000 < 0.01,适合做因子分析。KMO 统计量用于比较变量间的简单相关和偏相关系数。KMO 的取值范围为 0~1,其值越接近 1,表示越适合做因子分析,一般情况下要大于 0.5。Bartlett 球形检验是以变量的相关系数矩阵为出发点,零假设相关系数矩阵是一个单位阵。如果 Bartlett 球形检验的统计数值比较大,且其对应的相伴概率值小于用户给定的显著性水平,则应该拒绝零假设;反之,则不能拒绝零假设,认为相关系数矩阵可能是一个单位阵,不适合做因子分析。

表 1.9 KMO and Bartlett 检验

Kaiser-Meyer-Olkin	统计量值	0.607
Bartlett 球形检验	统计量值	187.523
	df	78
	Sig.	0.000

2. 效度检验

一般地,以因子分析结果的共同度来检验构建效度。共同度是指各评价指标解释方差的能力,其取值范围为 0~1。其中 0 为评价指标不解释任何方差,1 为所有方差均被评价指标解释。从共同度的大小可以判断这个原始实测变量与共同因素之间的相关程度。一般认为共同度系数大于 0.5,就有高效度。利用 SPSS 19.0 对正向化后的数据进行共同度检验,输出结果见表 1.10。

表 1.10 效度检验

指标序号	初始	提取
X_1	1.000	0.820
X_2	1.000	0.856
X_3	1.000	0.635
X_4	1.000	0.830
X_5	1.000	0.692
X_6	1.000	0.856

续表

指标序号	初始	提取
X_7	1.000	0.977
X_8	1.000	0.985
X_9	1.000	0.894
X_{10}	1.000	0.786
X_{11}	1.000	0.970
X_{12}	1.000	0.933
X_{13}	1.000	0.967
X_{14}	1.000	0.960
X_{15}	1.000	0.885
X_{16}	1.000	0.856
X_{17}	1.000	0.844
X_{18}	1.000	0.809
X_{19}	1.000	0.467
X_{20}	1.000	0.805
X_{21}	1.000	0.851
X_{22}	1.000	0.916

由表 1.10 可知,共同度系数均大于 0.5,可视为高效度。

输出结果的含义:第二列是因子分析初始解的变量方差。利用主成分分析法得到 15 个特征值,它是因子分析的初始解,利用 15 个特征值和对应的特征向量计算出因子载荷矩阵。这时,每个原始变量的所有方差都能够被因子变量解释,于是每个原有变量的共同度都是 1。第三列是根据公共因子计算出的变量共同度。由于共同因子数量少于原有因子,因此,每个变量的共同变量必小于 1。如第一行的 0.820,表示共同因子总共解释了原有变量 X_1 方差的 82.0%。

3. 提取因子

本章按照因子累计贡献率大于 80% 的标准,采用主成分分析法来提取因子,利用 SPSS 19.0 统计软件按以上方法提取的因子解释原有变量总方差的情况如表 1.11 所示。

表1.11 因子分析的总方差解释情况

成分	初始特征值			提取平方和载入			旋转平方和载入		
	合计	方差贡献率/%	累计贡献率/%	合计	方差贡献率/%	累计贡献率/%	合计	方差贡献率/%	累计贡献率/%
1	8.782	39.917	39.917	8.782	39.917	39.917	7.219	32.815	32.815
2	3.344	15.202	55.119	3.344	15.202	55.119	3.800	17.272	50.087
3	3.111	14.141	69.260	3.111	14.142	69.260	3.139	14.270	64.357
4	2.014	9.156	78.416	2.014	9.156	78.416	2.531	11.506	75.863
5	1.342	6.100	84.516	1.342	6.100	84.516	1.904	8.653	84.516
6	1.079	4.906	89.422						
7	0.954	4.336	93.758						
8	0.472	2.144	95.902						
9	0.311	1.413	97.315						
10	0.219	0.995	98.311						
11	0.147	0.669	98.979						
12	0.128	0.584	99.563						
13	0.096	0.437	100.000						
14	5.731E-16	2.605E-15	100.000						
15	3.499E-16	1.591E-15	100.000						
16	2.750E-16	1.250E-15	100.000						
17	2.594E-16	1.179E-15	100.000						
18	4.345E-17	1.975E-16	100.000						
19	-7.858E-18	-3.572E-17	100.000						
20	-1.725E-16	-7.841E-16	100.000						
21	-2.955E-16	-1.343E-15	100.000						
22	-3.612E-16	-1.642E-15	100.000						

从表1.11可以看出,前5个因子的累计方差贡献率达到了84.516%,说明这5个因子所代表的信息已经能够充分反映原有观测变量的大部分信息。因此,本章选取5个公因子F_1,F_2,F_3,F_4和F_5得到的因子载荷矩阵如表1.12所示。

表 1.12　因子载荷矩阵

指标序号	主因子				
	1	2	3	4	5
X_{13}	0.922	0.322	−0.007	−0.094	0.062
X_{11}	0.917	0.343	−0.032	−0.082	0.064
X_{14}	0.913	0.348	−0.010	−0.038	0.066
X_{12}	0.891	0.221	0.056	−0.294	−0.007
X_{18}	−0.858	0.073	0.064	−0.118	−0.224
X_4	−0.847	0.194	−0.116	−0.156	0.192
X_9	−0.745	0.147	−0.405	0.134	0.367
X_6	0.672	−0.316	0.300	−0.460	0.058
X_{16}	−0.668	0.357	0.504	−0.151	0.071
X_{10}	−0.644	−0.039	−0.533	−0.134	0.261
X_{20}	0.640	0.405	−0.057	0.405	−0.253
X_{19}	−0.527	−0.103	0.092	0.400	−0.100
X_{21}	−0.460	−0.763	−0.212	0.069	0.082
X_{15}	−0.522	0.665	0.227	−0.105	0.329
X_{22}	0.340	−0.640	−0.212	−0.574	0.129
X_7	0.304	−0.590	0.552	0.251	0.411
X_2	0.352	0.139	−0.753	0.358	0.132
X_{17}	−0.377	0.392	0.668	−0.114	0.299
X_8	0.395	−0.516	0.611	0.260	0.350
X_5	−0.169	0.175	0.593	0.495	−0.193
X_1	0.489	−0.161	−0.234	0.644	0.293
X_3	0.276	0.454	−0.215	−0.030	0.553

4. 因子的命名解释

因子载荷矩阵显示的是初始因子解,但是这很难解释因子的意义。为了更好地解释各因子,使因子具有命名解释性,SPSS 19.0 统计软件采用方差最大法对因子载荷矩阵进行旋转,旋转后的因子载荷矩阵如表 1.13 所示。

表 1.13 旋转后的因子载荷矩阵

指标		主因子				
		1	2	3	4	5
X_{13}	存款份额	0.941	-0.214	0.081	-0.099	0.139
X_{11}	资产总额	0.939	-0.227	0.059	-0.087	0.159
X_{14}	贷款份额	0.934	-0.230	0.082	-0.042	0.160
X_{12}	机构总数	0.920	-0.108	0.070	-0.265	-0.004
X_{21}	第一大股东持股比例	-0.796	-0.245	0.221	0.294	-0.146
X_9	不良贷款率	-0.693	0.074	-0.307	0.101	0.551
X_{20}	非利息净收入占比	0.673	-0.390	-0.067	0.442	-0.005
X_{10}	拨备覆盖率	-0.660	-0.005	-0.382	-0.225	0.394
X_{18}	利润增长率	-0.646	0.444	-0.383	0.152	-0.159
X_4	每股收益	0.159	0.441	-0.366	0.031	0.295
X_{19}	大专以上学历员工占比	-0.538	0.034	0.035	0.409	-0.089
X_{17}	贷款增长率	-0.031	0.841	0.168	0.270	0.186
X_{16}	存款增长率	-0.297	0.823	-0.105	0.279	0.044
X_2	净资产收益率	0.167	-0.755	-0.235	0.049	0.451
X_{15}	总资产增长率	-0.112	0.701	-0.254	0.295	0.479
X_1	资产收益率	0.552	-0.682	0.421	0.225	0.314
X_7	资本充足率	0.008	-0.023	0.984	-0.059	-0.068
X_8	核心资本充足率	0.133	-0.008	0.977	-0.004	-0.112
X_{22}	前两大股东持股比例	0.045	-0.212	0.206	0.712	-0.162
X_5	流动性比率	-0.026	0.263	0.255	-0.895	-0.226
X_6	存贷比	-0.643	0.045	0.417	-0.552	-0.264
X_3	主营业务利润率	0.361	-0.001	-0.041	-0.050	0.708

从表 1.13 可以看到,第一个因子 F_1 在存款份额、资产总额、贷款份额、机构总数、净资产收益率和主营业务利润率等指标上具有较大的载荷系数,这些指标主要反映了上市商业银行的规模实力和盈利能力,故将该因子概括为规模实力和盈利因子。

第二个因子 F_2 在贷款增长率、存款增长率、总资产增长率、利润增长率和流动性比率等指标上的载荷系数较大,主要反映了上市商业银行的发展能力和流动性,因此,可将第二个因子解释为发展能力及流动性因子。

第三个因子 F_3 在资本充足率和核心资本充足率两项指标上有较大的载荷,主要反映了银行的资本充足性,是上市商业银行稳定运营和发展的基本要素,因此 F_3 为稳定性因子。

第四个因子 F_4 在非利息净收入占比、大专以上学历员工占比、第一大股东持股比例和前两大股东持股比例等指标上的载荷系数较大,主要反映了上市商业银行的创新能力和公司治理结构,故将其命名为创新能力及公司治理因子。

第五个因子 F_5 在不良贷款率和拨备覆盖率两项指标上有较大的载荷,主要反映了上市商业银行的风险管理能力,故将其命名为风险管理因子。

5. 计算因子得分

运用回归法估计并输出各因子的得分系数矩阵,根据因子的得分系数矩阵计算出各银行在每一个因子上的得分,其具体结果如表1.14和表1.15所示。

表1.14 因子得分系数矩阵

指标序号	主因子				
	1	2	3	4	5
X_1	-0.061	-0.213	0.197	0.152	0.224
X_2	-0.028	-0.236	-0.050	0.064	0.201
X_3	0.043	0.057	0.084	-0.069	0.421
X_4	-0.061	0.093	-0.036	-0.062	0.151
X_5	0.012	0.015	0.082	0.309	-0.134
X_6	0.074	0.116	0.078	-0.221	-0.065
X_7	-0.068	0.028	0.386	-0.007	0.137
X_8	-0.043	0.035	0.368	0.020	0.102
X_9	-0.110	-0.029	0.026	-0.012	0.302
X_{10}	-0.104	-0.029	-0.041	-0.138	0.211
X_{11}	0.137	0.013	-0.022	-0.017	0.077
X_{12}	0.145	0.064	-0.043	-0.097	-0.004
X_{13}	0.137	0.019	-0.016	-0.022	0.070
X_{14}	0.134	0.008	-0.012	0.003	0.079
X_{15}	0.040	0.205	0.016	0.023	0.258
X_{16}	0.021	0.222	0.015	0.035	0.028

续表

指标序号	主因子				
	1	2	3	4	5
X_{17}	0.045	0.263	0.134	0.025	0.157
X_{18}	-0.045	0.065	-0.123	0.024	-0.141
X_{19}	-0.087	-0.073	0.042	0.180	-0.059
X_{20}	0.097	-0.124	-0.083	0.241	-0.082
X_{21}	-0.172	-0.113	0.108	-0.101	-0.013
X_{22}	-0.027	0.022	0.034	-0.362	-0.009

表1.15 各因子得分及排名

银行	F_1	排名	F_2	排名	F_3	排名	F_4	排名	F_5	排名
工行	1.569 52	1	0.333 54	4	0.263 50	4	1.239 91	2	0.940 35	3
农行	1.476 12	2	-0.832 62	14	-0.335 03	9	-0.963 68	12	-2.090 01	14
中行	1.152 99	4	-0.469 55	10	-0.058 90	7	1.242 51	1	-0.998 50	12
建行	1.428 67	3	0.140 41	5	0.933 75	3	0.817 59	4	-1.040 91	13
交行	0.098 96	5	-0.404 04	9	-0.221 61	8	0.202 47	6	0.176 12	6
民生	-0.561 33	9	-0.789 06	13	-1.273 35	14	0.764 06	5	-0.585 75	10
招行	-0.561 43	10	-0.338 88	8	-0.840 33	12	1.118 99	3	0.090 43	8
浦发	-1.390 01	14	-0.726 67	12	-0.004 54	6	-1.774 05	14	0.976 99	2
中信	-0.294 35	7	-0.265 32	6	0.101 97	5	-0.291 17	10	0.170 10	7
兴业	-0.929 23	13	0.610 74	2	-1.039 03	13	0.121 28	8	1.617 57	1
华夏	-0.311 28	8	-0.538 68	11	-0.747 00	11	-0.723 71	11	0.667 45	5
平安	-0.027 53	6	3.082 51	1	-0.650 93	10	-1.603 15	13	-0.601 42	11
南京	-0.871 11	12	0.467 31	3	1.946 72	1	-0.290 88	9	0.908 04	4
宁波	-0.780 00	11	-0.269 68	7	1.924 80	2	0.139 84	7	-0.230 46	9

F_1, F_2, F_3, F_4 和 F_5 分别为商业银行在5个因子上的得分。各银行综合得分的计算公式为

$$F = e_1 F_1 + e_2 F_2 + e_3 F_3 + e_4 F_4 + e_5 F_5$$

其中,e_1, e_2, e_3, e_4, e_5 分别为各因子的方差贡献率(见表1.11)。因此,银行综合竞争力综合得分的计算公式为:

$$F = 39.92\% F_1 + 15.20\% F_2 + 14.14\% F_3 + 9.16\% F_4 + 6.10\% F_5$$

根据各银行的单项因子得分及以上公式,可得出各银行的综合竞争力得分及其排名(见表1.16)。

表1.16 综合得分及排名

银行	综合得分	综合排名
工行	0.870 53	1
农行	0.361 16	4
中行	0.490 81	3
建行	0.625 04	2
交行	-0.023 96	7
民生	-0.489 81	13
招行	-0.286 44	10
浦发	-0.721 90	14
中信	-0.328 62	11
兴业	-0.253 86	9
华夏	-0.433 56	12
平安	0.240 55	5
南京	0.031 50	6
宁波	-0.081 45	8

(四)实证结果分析

1. 规模实力和盈利因子分析

从银行总体规模实力和盈利能力来看,中国工商银行、中国农业银行、中国建设银行和中国银行等几大国有控股的商业银行都位居前列,城市性商业银行排名靠后。同时,因子F_1的方差贡献率高于其他因子的方差贡献率,所以这几家国有控股的商业银行在F_1上的高得分决定了其在我国银行业的总体规模实力及盈利能力方面具有绝对竞争力优势。因此,商业银行的盈利能力及规模实力对其竞争力的影响是决定性的,商业银行在追求利润最大化和规模扩大的同时,也应该注重提高商业银行的综合实力,促进银行的全面发展。

2. 发展能力及流动性因子分析

从银行发展能力及变现能力来看,平安银行和兴业银行在这两方面表现出色,而中国农业银行和民生银行居于末位。发展能力体现了银行的成长性,变现能力则体现了银行抵御信用风险的能力。从排名情况来看,城市商业银行普遍表现良好,拥有较好的发展态势和良好的获取流动资金的能力;国有控股商业银行之间存在较大差异,其中,中国工商银行和中国建设银行更具竞争优势,而中国农业银行和中国银行表现欠佳,需要采取措施进一步提高综合竞争能力。

3. 稳定性因子分析

从银行资本充足性来看,南京银行和宁波银行得分最高,说明城市商业银行在资本充足性方面的表现良好;而民生银行和兴业银行在该项的得分最低,表明其在资本充足性方面有待加强。随着全球金融风险防范意识的进一步加强以及监督部门有关规定的制约,我国各商业银行在资本充足性方面都能够达到要求,各银行间差距不大。

4. 创新能力及公司治理因子

从银行创新能力和公司治理结构来看,上市商业银行中中国银行、中国工商银行和招商银行具有较强的竞争力,而上海浦发银行和平安银行的竞争力较弱。中国银行一直以来秉承创新理念,其2011年非利息收入占比达到30.5%,远远超过第二名中国建设银行的23.3%,有着绝对的优势,而浦发银行的创新能力处于较为明显的劣势地位,平安银行第一大股东持股比例过高,对公司的有效管理和权力制衡可能会产生一定的负面影响。

5. 风险管理因子分析

从银行控制风险能力方面来看,兴业银行、上海浦发银行和中国工商银行的不良贷款率低、拨备覆盖率高,所以资产安全性较好,降低了银行的经营风险,提高了银行的风险控制能力。中国农业银行、中国银行和中国建设银行的不良贷款率高、拨备覆盖率较低,高额的不良资产容易导致负债成本上升,影响银行的流动性。但是国有控股的大型商业银行有着"国家信誉",实际的负债成本极低,不会出现流动性问题。

从综合竞争力来看,各项指标均对银行的竞争力产生了不同程度的影响。由各个因子的方差贡献率可知,体现银行盈利能力及总体规模实力的因子F_1因为具有较高的贡献率,因而对上市商业银行竞争力具有决定性作用,其他因子都在一定程度上影响了上市商业银行的竞争地位。中国工商银行、中国建设银行、中国银行和中国农业银行在我国上市商业银行竞争力排名中位列前四,它们的规模实力以及盈利能力具有绝对优势,奠定了在我国银行系统中的主导地位;平安银行紧随其后,是股份制商业银行中具有较强竞争实力的代表；南京银行和宁波银行分列第六和第八位。可以看出，虽然我国城市商业银行历史不够悠久，但是其巨大的成长潜力和强大的竞争实力是不容忽视的。

随着银行业的竞争态势日益激烈，各商业银行都要进一步完善业务机构，改善内控制度，扬长避短，不断提高自身竞争实力，这样才能在日益激烈的竞争中站稳脚跟，保证我国金融业乃至整个国民经济的健康发展。

五、提升我国上市商业银行竞争力的对策探讨

（一）外塑品牌形象，内建人才队伍

在长期的发展过程中积淀和塑造的优秀的品牌形象和生产力诸要素中最具活力的人力资本是上市商业银行竞争力形成的重要条件。上市商业银行竞争力作为一个适应性、开放性、动态性的系统，企业品牌形象和人力资源是重要载体，因此，中国上市商业银行作为金融业全面开放这一新时期的银行，要提升竞争实力，在重视企业品牌形象塑造的同时，也应该将人力资源建设放在突出地位。

1. 准确定位市场，打造品牌银行

金融品牌是商业银行竞争力的外在表现，是对特定金融产品、服务或机构的认知，体现了产品与客户之间的联系，其目的是辨别不同的金融产品和服务，使之与其他产品或服务相区别。以独特的品牌树立自身与众不同的形象，培育忠诚客户，吸引新的消费者是商业银行各项业务在市场竞争中立足并创造超额利润的重要手段。

随着竞争的加剧，在金融产品趋同的情况下，商业银行的声誉和形象成为银行稳固与扩大市场占有率的关键。良好的品牌所带来的产品美誉度可增加消费者购买的决心，可以保持顾客对其金融产品的忠诚度，不会轻易转向模仿银行的金融产品。商业银行要想避免用户没有偏好、认为自己完全可替代，就需要主动实施差异化策略，在产品、目标市场、竞争手段等方面和竞争对手形成差异，努力树立自身鲜明的品牌形象，以这种潜实力赢得广大客户的支持和信赖，从而提高竞争力。

2. 加强人力资源管理，发挥人才资本作用

随着知识经济的到来，能否吸引并充分利用好高素质的人才将成为银行成败的关键。中国上市商业银行的竞争力有赖于数量充足、素质优良、年龄

结构合理、充满活力、能够适应业务发展需要的员工队伍,所以,中国上市商业银行应借鉴国际先进经验,构建一套新型的人力资源管理体系,加快建立一个员工与银行共同发展、激励有力和约束有效的新型人力资源管理体系。

首先,对所有员工进行合理分工,在了解员工基本情况和专业技能的基础上,结合岗位要求安排工作,人尽其用,提高其积极性和工作效率。其次,商业银行应积极运用经济增加值、平衡记分卡等先进的绩效管理工具,建立一套科学、完善的个人考核制度,改进传统的单纯以财务指标为主的绩效考核方式。再次,要重视发挥市场配置人力资源的作用,形成优胜劣汰的用人机制,同时要为职工提供良好的发展机遇和多方面的发展渠道,营造人才成长的良好空间。从次,设计合理的工资报酬制度,建立与绩效挂钩的薪酬体系。最后,商业银行要充分认识到培训的重要性,培训是实现人力资源保值增值的重要手段。

(二) 完善公司治理结构,建立有效的激励机制

上市商业银行应遵循市场化运作规律和现代企业制度要求,通过完善公司治理结构和建立有效的激励机制,促进银行稳健经营和高质量可持续发展。

1. 完善公司治理结构

良好的公司治理结构,既是投资者选择银行的重要依据,也是存款者愿意把资金存入银行的重要因素。上市商业银行需继续完善法人治理结构,健全董事会机制和总经理经营负责制。通过强化法人监管职能、及时准确披露信息、提高银行经营管理透明度等途径,充分保护银行投资者、存款者和服务消费者的合法权益。要规范股东行为,防止股东操纵经营管理,损害存款人利益。商业银行应建立健全独立董事制度,完善董事会组织结构,提高董事会决策的科学性。强化监事会的监督功能,防止银行"内部人控制"。提高董事、监事的独立性和职业素养,促使其实现社会化、专业化、职业化,为提高上市商业银行的整体经济效益提供保障。

2. 建立有效的激励机制

传统的薪酬制度对经营管理者的绩效评价主要是利润、资产质量等事后会计指标,对经营管理者业绩的反映具有滞后性,与银行远期盈利能力或未来经营业绩没有联系。建立经理股票期权或员工持股计划等有效的长期激励机制,会使高级管理层和员工的报酬与公司的长期发展目标紧密联系,解决由所有者与经营管理者利益不一致所产生的代理问题。经理股票期权或

员工持股计划的授予和变现都要以科学合理、严格规范的绩效考核为约束，是约束中的激励和基于责任的激励，是以业绩换持股。同时，必须尽快建立健全我国上市商业银行在经理股票期权和员工持股计划方面的法律法规，创造良好的政策环境。

（三）强化风险管理和控制能力

评价商业银行竞争力的一个重要方面就是银行的安全能力，也就是风险管理能力。银行是具有经营风险的特殊企业，宏观经济政策变动、经济周期波动、金融资产价格变动、市场竞争加剧、银行自身的宏微观风险决策和管理失误等诸多原因都可能形成金融风险，商业银行的风险管理能力对银行生存和稳健发展至关重要。

1. 加强风险防范和有效监管

风险管理绝不意味着银行要完全拒绝和避免风险，也不意味着银行应该追求所谓"零风险"的状态。从经济学上讲，风险和收益是正相关的。银行经营的核心问题就是追求风险与收益的平衡，关键是要对风险有充分的预见，并握有应对风险的办法，加强风险管理的能力，能够识别、衡量、监测和化解风险。

首先，要加强银行员工的风险防范意识，树立正确的风险管理理念，营造良好的风险防范氛围；其次，要进一步完善现有的风险监控指标体系，及时对银行的有关资料进行分析和监测，综合评价风险状况，提前预警防范、控制和化解金融风险；再次，加强对授信客户的管理工作，授信之前要全面了解客户的财务和经营状况，发放授信额度之后要加强跟踪评估工作；最后，商业银行应该化解不良资产，减少主要的风险来源。

2. 提高风险控制能力

商业银行对风险的控制能力决定着商业银行能否继续生存，其风险控制能力是商业银行的竞争力之一。为了能在激烈的竞争中安全平稳地发展，不断提高商业银行的市场竞争力，我国商业银行应该不断更新风险管理理念，控制运营风险，保持良好的资产质量。

首先，要加强对资本充足率的管理，资本充足率是反映商业银行风险管理状况的首要指示器，在商业银行的资产负债管理中处于核心地位；其次，利用金融创新手段控制系统风险，主要包括贷款证券化和信用衍生产品；再次，建立和完善银行风险管理体系，包括组织体系、决策体系、评价体系等，制定一系列的制度、程序和方法，通过事前防范、事中控制、事后监督和纠正，加强内部控制制度的建设;最后,必须实现风险管理范围的完备化,既要确保风险管理人员的广泛性,又要确保银行风险管理环节的全面性。

(四) 提高商业银行的创新能力

实证研究结果显示,我国上市商业银行虽然发展很快,但收入结构比较单一,基本上都靠传统的存贷利差获利。随着利率市场化的发展,商业银行的盈利空间受到限制,客观上需要商业银行通过实现业务经营的多元化和深化产品创新,不断优化收入结构,这是上市商业银行提升竞争实力的重要保障,也是上市商业银行实现经营战略转型的必然路径。

1. 提升业务创新能力

上市商业银行要利用金融市场容量和深度扩大发展趋势,从加强中间业务的创新和开创适应市场需求的表外业务入手,推动整个业务体系的整合,使得商业银行的资产实现较好的配置,达到优势互补,提高其竞争力。

我国上市商业银行中间业务多是集中在传统的结算、汇兑、代理收付等方面,多属劳动密集型且服务手段单一,盈利能力差。上市商业银行应大力拓展附加值高和低风险的中间业务,应加强对中间业务的组织协调,充分利用综合技术、信息、机构网络和资金等各种资源,积极拓展包括网上业务、个人理财业务、国际银行业务、基金托管、代卖证券等新兴中间业务。另外,表外业务作为一种创新型的业务,已成为我国银行新的利润增长点。随着我国现代企业制度和信用制度逐渐全面建立、金融市场逐步健全以及混业经营管理体制的放松,上市商业银行可从客户利用表外业务防范风险的需要出发,大力开创适应市场需求,知识、技术含量高的金融衍生工具交易品种,从而进一步促进银行盈利能力的提高。

2. 加快产品和技术创新

金融产品创新主要应从期限结构、投资领域、投资范围等方面突破。首先,倡导客户导向和创新的理念,从而在银行内部建立一种鼓励创新的企业文化,同时积极建立产品开发工作机制,保证各部门既分工明确又能形成合力来保证产品创新成功;其次,从金融需求出发,加快对房地产产业链中的新型融资需求、开发区经济体融资需求、权益性投资融资需求等的研究和产品配套服务;再次,随着银行传统业务盈利空间不断被压缩,同时,汇率机制改革导致我国上市商业银行的外汇风险加大,面对日益宽松的金融环境和可持续发展的要求,利用衍生工具进行多种多样的金融创新,扩展盈利空间、规避金融风险,是上市商业银行今后努力的方向。

随着科学技术的飞速发展和银行之间的激烈竞争,上市商业银行应积极进行技术创新,充分发挥现代信息网络技术在金融创新中的支撑作用。银行卡业务在我国获得迅速发展,网上银行业务才刚刚起步,电话银行服务、家庭银行服务受客观条件限制,开发不充分或尚未开发。在电子银行业务方面的利润空间将是巨大的,上市商业银行应抓住机遇,加快发展网上银行业务,增强电子银行服务功能,尽快完善商业银行的业务处理系统,提高商业银行的电子化服务效率。面对知识经济的挑战,我国上市商业银行必须充分利用先进的电子计算机和通信设备,不断提高银行服务手段的现代化水平,用科技创新推动金融产品创新。

(五)改善金融竞争环境

1. 健全银行法律体系

我国已经制定、颁布了一系列法律法规,包括《商业银行法》《票据法》《中华人民共和国中国人民银行法》等,基本建立了银行法律体系框架,规范了商业银行的经营行为。但这些法律法规体系并不完备,有些甚至与国际惯例和通行立法产生了冲突,不利于提升我国商业银行在国际上的竞争力。因此,必须进一步完善我国的法律法规体系,为商业银行的发展壮大提供更好的法律环境:建立健全与国际惯例接轨并符合我国国情的法规体系,全面清理我国现行金融法律法规,并抓紧修改有关规章;加快立法速度,填补现行法律法规中的空白,弥补薄弱环节,建立存款保险制度、商业银行市场推出法律制度,完善涉外金融法律等。

2. 强化银行监管体系

我国已经全面对外开放了银行业,外资银行已经全面进军我国金融市场,因此银行业监管部门应该做好准备,结合我国金融市场的现实国情,借鉴国外先进的金融监管手段,探索符合国际银行业监管原则的新监管方式和监管理念,优化和改进现有的监管体制,提高监管效率,为我国银行业构建国际化的监管体系。通过强化监管的规范性、系统性、连续性,使各种监管手段和监管信息得到充分的运用,及时识别、判断、预警金融风险,维护存款人的利益,确保银行体系的安全运行;对外资银行在我国境内的市场准入进行严格审核,加强对已经进入我国市场的外资银行的监管力度;对监管机构的职能进行调整,加强各监管部门之间的协调,充分发挥监管人员的作用。同时,应该逐步推进银行业的有效信息披露制度,改善信息不对称的状况,充分发挥社会监督的作用。

3. 完善社会信用体系

社会信用作为市场经济的行为规范,贯穿于社会交易行为之中,能够促进交易效率的提高和市场规模的扩大,保证市场经济的顺利进行。我国社会信用体系尚不完善,尤其是企业的信用意识较差,财务造假严重,造成银行把款项贷给企业后,经常难以按时收回,形成损失。因此,我们应该采取措施,尽快完善社会信用体系,针对企业信用问题,我们可以利用资信评估机构对企业进行评级,对其贷款的风险性和偿还的可能性做出客观的评价,从而保障银行贷款的安全。另外,可以对企业的历史交易记录建立档案,考察历史信用状况,从而可以大体判断每笔贷款未来收回的可能性。针对个人信用问题,虽已采取的是"存款实名制",还可以将个人信用管理体系与个人信贷结合起来,采取个人信用调查与消费者自主申请相结合的形式,完善个人信用评估,逐步建立个人信用数据库,就像身份证一样能连续地证明个人的信用状况。

六、结论与展望

(一)研究结论

上市商业银行作为我国商业银行的一面旗帜,其竞争力研究是银行管理领域的重要研究方向。对我国上市商业银行竞争力状况进行全面分析,进而提出提升上市商业银行竞争力水平的对策建议,具有重要的理论价值和实践意义。希望本章所做的工作能为理论界和银行实务界的后续研究提供可供借鉴的研究思路和研究方向。现将本章主要的研究工作和得到的结论总结如下:

(1)本章在现有研究文献的基础上,主要从迈克尔·波特竞争力理论、世界经济论坛的界定和我国金融学者的分析3个方面,对企业竞争力的内涵进行了概括,并对企业竞争力理论中的竞争优势理论、企业能力理论和核心竞争力理论进行了梳理,在此基础上,分析出商业银行作为金融企业的一般性和特殊性,总结了商业银行竞争力的科学内涵。

(2)本章遵循科学性、全面系统性、可比性和可操作性原则,构建适合上市商业银行自身特点的竞争力评价体系,选取盈利性、流动性、安全性、规模实力和发展能力指标反映上市商业银行现实竞争力;选取创新能力、公司治理结构和企业文化作为反映上市商业银行潜在竞争力的重要指标。指标选取涵盖了银行竞争力的各个方面,同时做到了对抽象指标的量化表示。

(3) 在理论分析的基础上,本章采用因子分析法对上市商业银行竞争力进行实证分析,主要选取 14 家具有代表性的上市商业银行为研究样本,以各银行公布的 2011 年年报为样本数据来源,利用因子综合评分的结果,对这些上市商业银行的竞争力情况进行排名和比较,并从规模实力及盈利性、发展能力及流动性、稳定性、创新能力及公司治理等方面对样本银行的竞争优劣势进行分析研究。

(4) 通过理论分析和实证研究,本章就如何提高上市商业银行的竞争实力,使其在金融竞争中居于有利地位,从银行内部因素和外部金融环境方面提出了几点对策和建议。基本思想是:外塑品牌形象、内建人才队伍,完善公司治理结构、建立有效的激励机制,强化风险管理和控制能力,提高商业银行的创新能力,改善金融竞争环境。从这些方面着手,促进银行形成长久而持续的竞争力。

(二) 研究展望

商业银行竞争力的研究是一项复杂的工作,其动态性、综合性和相对性特征表明该研究将是一个持续发展的过程。本章在前人的基础上,以商业银行为研究对象,以上市商业银行为代表样本,用实证的方法对上市商业银行竞争力做了探索性的研究。但是,银行竞争力及其演化本身是一个广阔而深入的研究领域,一个完善的应对体系和制度化建设也需要长期的不懈努力。

在经济全球化的趋势下,银行竞争力研究将持续更新,并将继续深入,在研究方法上也将会越来越细化,从经验的、概念性的分析到注重实证检验和实际应用将是大势所趋。

第二章

我国商业银行收入结构多元化对绩效的影响研究

本章以前人的研究为理论基础,选取我国具有代表性的16家上市商业银行2008年第一季度至2015年第三季度的相关数据为研究样本,并按照不同体制,将16家上市商业银行分为国有控股商业银行与非国有控股商业银行两个样本组,基于面板数据模型,对其收入结构的多元化水平与银行绩效进行回归分析。回归结果表明,我国商业银行收入结构的多元化水平与经营绩效间的相关性较强:从短期来看,扩大非利息收入并未给我国商业银行的绩效水平带来显著提升,反而对银行的绩效水平产生负向影响;但从长期来看,推动我国商业银行收入结构多元化有利于提高银行的绩效水平,且其影响力度要大于其当期对银行效益的负向影响。另外,无论从短期还是长期来看,国有控股商业银行回归模型中影响系数的绝对值均大于非国有控股商业银行,表明国有控股商业银行收入结构的多元化水平对银行绩效的影响要大于非国有控股商业银行,其主要原因在于:国有银行在营业网点和资金规模上都具有绝对优势,其在拓展非利息收入业务方面的规模效应要远大于规模、资金实力等相对较弱的非国有控股商业银行。最后,本章就如何优化商业银行的收入结构、实现战略转型、全面提升银行核心竞争力提出了针对性建议。

一、引 言

(一)研究背景及意义

1. 研究背景

现阶段全球经济形势复杂,经济下行压力较大,我国商业银行所处的经济环境正发生着新的演变。

自2012年以来,我国经济增长速度渐渐放缓,开始由高速增长转入中高速增长,在此影响下,商业银行的信贷规模和收入结构均发生了巨大变化。据相关数据统计,我国商业银行的总资产增速自2010年开始呈逐年回落趋势,我国商业银行快速扩张与高盈利的时代已一去不返。此外,随着经济增速的整体放缓及经济结构的优化改革,我国商业银行面临的信用风险也在持续上升。自2011年9月以来,我国银行业的不良贷款率以及不良贷款余额已经连续几十个月"双升",其中,不良贷款余额的增长速度在过去的四年里更是持续保持在15%以上。这说明,由于近年来经济增长乏力,银行资产规模及质量都在不断下降,我国商业银行依赖于信贷收入的收入结构已无法适应新的经济环境。

随着我国利率市场化体系的日趋完善,我国商业银行间的业务竞争水平变得越发激烈。早前以银行为本位的存贷市场发生了根本性的变化,客户逐渐占据了市场的主体地位,卖方市场逐步过渡到了买方市场。商业银行迫于内外压力,将不得不压缩自身的盈利空间,且随着融资渠道多样化、资产证券化、存款理财化趋势的形成,利差的持续收窄将难以避免。因此,商业银行依靠传统信贷业务的扩张来提高经营业绩、增加营业收入的经营模式已无法维系,构建多元化业务体系、推动盈利模式的转型已势在必行。

此外,我国银行业的监管日趋严格,受其影响,传统业务的拓展越来越举步维艰。随着《巴塞尔新资本协议》的实施,银行的资产质量及资本充足率水平将面临更高的监管标准。自2010年以来,政府为抑制资产泡沫,进一步加强了对银行信贷资产总量的控制。法定存款准备金率、存贷款比例以及合意贷款规模等监管条例,都限制了商业银行资产规模的进一步扩张。受资本约束的影响,银行在创新业务模式和调整收入结构时所受到的限制变得更多,资本集约型的创新业务模式成为商业银行经营转型的主要方向。

然而,由于受经济环境以及监管体制等多方面的限制,我国商业银行长期以来始终保持着以利息收入为主的单一收入结构。虽然近年来受市场需求的影响,为完善自身的收入结构,我国商业银行开始大力发展非利息收入业务,积极推出了许多交易成本更低、质量更高的金融产品和服务,但是相比于西方发达金融市场的银行收入结构,我国商业银行收入结构的多元化水平仍然相对较低。仅就2014年而言,我国商业银行全年非利息收入总量为

9 022亿元,占商业银行全年收入的21.47%[①];在西方成熟金融市场中,银行的非利息收入通常占整个银行营业收入的二分之一左右。

总而言之,在"新常态"经济环境下,为提高银行的盈利,实现可持续发展,我国商业银行推进战略转型从而实现综合化经营已是大势所趋。而在这一过程中,非利息收入的增长以及收入结构的多元化水平作为衡量我国商业银行经营战略转型成功与否的重要依据,是一个非常值得研究的课题。

因此,本章对比研究了不同体制下商业银行绩效水平受其收入结构多元化程度影响的情况,将有助于我国各商业银行结合自身特色,进一步调整收入结构,优化盈利模式,以适应"新常态"经济形势,从而适应日趋激烈的市场竞争环境。

2. 研究意义

商业银行本质上还是属于盈利性企业,其经营目标是实现银行收益最大化。因此,应不断探求新的利润增长方式,而收入结构的多元化对提高银行收入稳定性、提升银行盈利能力及经营业绩具有重要意义。

(1) 理论意义。

自银行诞生以来,有关银行业的研究就成了学术界研究的重要课题之一。国内外学者分别从银行的收益波动性、风险控制、资本结构、股权集中度等不同角度进行了研究和探讨,并就如何提高商业银行的盈利能力、安全性及流动性提出了相关对策和建议。"新常态"以来,市场需求、金融监管、市场竞争压力、金融脱媒等都发生了深刻的变化,并对我国商业银行的进一步发展提出了更高的标准和要求。特别是当前收入结构作为衡量商业银行战略转型以及综合化经营成功与否的重要依据之一,受到学术界的广泛关注。因此,笔者认为在新的经济背景下,探究我国商业银行的收入结构与其经营绩效之间的相互关系具有新的时代意义,有利于进一步丰富我国银行业收入结构的相关理论。

(2) 现实意义。

本章选取了我国具有代表性的16家上市商业银行作为研究对象,在分析其收入结构的基础上,对比剖析了不同体制下商业银行经营绩效受其收入结构的影响情况。这一研究将有助于我国商业银行在经济增长放缓、利率市场化、金融自由度不断加深的经济大环境下,借鉴国外经验,结合我国特色,

---

① 数据来源:中国银行业报告。

调整收入结构,实现盈利模式的改革升级,最终提高银行的经营绩效,实现银行自身的长远发展。总之,本章的研究结果能对我国商业银行的未来发展提供一定的借鉴意义,其具体表现为如下4个方面:

第一,有利于我国商业银行向低资本消耗经营模式转型。我国商业银行传统的经营模式是"吸储—放贷—再吸储—再放贷",这一模式过分依赖于利差收入,资本消耗极其严重,因而难以为继。随着我国经济增速逐渐放缓,利率市场化日渐成熟,银行的利差空间必将严重缩小,此时商业银行必须通过金融产品创新提高非利息收入,优化收入结构,以提升综合竞争力,获得长远发展。本章探究收入结构对商业银行经营绩效的影响,有助于我国商业银行向低资本消耗经营模式转型升级,有利于顺利实现我国银行业经济战略的改革转型。

第二,有利于进一步探究商业银行收入结构与经营绩效间的影响关系。近年来,我国各家商业银行管理层都逐步意识到传统单一盈利模式的局限性,并开始着眼于拓展银行非利息收入业务以实现收入结构的多元化。但是就收入结构多元化水平与银行经营绩效之间的相互关系,至今仍然没有形成统一的认识。因此,探究银行收入结构多元化水平与银行经营绩效之间的相互关系,有助于我国商业银行的未来发展。

第三,有利于更好地发挥经济结构转型中银行业的服务功能。我国的战略经济规划明确提出:现阶段,单一的外向型经济发展方式已远不能满足我国经济社会发展的需求,扩大内需、调动群众的内在消费需求动力已经成为当下最为重要的经济战略。在这一过程中,商业银行应当积极发挥其在实体经济转型过程中的杠杆作用,不断加大对污染高、能耗多的企业的融资审查力度,帮助并扶持创新型小微企业的发展,通过强有力的杠杆调控,促进实体经济的转型升级。

第四,有利于提高我国商业银行的综合实力。构建多元化的业务体系,实现经营战略的转型升级,不仅有利于确保我国商业银行在面对外资银行进入时仍然能保持国内资本市场上的主体地位,同时也有利于我国银行业不断增强综合实力,在"走出去"的国际化经营过程中面对国外其他商业银行的竞争始终能保持其核心竞争力。

(二)国内外研究现状

1. 国外研究现状

关于银行收入结构与其经营绩效之间的相互关系,国外有关学者的观点主要有以下两种:一是银行收入结构的多元化能够有效地分散风险,从而对银行经营绩效有一定的促进作用;二是银行收入结构的多元化会加剧银行收益的波动性,因此不利于银行效益的提高。

(1) 收入结构多元化给商业银行带来积极影响。

这一领域的研究最早始于 Eisemann(1976)的分析,他认为银行的净利息收入受到外界经济环境的影响较大,特别是利率变动和经济周期的波动;而非利息收入的主体是费用收入,经济波动对非利息收入的影响较小。因此,拓宽银行的业务结构,增加银行的非利息收入能进一步丰富银行的收入来源,增强银行收入的稳定性。

Templeton 和 Severiens(1992)对 1979—1986 年间 24 家商业银行持股公司的相关市场数据做了定量分析,对比发现,在上述公司中,非银行资产带来的收入所占比重越高,相应的股东所得到的资产回报也就越稳定,这也从侧面说明了丰富商业银行的收入来源对商业银行的发展具有积极的推动作用。Santomero 和 Chung(1992)在上述研究的基础上进一步扩展了研究对象的范围,将原有的 24 家银行进一步扩充到了 123 家,为了更全面地说明问题,他还增加了 62 家非银行类的金融机构作为对比,利用期权定价理论对上述数据加以总结分析。研究结果表明,同时拥有银行类业务和非银行类业务的公司的风险要低于单一经营银行类业务的公司。特别地,部分新型业务,如证券类业务、保险类业务以及其他金融产品业务的加入不仅提高了银行的收益,而且提高了银行收入的稳定性。此外,Kevin Rogers 和 Sinkey(1999)也从风险的角度共同研究分析了反映商业银行收入结构情况的财务指标——资本充足率与其他各项指标——利率风险、流动性风险和信用风险等之间的相关关系。研究结果显示:非利息收入业务的占比越高,商业银行的各项风险指标就越稳健,即风险更低,商业银行的盈利能力也就越强。

Rogers(1998)研究了 1991—1995 年间美国 10 512 家商业银行的相关数据,他分别从只有传统业务和同时含有传统与非传统业务两个角度设置了两个方程,通过转换函数,对比分析了银行的传统业务以及非传统业务对其成本效率、收入效率以及利润效率的影响。研究结果表明:非传统业务不会降低银行的绩效;假如非传统业务的效率值高于传统业务,那么包含非传统业务的模型得到的效益要高于只包含传统业务的模型。Smith 等人(2003)则以欧洲 15 个国家的商业银行为研究对象,以 1994—1995 年间的相关财务指标为样本数据,分析了利息收入的波动性、非利息收入的波动性以及两者间的相关性。此外,Smith又采用分类研究的方法,按照商业银行的类别和经营规模对每一个国家的商业银行进行分类,然后再分别分析不同类型商业银行的利息收入与其非利息收入之间的相互联系。研究结果表明:就波动性而言,非利息收入更为稳定,且非利息收入还能对利息收入的减少有一定的补充作用。Vincenzo和Chiorazzo(2008)以意大利银行的相关数据作为研究样本,其研究结果表明:商业银行完善收入结构对其盈利能力有强有力的促进作用。

通过整理分析上述研究文献,相关专家认为收入结构多元化会给商业银行带来正面影响的理由有两点:第一,增加商业银行提供的金融产品的数量可以增加商业银行的总产出,依据规模经济的相关理论可以得出:不断优化收入结构,积极拓展非利息收入,能有效地提高银行效益。第二,对于商业银行而言,其利息收入过于依赖利率变动以及市场周期,而非利息收入的来源较为广泛,因此积极发展非利息收入,能够增强银行收益的稳定性,同时降低各项风险。

(2) 收入结构多元化给商业银行带来消极影响。

近些年来,也有部分学者的研究结果与上述专家的研究结论相悖,他们认为,增加银行的非利息收入,推进收入结构的多元化进程,一定程度上会增加银行的风险,给银行带来负面效应。在实证研究方面,大多文献资料都着眼于美国的商业银行,少数研究分析了欧洲的银行市场,并且实证研究中运用到的计量模型也相对较少。

De Young和Roland(2001)以1988—1995年间美国472家商业银行为样本,研究发现:非利息收入主要来源于商业银行服务或产品的费用收入,不具有长期稳定性,因此其反而会加剧银行收益的波动程度。对此,他们给出了3个理由:第一,传统借贷业务的转换成本与信息成本较高,使得资金借贷方能相对忠诚地维持双方间的借贷关系,传统的利息收入也就相对稳定。相比之下,非利息收入业务客户的忠诚度较低,常常转换银行,因而其收入水平波动程度较高。第二,推广非利息收入业务会导致银行的人力、运营等其他成本增加,而在传统的借贷业务中,借贷关系一旦形成,贷款数额增加所引起的边际成本的增加却是极小的。第三,相比于传统信贷产生的利息收入,非利息收入缺乏必要的资本监管,因此会增加商业银行的风险程度。De Young(2004)又选取了一组新的样本数据,在此基础上探究美国商业银行中的绩效、风险以及非利息收入三者之间的联系,最终得到了如下两个方面的结论:一方面,商业银行的风险水平与其非利息收入的规模呈正相关关系,非利息收入总量越大,风险水平越高;另一方面,对于大型商业银行而言,其非利息收入对银行绩效的影响更为显著。

Stiroh(2006)以美国商业银行1997—2004年的数据为样本,研究发现:非利息收入业务的提高不能有效地改善银行的风险以及收益情况。Stiroh的研究首次采用资本市场数据来研究风险与回报的关系,相比以往研究中的会计数据,有效地避免了数据的滞后性,拓展了研究思路。同年,Stiroh和Rumble(2006)的另一篇文章表明,发展多元化的业务对商业银行的利润变异系数有一定的促进作用,但是相比于信贷业务,这些多元化业务所带来的收益通常不高,且常常具有较高的风险。也就是说,银行多元化业务所带来的非利息收入虽然能带来一定收益,但是要面临高风险,因此这无益于银行整体绩效的提升。

在欧洲银行市场上,Mercieca等(2007)以755家欧洲小银行1997—2003年的数据为研究对象,立足于收入结构的发展与变迁,分析商业银行的多元化业务,研究表明:银行多元化业务所带来的非利息收入对其整体的绩效会有一定的抑制作用。随后Lapetit等(2008)又基于1996—2002年欧洲734家银行的财务数据,分析研究了欧洲银行业的风险与产品结构间的相关关系,研究发现:开发并推广多样化的金融产品,不仅没有减少银行的风险,反而扩大了银行所面临的风险,而造成这一结果的主要原因是手续费收入,且这一结果在中小型商业银行中更为明显。

Calmes等(2009)通过调查分析发现:自20世纪以来,加拿大相关银行就致力于拓展多元化业务,优化业务结构,但是到目前为止,仍然无法验证这一战略能否在增加银行收益的同时降低风险。

归纳整理上述研究文献,其结论如下:银行业务多元化所带来的非利息收入主要通过风险对银行的绩效产生影响,非利息收入的增加在一定程度上会增加银行的收入来源,但是会导致银行收益的不稳定,反而会给银行带来更大的风险,因而并无益于银行整体绩效的提升。

从上述国外研究文献可以发现,国外研究人员对于商业银行收入结构已经有了较为全面的研究,不仅对不同经济背景下银行业的收入结构情况做了较为详尽的剖析,还从一国和多国的角度进行了对比分析。但对收入结构与银行绩效之间的关系,各位专家学者仍然没有形成一个统一的意见。另一方面,上述文献所选取的多是金融危机前的相关数据,针对金融危机之后的研究尚不充分。金融危机的发生对银行监管的变革有着深远影响,银行监管的变革和新的经济环境都迫切要求有关学者对银行业的经营模式进行新的研究。

2. 国内研究现状

早期国内大多数学者主要着眼于收入结构,研究商业银行收入结构的主要影响因素,并据此提出许多对应的政策建议。近年来,越来越多的研究人员采用实证分析的方法具体探讨商业银行的收入结构、风险以及绩效三者之间的相互联系。此外,研究人员还选取了非利息收入作为主要的衡量指标来体现商业银行业务多元化的水平。

(1) 商业银行收入结构的转型研究。

揭水利等(2004)全面分析了我国商业银行现有的收入情况,对现阶段我国商业银行收入结构中存在的问题以及造成这些问题的原因做了详细的归纳总结,其指出:我国商业银行收入结构的改革调整应当立足于银行负债结构及信贷结构的调整,从而有效地提高银行的经营效益及综合竞争力。邓晓益等(2006)在此基础上进一步分析了业务多元化对商业银行收入的影响,他发现:银行的各项收入均有助于提升银行的总利润,但投资收入在总收入中的占比与银行利润的增长之间存在着负相关的关系,而业务收入的提升则会给银行带来积极影响。

此外,对商业银行收入结构的研究通常使用对比分析法。王婷(2007)通过对比分析的方法比较了中美商业银行间收入结构的不同,发现导致此不同的主要原因在于:中美两国金融市场的发展程度、金融管制以及银行的资产结构等都不同,而这些都是影响银行收入结构的重要因素。此外,王婷还提出:我国政府应当建立健全相关法律法规、优化改革行业监督,为商业银行业务结构的转型提供更大的平台及空间。刑学艳(2011)基于我国14家商业银行的相关样本数据,通过实证模型对比研究了我国国有控股商业银行以及非国有控股商业银行收入结构间的差异,并指出造成这一差异的主要原因是:银行的资产规模及国有控股比例的不同。王玉莹(2014)则基于2006—2012年我国上市商业银行的年报,首先分析了不同类型商业银行的收入结构的特征,得出结论:利息收入虽略有下降,但占比仍最高;非利息收入占比较低,以手续费及佣金收入为主。其次又对比分析了美国、法国、瑞士、德国以及新加坡商业银行的收入结构。最后通过借鉴国外经验、结合自身特色,提出:大型商业银行在推动收入结构转型时,应当以综合化的经营为重点,而资金实力一般的小型商业银行应当侧重于建立自身品牌,实现具有差异性的特色化经营。

蔡丽霞(2015)则从实证的角度,以2007—2013年我国具有代表性的上市商业银行的年报数据为研究对象,建立回归方程探究影响我国商业银行收入结构的内外部因素。研究发现:银行的收入结构受其资产规模、存贷业务的盈利能力以及外部经济环境的影响较大。

(2) 商业银行收入结构影响经营绩效的相关研究。

① 收入结构多元化有利于提高银行效益。

我国部分学者立足于全球视角,研究了收入结构与其效益之间的相互联系。王志军(2004)以1990年之后的欧洲银行业的相关数据为样本,通过研究分析其非利息收入与银行收益间的数量关系,发现:商业银行营业收入中非利息收入的比重与银行收益的稳定性呈正相关关系,并且商业银行的资产规模越大,这一正向影响的力度也越大。陈卫东等(2008)则从更广泛的视角研究了全球银行业的收入结构,发现:多元化的业务结构不仅可以改善银行业整体的收益能力,还可以提升银行总体收入水平的稳定性。

更多的学者立足于国内银行业,分析了收入结构与其效益之间的相互联系,其中一些学者从银行业整体的角度来进行研究分析。盛虎等(2008)以2000—2005年我国国内商业银行的相关数据为研究对象,探究了非利息收入占比对我国商业银行总体收益情况的影响,结果表明:非利息收入所占比重与总资产收益率正相关,即其占比越高,相应的银行效益越好。因此,商业银行积极开展多元化业务有助于银行经营绩效的提高。赵虹(2014)在全方位分析我国上市商业银行2006—2012年间中间业务规模、成本及结构的基础上,通过因子分析的方法量化银行的绩效水平,建立面板数据模型探究中间业务收入的规模与银行绩效间的关系。实证结果表明:拓展中间业务有助于银行效益的提升。对此,赵虹给出了两个原因:其一,中间业务所带来的收入能有效地补充银行的收入来源;其二,大力拓展中间业务有利于缓冲和降低外界环境对银行的负面影响。

另外一些学者则依据体制、规模的不同,分别研究了不同类型商业银行的收入结构与其绩效之间的相互联系。袁珏(2012)归纳整理了我国国有控股商业银行及非国有控股商业银行1996—2010年的年报数据,通过建立面板回归模型分析其非利息收入比重与利润率及二者之间的数量关系,探究银行效益受其收入结构的影响情况。模型回归结果表明:在国有控股商业银行中,以手续费、佣金以及投资为主的非利息收入均与银行绩效呈正向关系;而在非国有控股商业银行中,除手续费及佣金外,其他非利息收入均对银行的效益产生了负面影响。在此基础上,刘锡良(2014)进一步将我国相关商业银行细分为国有大型商业银行、城市商业银行、股份制商业银行三个样本组,以非利息收入的比重来衡量商业银行的收入结构,通过建立 STATA 面板模型来量化不同体制下商业银行收入结构对其经营效益的影响。研究发现:商业银行积极开展多元化业务将有利于提高盈利水平,但影响力度与其规模密切相关。王娜(2015)则归纳梳理了我国商业银行 2006—2013 年间效益与中间业务的收入情况,以面板数据为基础,通过建立中间业务收入结构与银行效益的计量模型来进行实证研究。实证结果表明:一方面,对于大型商业银行而言,中间业务收入能够明显地影响其效益水平;而对于中小型商业银行而言,其影响力度较小。另一方面,相比于中间业务中的清算结算银行业务等,咨询、担保及托管类业务对银行绩效的正向影响更明显。

通过梳理上述文献可以发现:开展多元化业务,增加商业银行的非利息收入不仅能丰富其收入来源,而且能够有效地降低外界因素对商业银行的负面影响,从而有利于提高其效益水平。但是非利息收入对银行效益的促进作用会受到其体制、规模等因素的影响而有所不同。

② 收入结构多元化无益于提高银行效益。

我国多数学者探究这一问题时多基于银行的财务数据。郑荣年等(2007)通过统计分析我国上市商业银行 2005 年之前的财务数据发现:非利息收入与商业银行的资本比率、规模等代表银行综合竞争力的指标负相关,但是与银行的信用风险正相关。王菁(2009)利用相关上市商业银行 1990—2007 年的财务数据,建立非平衡面板数据模型进行实证分析,研究发现:非利息收入是一把"双刃剑",虽然它能够提高我国商业银行的利润总额,但是收入结构的多元化同样又会降低银行的经营效益。谢罗奇等(2009)以 1997—2008 年国内 11 家上市银行的财务数据为研究对象,研究表明:商业银行的非利息收入的波动程度要显著高于利息收入,从而导致非利息收入的风险较高。魏世杰等(2010)选取了我国 40 家商业银行为研究对象,研究其 2003—2008 年间的收入情况及资产收益率,发现:我国商业银行的非利息收入不仅在总量上持续上升,而且在总体收入中的比重也不断提升,但是随之而来的却是效益的下滑,因此,他认为大力开展商业银行的非利息收入无益于商业银行的长期发展。

张羽、李黎(2010)则另辟蹊径,分别从宏观和微观的角度对商业银行的非利息收入情况进行了对比分析。首先,从宏观角度来看,非利息收入能够有效地分散商业银行的经营风险,但是这种风险分散的效应符合边际效益的递减规则。其次,就微观角度而言,非利息收入的不确定性又显著高于利息收入。

余磊(2014)着眼于城市商业银行,归纳整理了我国91家城市商业银行2006—2012年的年报数据,通过实证模型研究其收入结构与其效益及风险的相互联系,研究表明:在城市商业银行中,收入结构多元化水平越高,则对应的银行经营风险越大,绩效水平越低,但在考虑国有化程度的条件下,多元化收入结构对银行经营效益负向影响的力度将减小。

通过上述研究可以发现,同国外有关研究一样,我国学者认为收入结构多元化无益于提高银行绩效,主要是因为:非利息收入的不确定性较大,加剧了我国商业银行收益的波动性,其经营风险进一步被扩大,因而不利于改善银行的绩效。

同国外学者一样,我国国内相关学者在关于多元化的收入结构是否能够有效地提升商业银行的经营绩效的研究上也没有达成统一的结论,其原因可能有以下几个方面:第一,研究的时间段不同,其反映的规律也不同;第二,研究的对象和样本空间不同;第三,研究的方法不同。

二、理论基础

(一)企业多元化理论

企业多元化理论最初于1957年由美国的Ansoff提出,随后Penrose、Gort等人又进一步完善了该理论。依据该理论,市场选择机制必将导致我国商业银行的发展经历"多元化—专业化—多元化"三个过程。以发展较为成熟的美国银行为例,早期的商业银行大多实行混业经营,这一经营模式在促进银行业迅速发展的同时也带来了金融危机。吸取危机教训,美国实施了《格拉斯-斯蒂格尔法案》,自此进入分业经营的新时代。然而,虽然分业模式改善了金融环境,但使得银行的竞争力日渐下降。于是,美国于1999年再次出台新法规[①],允许商业银行进行联合经营,美国的金融业再次步入混业经营阶段。由此可见,同其他普通企业一样,商业银行也在逐步寻找适合自己的合

---

① 新法规是指1993年出台的《金融服务现代化法案》。

理的发展和经营模式。

企业多元化理论认为企业的多元化形式主要有以下3个方面：

一是同心多元化。企业以现有的资源、技术为中心，在相关专业领域内推进多元化经营，开发新产品、拓展新业务，延伸业务经营领域。例如，我国商业银行基于传统银行卡业务，陆续推出了网银业务以及电子银行业务等。

二是水平多元化。在企业原有产品或服务无法满足顾客所有需求的背景下，企业需跨领域开发新产品、拓展新业务，以满足顾客需求、提升顾客满意度。例如，商业银行在传统的存贷款业务外，开发出新的信贷业务以适应顾客需求，如房产装修信贷、汽车消费信贷等。

三是垂直多元化。垂直多元化依据其内容的不同，通常又被分为前向多元化和后向多元化两个方面。前者是指企业收购上游的原料供应商、独立地进行原料的生产。后者是指企业对产品进一步加工，从而形成具有一定附加值的新产品；或将原先由外部完成的物流、销售环节转为由企业单独完成。例如，平安科技依托资金及人力资源的优势，建立了高效、集中的运营体系，其系统涵盖了产险、寿险、银行、信托、证券等几十个体系。

通过上述理论分析，可以发现商业银行推进多元化经营，主要可以得到以下几方面的利益：

第一，商业银行可以取得交叉补贴的定价优势。银行经营中所提供的产品必有优劣之分，对于劣势产品可定出略低于成本的价格，以提高价格竞争力，同时可以促进其他关联产品的销售，从而提高优势产品的销售额，提高银行的整体收益水平。

第二，商业银行可以产生统一品牌的效应。即商业银行可以将在市场上知名度较高的已创建品牌作为本行的标志性品牌，并以此为基础进一步开发新产品。这样不仅可以节省建立新品牌所需的高额成本，还可以充分提升原有品牌的影响力。

第三，商业银行可以根据产品的不同特性分散风险。不同产品的特性不同，对各类风险的敏感程度也是各有差异的，甚至有时还会产生相反的结果。因此，商业银行通过推进多元化经营，能够在面临外界风险时，减小负面影响。

（二）商业银行销售理论

商业银行销售理论作为负债管理理论的一部分于1980年被提出。其主要观点是商业银行作为金融产品与服务的生产商，其目的是将自己银行的产品以及服务以商品的形式销售给合适的客户,从而在满足客户基本需求的同时增加自身的收入来源,提高收入水平。这一理论体现了银行业与其他非银行金融机构间相互竞争和渗透的情况,反映了商业银行的多元化及综合化发展方向。

该理论主张银行在发展的过程中必须立足于具体的金融产品或服务。近年来,我国商业银行积极发展零售业务则充分体现了这一点。商业银行的零售业务主要是指为满足某单一客户的需求而特意为其提供的品类繁多的金融服务以及产品的总和。它与批发业务是相互对应的,商业银行的批发业务主要是指为企事业单位、社团组织等提供的定制化的金融服务或产品。相对于批发业务,零售业务相对比较分散、单笔规模也较小,通常在商业银行的收入中占较小的比重。但是,随着我国商业银行无法满足企业融资需求而带来的矛盾日益尖锐,零售业务逐渐成为其未来发展的新方向。我国商业银行中常见的零售业务主要包含以下几种:针对个人的贷款业务、面向客户的银行卡业务、为客户提供的保险柜业务以及其他不同门类的银行理财业务。

面向小客户的个人银行卡、私人保险柜以及银行理财产品等零售业务均可以为商业银行带来更多非利息收入,零售业务的发展有利于推动银行整体收入结构的优化。在我国商业银行中,大力发展零售业务是实现其多元化经营方式以及提高其绩效水平的重要途径。而零售业务的扩大过程其实就是我国商业银行实现营销的过程。许多营销理论都适用于我国商业银行的零售业务。具体而言,营销可以分为三个步骤,首先,通过分析确定商业银行的潜在客户;其次,针对这些潜在客户重点分析客户的需求;最后,根据客户需求分析的结论在适当的时候给合适的客户推销他们可能感兴趣的产品。同时,营销的成功又可以进一步推动我国商业银行收入结构的优化升级,因此,立足于该理论的商业银行会积极推动非利息收入的发展,最终实现多元化经营。

(三) 金融创新理论

20世纪80年代以来,金融创新逐步成为金融研究领域的热点,有关金融创新的理论也不断涌现,但大多数流派的研究仍主要集中于金融创新的动因。主要流派有以下几个:一是技术推进型创新。T. H. Hannon 和 J. M. McDowell 认为,互联网、电子等高科技的发展会推动金融技术层面的创新。二是财富增长型创新。S. L. Greenbum 和 C. F. Haywood 从需求的角度分析金融创新的动因,认为财富的增加会促使企业及居民加大对金融服务与金融投资的需求,从而推动金融创新。三是约束诱导型创新。W. L. Silner 从供给的角度分析了金融机构进行金融创新的动因,认为金融创新的主要动因是规避外部监管要求及内部制约因素。四是交易成本型创新。J. R. Hicks 与 J. Niehans 将金融创新的动机归结于金融机构的逐利动机,降低交易成本有利于实现收益最大化,提升综合竞争力。

此外,金融创新通常可以分为三个层次,即宏观层、中观层和微观层。宏观层面的金融创新具有一个比较宽泛的范围,不仅包括金融服务以及产品的创新、管理组织架构的创新、金融市场以及金融技术的创新,还包括银行业发展以来的诸多业务,如资产负债管理、支付清算体系,金融市场、国际货币体系等方面的改革创新。中观层面的金融创新通常是指金融结构尤其是银行机构的中介功能的变化,主要包括制度、技术以及产品三个方面的创新。微观层面的金融创新主要是指金融工具的创新,通常可以分为如下四个方面:一是信用创新;二是风险转移方式的创新;三是流动性的创新;四是股权创新。

总之,不论从创新动因还是创新层次的角度来看,金融创新都对商业银行有着不容小觑的影响。银行业务的不断创新有利于促进商业银行盈利结构逐步趋于合理化和多元化,从长远来看,还有利于实现商业银行的可持续发展。因此,金融创新理论为商业银行改变传统的单一化经营现状、不断优化收入结构奠定了坚实的理论基础。

(四) 资产组合理论

资产组合理论又称马柯维茨投资理论,是马柯维茨于 1952 年提出的。其"不要把鸡蛋都放在一个篮子里"的观点是商业银行采用多元化经营方式、降低经营风险的动因。举例来说,在投资股票市场时,将资金投放在相关性较小的不同组合中,能够一定程度上预防市场的不确定性,从而降低利润率的波动程度并分散风险。

就商业银行而言,我们也可以从投资的角度理解银行业务。其中,一种比较常见的商业银行投资形式是资产业务,它对应着商业银行的正收益,而这些资产业务所需要的成本以及其他可能遇到的风险都可以看作是银行可能存在的损失和风险。因此,可以将商业银行的有关利息收入与非利息收入的业务作为不同的投资收入来分析。具体而言,我们只要选择恰当的方法将非利息收入、利息收入及其所带来的风险进行量化,就能够通过资产组合理论获取商业银行的最优投资比例,也即是说其非利息收入在总收入中应该占据的最佳比例。

此外,资产组合理论讨论的是风险和收益的关系,它针对的是非相关多元化业务,即对资产组合的方差而言起决定作用的是多元化各业务间收益的协方差,至于单个业务的收益方差则处于从属位置。可资产组合的这种非相关多元化业务经营的风险分散效应,暗藏着银行拥有丰富的资源、技术、人才来有效经营和管理其各类产品与业务的假设。

（五）协同效应及其异化风险

协同效应,简单来说,是指"$1+1>2$ 或 $2+2=5$"的效应,即将商业银行看作一个协同的系统,其所经营的不同领域可以通过相互协作、共享资源,取得比单独运作各项业务更高的收益。19世纪中期,美国战略管理学家率先将协同效应应用到企业多元化理论的框架之中,其提出:所谓协同,即企业通过抓住机遇与正确认识自身能力相互匹配,从而进一步发展新的业务形式。对于商业银行而言,协同战略可以像纽带一样将其各项业务联结在一起,从而促使其在经营过程中,能够合理有效地配置各项资源和生产要素,合理地进行投资、运营、销售和管理的战略安排,从而实现报酬递增的经营优势。

协同效应通常由如下三个部分产生:首先是规模效应,资源共享带来了各项采购、生产成本的下降;其次是范围经济,各项组织分块和业务分块可以交互延伸;最后是企业不断优化和重组业务的流程与结构,通过减少不必要的劳动力成本或设备设施成本使企业的成本下降。

虽然协同效应可以从整体上提高银行的绩效水平,但也会给银行带来相应的风险。我国商业银行在构建协同效应的过程中,通常会导致风险的异质化。所谓协同效应的异质化风险,是指银行在追求协同效应的同时拓宽其经营方式,通常会因为组织结构关系而使其变得较为复杂,从而导致银行的各项业务在互动运营过程中产生了与预期不一致的结果。

在多元化的经营环境中,协同效应的异化风险主要表现为三个方面:

一是关联风险。商业银行内部各组织机构之间通过大量的关联交易形成密切的联系网络,分支机构的相关问题就可能通过联系网络传递给银行的其他机构,而商业银行作为一个整体呈现在社会公众面前,分支机构的危机也必将波及银行在社会群众心目中的地位与形象,可谓一损俱损。

二是管理风险。复杂的多元化经营组织结构,加大了部门机构间协调与沟通的难度,造成商业银行的信息不对称及总体经营的不协调,干扰了决策思路。同时商业银行多元化的业务及组织相关性的不确定性也导致了风险叠加或是抵消的不确定性,带来了风险管理的混乱。

三是规避监管的风险。银行多元化经营过程中,通常需要涉及不同领域不同种类的业务,而这些领域的业务监管常常也是不一致的。因此,可能存在银行利用调配或转移内部资产的手段来规避相应的监管,从长远来看,这不仅会导致业务监管变得越来越难,而且也会给商业银行带来更大的整体风险。

上面我们主要对银行收入结构多元化水平与绩效相关关系的有关理论进行了分类阐述,包括企业多元化理论、商业银行销售理论、金融创新理论、资产组合理论、协同效应以及协同效应异化风险等。丰富的理论能够为接下来研究银行收入结构多元化水平与绩效之间的关系提供有效的支撑,并能够依据理论最终提出有针对性的政策建议。

三、商业银行收入结构多元化对绩效影响的理论分析

(一) 商业银行收入结构概述

1. 商业银行收入结构的概念

商业银行的收入结构包括利息收入和非利息收入两个方面,主要反映了商业银行在其日常经营过程中各项收入来源的构成情况。它不仅决定了商业银行收入总额的多少,还间接体现了不同商业银行间的资产定价能力及盈利能力的不同。

通过分析我国各家商业银行的年度报表,可以发现其收入来源主要包括以下6个方面的内容:

(1) 利息净收入。利息净收入主要是指利息收入减去支出后所得到的差值。其中,银行的利息收入主要包括存放央行款项、存放同业款项、发放贷款和垫款、债券投资、拆出资金、买入返售金融资产等业务获得的收入。

(2) 投资收益。投资收益主要是指商业银行通过各类投资方式所取得的收入。

(3) 手续费及佣金收入。手续费和佣金收入是商业银行在为客户提供各项服务业务时所取得的收入。例如,结算业务、银行卡业务、投资银行业务、理财业务、担保承诺业务、电子银行业务、托管业务及其他受托业务、结售汇业务等其他中间业务所取得的收入。

(4) 公允价值变动损益。公允价值变动损益主要是指商业银行在初始

确认时划分为以公允价值计量并且其价值变动计入当期损益的金融负债或金融资产,以及以公允价值计量的衍生工具与套期业务在一段时期后再次进行公允价值评估时价值变动所形成的应当计入当期损益的损失或利得。[①]

(5) 汇兑收益。汇兑收益主要包括商业银行自营外汇业务的汇差收入、外汇衍生工具带来的已实现损益及未实现的公允价值变动损益、货币性外币负债因汇率变动所引起的汇兑损益等。

(6) 其他业务收入。其他业务收入是指除以上收入以外的其他收入,通常包括未预期到的及非正常经营时发生的收入。

2. 商业银行利息收入

商业银行的利息收入主要是指商业银行通过发放贷款、存放央行款项、存放同业款项、购买政府债券及其他合法证券而取得的收入。

早期的利息收入是指资金持有者对外借出资金后在此过程中向资金需求者收取的相应费用。但随着银行业的持续发展,商业银行在金融体系中的地位越来越举足轻重,其所涉猎的范围也越来越广。商业银行的利息收入已经逐步发展到包括贷款、票据贴现、买卖债券型资产以及买卖返售类金融资产等多项业务所取得的收入。

3. 商业银行非利息收入

(1) 概念。

商业银行的非利息收入即非利差收入,主要是指我国商业银行经营过程中的全部收入减去利息收入后的其他所有收入的总和。在国外金融教材中,通常将其定义为:商业银行在从事除其核心业务活动及债券类投资活动以外的其他业务活动时取得的收入,主要包括存贷款账户手续费、保险箱租金、信托收入、投资收益及其他非利息收入等。

(2) 特征。

相比于传统的存贷款业务所产生的利息收入,我国商业银行的非利息收入主要有以下特点:

第一,占用资金少,资本消耗低。长期以来,我国商业银行主要通过利息收入实现盈利,因此,为了提高商业银行的盈利能力,就必须提高贷款的发放力度。然而,我国商业银行发放贷款的前提是有足够多的存款或进行各类借款,这大大提高了我国商业银行的资金成本。非利息收入主要通过收取手续

---

① 张陶勇,胡霞. 企业财务报表体系的新旧比较[J]. 财会月刊,2007(4):29-31.

费用而盈利,因此其资金占用量少,经营成本较低。

第二,非利息收入业务具有一定的风险。基于金融创新的非利息收入业务通常会给我国商业银行带来一系列风险,具体包括:一是业务风险。例如,我国商业银行在拓展非利息收入时必然会加大人力资源、技术成本的投资,从而在一定程度上增加了银行运营的固定成本。此外,若拓展非利息收入业务失败,则可能会引起负面声誉效应,产生品牌成本。二是监管风险。高频度的金融创新不利于银行业的监管,同时也不利于我国商业银行和谐稳定健康的发展。而以往的金融危机也恰恰验证了这些风险的存在。

第三,金融创新在我国商业银行开展非利息收入业务时发挥着举足轻重的作用。不同于传统的利息收入,非利息收入无法依靠传统的存贷款业务而获得,并且现有的中间业务所能带来的费用类收入也是微不足道的,这也正是我国商业银行不如部分西方成熟金融市场的地方。金融创新力度不够是我国商业银行进一步提升非利息收入、优化收入结构所需要面对的最大障碍,也是我国商业银行进一步发展所需要攻克的难题。

第四,非利息收入业务对我国商业银行提出了更高的要求。一方面,非利息收入业务具有智力密集与技术密集的特性,要求商业银行必须配备高素质的技术型人才和高水平的经营管理型人才,同时还要求银行有较高的风险识别能力和风险监控能力,从而能够尽可能地规避风险,提高银行效益。另一方面,客户的认可与信赖对于宣传和推广新兴的非利息收入业务至关重要,拥有较高知名度和广泛客户群体的商业银行在开展非利息收入业务方面往往能更快速地占领市场,如我国的五大国有控股商业银行。

(二)我国商业银行收入结构多元化变动分析

1. 营业收入总量分析

2014年,我国上市商业银行营业收入总计3.33万亿元,比2013年增加了0.42万亿元,增长14.43%,但是相比2010年26.23%及2011年27.22%的增速,仍然相差甚远。其主要原因是,在"新常态"的经济大环境下,我国经济增长渐缓、利率市场化体系不断成熟、行业监管日益加强、同业跨业竞争持续升温,这都导致了2013年以来我国银行经营不景气。具体而言,银行生息资产规模扩张渐缓、利差空间持续压缩、银行拨备不断提升;虽然中间业务的收入增长较快、成本收入比率略有下降,但银行总收入及净利润的增长率均显著下降。并且,随着我国金融改革的进一步深化,金融市场的不断成熟,我国商业银行必将经历更多的挑战,银行业整体盈利状况将越来越接近于全球行业平均水平。总之,经济结构的调整、行业监管的加强以及银行准入的逐步放开等都将遏制银行业绩的持续上涨。因此,在经济"新常态"的背景下,新型交叉业态和机制灵活、具有创新精神的银行必将获得更多的市场机遇。

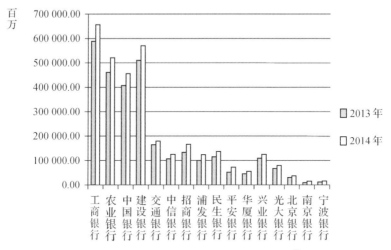

图 2.1　16 家上市商业银行营业收入情况①

分析图 2.1 可以发现,不同体制的商业银行在营业收入的总量上存在着明显差距,其中,作为国有银行代表的工商银行、中国银行、农业银行、建设银行在营业收入上具有绝对的优势,这充分说明国有控股商业银行在我国银行界具有绝对的规模与实力。

2. 营业收入构成情况

图 2.2 展现了 2008—2014 年 16 家上市商业银行非利息收入在营业收入中的占比,反映了近年来我国各家商业银行收入结构的变动趋势,并体现出各商业银行收入结构之间的差异。

---

① 资料来源:根据 16 家商业银行相关年报数据制作。

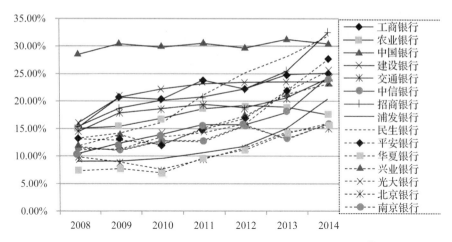

图 2.2　2008—2014 年上市商业银行非利息收入占比情况①

观察图 2.2 可以发现：一方面，我国商业银行营业收入中的非利息收入占比较低，除中国银行外，其余银行非利息收入的占比均低于 30%，说明我国商业银行的收入仍主要依赖于信贷收入，收入结构单一，盈利模式不合理。另一方面，我国各家商业银行的非利息收入占比呈现逐年上升的趋势，这表明我国商业银行越来越重视非利息收入对银行整体收入的贡献度，积极推进多元化发展，提高银行收入结构的多元化水平。

（三）我国商业银行非利息收入的统计分析

1. 非利息收入总量分析

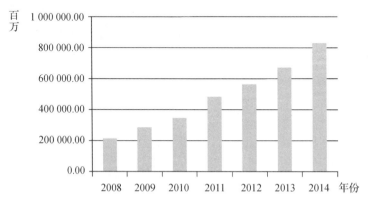

图 2.3　16 家上市商业银行非利息收入变化情况②

---

①② 资料来源：根据 16 家商业银行相关年报数据制作。

观察图 2.3 可以发现,我国商业银行非利息收入的总量逐年上升,且增速较快,从 2008 年的 2 000 多亿迅速增加到 2014 年的 8 000 亿以上。

2. 非利息收入构成情况

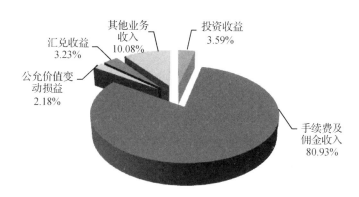

图 2.4 2014 年我国商业银行非利息收入构成情况①

观察图 2.4 可以发现,非利息收入中的手续费及佣金收入占比最高,为 80.93%。近几年来,手续费及佣金收入的持续上升是我国银行业非利息收入保持稳步增长的有力保证。并且,随着利率市场化进程的不断推进、存款保险制度的提出与建立、线上金融业务的蓬勃发展以及资本市场的日渐成熟,银行负债业务的波动性必将越来越大,传统的资产负债管理将遭受严峻的考验。在此背景下,银行的经营策略可能会发生变化,表现为产品创新导致手续费收入占比继续提升。

3. 非利息收入的发展特点

近年来,我国商业银行非利息收入业务的发展表现出以下几个特点:

一是经济金融全球化推动国内银行的非利息收入业务向国际化方向延伸。例如,2014 年 12 月 1 日,中国工商银行伦敦分行在英国正式宣布对外营业,实现了国际化经营的新跨越;2015 年 1 月 6 日,中国工商银行泰国分行获准担任曼谷人民币业务清算行,这对工行建立全球化、跨时区的人民币清算业务网络具有重要意义。②

二是清算及结算业务收入在我国商业银行非利息收入中的比重不断提高,这主要得益于我国电子银行的快速发展以及人民币国际化进程的不断加快。据统计,2014 年我国由跨境贸易而产生的人民币结算业务累计发生额为

---

① 资料来源:根据 16 家商业银行相关年报数据制作。
② 摘自工商银行官方网站。

6.55万亿元,同比增长41%。截至2014年年末,我国个人网上银行的客户数量达到9.09亿户,累计交易额为1 248.93万亿元,同比增加17.05%;个人手机银行的客户数量达到6.68亿户,累计交易额为31.74万亿元,同比增加149.12%。①

三是我国境内银行卡消费普遍化,借记卡消费额、信用卡透支额均大幅上涨,使银行卡类中间业务量稳步上升。据统计,2014年,我国商业银行银行卡消费总额达42.38万亿元,同比增加33.14%。②

四是个人理财业务量稳步上升。据统计,截至2014年年末,我国商业银行的个人理财产品余额达15.03万亿元,同比增长46.78%③,占社会同期融资总额的16.78%。总而言之,个人理财业务量的稳步上升,有效地优化了资本市场的投融资结构,推动了我国实体经济健康发展。

(四)银行绩效评价体系

商业银行的绩效评价主要是指对银行效益以及业绩的综合评价,其评价体系主要包括4个方面:

1. 盈利性指标

盈利性指标主要是用来体现一个银行赚取利润能力强弱的标志性指标。商业银行是以追求利润为目的的经济体,因此,盈利性指标是衡量一个商业银行核心竞争能力最为重要的指标。在银行的财务报表中,盈利性指标主要包括资产收益率、利润率、利润净值率以及总资产报酬率等。

2. 安全性指标

商业银行不同于单纯追求收益最大化的普通经济体,它以负债经营为主,因而更易遇到资本风险。一方面,银行存在本金安全性的问题,商业银行的本金主要用于信贷及投资,因此会遇到本金损失的风险;另一方面,银行还可能面临很多不确定性的政策风险、市场风险等。综上所述,就商业银行而言,其安全性指标包括不良贷款率、资本充足率、资产损失率、呆滞贷款率以及呆账贷款率等。

3. 流动性指标

对于商业银行而言,流动性是确保其正常运营的基础。商业银行在正常运营过程中可能面临的流动性风险主要包括日常开支以及应付客户提现的

---

① 数据来源:新浪财经。
② 数据来源:前瞻网——行业数据。
③ 数据来源:和讯财经。

风险。因此,商业银行为了预防此类风险,维持银行的正常运营,必须要持有充足的流动性强的资产。综上所述,商业银行的流动性指标包括存贷比率以及现金流动比率等。

4. 成长性指标

成长性指标是关系到商业银行发展前景以及投资者未来收益水平、反映银行成长空间的指标。商业银行成长性指标的表现形式主要包括市场占有率、网点数量与规模以及品牌效应等方面。综上所述,就商业银行而言,其成长性指标包括存款增长率、股东权益增长率、中间业务收入增长率等。

(五) 银行收入结构对绩效的影响机制

不同性质的业务收入通常会通过不同的路径来影响商业银行的经营绩效,如图2.5所示。

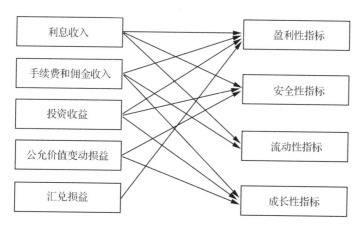

图2.5 不同性质的业务收入影响银行绩效的传导示意图①

利息收入对银行绩效的影响主要体现在盈利性、安全性和流动性3个方面。首先,利息收入的增长必然会带来银行利润率、总资产报酬率等盈利性指标的上升,因此,利息收入会对银行的盈利性产生正向影响;其次,利息收入的增长意味着银行信贷及投资本金的上升,银行遭遇本金损失的风险增大,安全性降低,并且信贷及投资本金的上升也会导致银行存贷比上升、现金流减少,银行的流动性降低。因此,利息收入的占比越高,则银行的安全性及流动性会相对下降。

手续费和佣金收入对银行绩效的影响主要体现在盈利性、流动性和成长

---

① 资料来源:根据银行收入结构对绩效的影响机制编制。

性3个方面。首先,手续费和佣金收入的提高必然会提高银行的经营利润,提升银行的盈利能力;其次,银行的手续费和佣金收入多来源于结算、咨询、担保等中间业务,该类业务占用资金极少,因此,银行的手续费和佣金收入占比越高,银行的流动性资金就越多,流动性越高;并且银行中间业务的扩大与银行的市场占有率及品牌效应等成长性指标是相辅相成、相互推动的,即手续费和佣金收入的占比与银行的成长性呈正相关关系。

投资收益对银行绩效的影响主要体现在盈利性、安全性和成长性3个方面。投资收益主要来源于商业银行的各类投资方式。首先,投资收益会增加银行利润,提高盈利能力;其次,投资收益的上升意味着银行对外投资本金的提高,银行遭遇本金损失的风险也就越大,安全性相应降低;但是,银行对外投资活动的规模及质量一定程度上会影响银行的品牌效应、市场占有率等,进而关系到银行的成长性。

公允价值变动损益对银行绩效的影响主要体现在安全性和成长性两个方面。公允价值变动损益主要来源于相关金融资产再次进行公允价值评估时价值变动所形成的应当计入当期损益的利得或损失。这一收入主要反映了银行所面临的市场风险等不确定因素,影响银行的安全性。另外,公允价值变动损益会影响银行投资收益的未来收益水平,从而影响银行的成长性。

汇兑收益对银行绩效的影响主要体现在盈利性上。汇兑收益主要来源于银行自营外汇业务的汇差收入、外汇衍生工具带来的已实现损益及未实现的公允价值变动损益、货币性外币负债因汇率变动所引起的汇兑损益等。它对外部市场具有很强的依赖性。

综上所述,商业银行的不同业务收入会对银行绩效产生不同的影响,银行的绩效水平会随着银行收入结构的不同而变动。

四、商业银行收入结构多元化对绩效影响的实证分析

(一)建立模型的理论基础

1. 杜邦分析体系

根据上文的分析,企业的整体绩效往往是通过盈利性、安全性及成长性等指标来衡量的。本章选取杜邦分析体系中的净资产收益率作为综合反映商业银行经营绩效的指标。

杜邦分析体系又名杜邦财务体系,于20世纪20年代由美国杜邦公司提

出。杜邦分析图如图2.6所示。

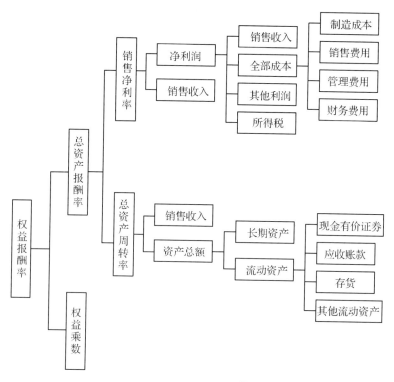

图 2.6　杜邦分析图[①]

作为一个特殊的经济体,商业银行的经营目标仍然是追求收益最大化,因此可以将部分特殊业务纳入商业银行净资产收益率的计算中。文章《基于商业银行中间业务的杜邦财务体系研究》正是基于该出发点,对传统杜邦系统进行了相应的改进,如图2.7所示。

---

① 资料来源:互联网。

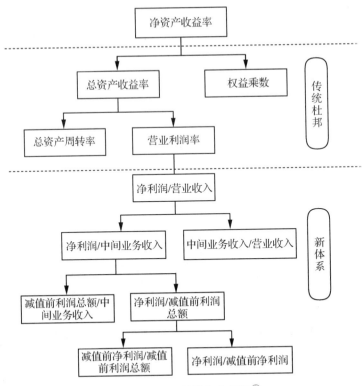

图 2.7 改进的杜邦分析图①

2. 面板数据模型

面板数据是经济金融实证研究中常用的计量统计数据之一。它是时间序列数据与横截面数据的综合,是横截面个体在各个不同时间点上的多次观察数据,因此又称为时间序列截面数据。面板数据模型在经典线性计量经济学模型的基础上,同时考虑了现实生活中常遇到的时间、横截面和指标三维信息,并对这些信息加以综合分析。

与传统的线性数据相比,面板数据具有以下优势:

(1) 面板数据模型可以有效解决分析对象种类繁多、数据过多的问题;

(2) 面板数据模型能更全面、更准确地分析经济变量间的相互关系;

(3) 面板数据模型可以对影响被解释变量变化的解释变量进行全面的估计。

根据回归方程中是否包含被解释变量的滞后项,面板数据模型通常可分

---

① 资料来源:邬敏. 基于商业银行中间业务的杜邦财务体系研究[D]. 浙江工业大学,2008.

为静态与动态两种类型。其模型形式如下:

静态面板数据模型:
$$y_{i,t} = a_i + x_{i,t} b_i + u_{i,t} (i=1,2,\cdots,N; t=1,2,\cdots,T)$$

动态面板数据模型:
$$y_{i,t} = a_i + x_{i,t} b_i + y_{i,t-1} c_i + u_{i,t} (i=1,2,\cdots,N; t=1,2,\cdots,T)$$

在静态面板数据模型中,根据 a_i, b_i 是否可变又分为不变系数模型(a_i 和 b_i 均不变)、变截距模型(a_i 变, b_i 不变)和变系数模型(a_i 变, b_i 也变)。此外,静态面板数据和动态面板数据均存在动态效应和随机效应之分。

在模型的选择上,一方面,从数据特点来看,静态面板数据模型适用于个体多、时间短的样本数据,而动态面板数据模型则更适合个体少、时间长的样本数据;另一方面,从应用来看,动态面板数据模型更侧重于统计分析而非经济分析,通常来说,统计类模型反映的是数据间的统计关系,而经济类模型则着眼于描述和揭示经济行为关系。虽然很多动态模型可以从经济意义上进行解释,但其本质还是统计模型。

综合考虑,本章采用静态面板数据模型进行研究。

(二)变量的选择与分析

1. 变量选择

(1)样本的选取及数据来源。

考虑到数据的可获得性及质量优劣,笔者归纳整理了我国最具代表性的16家上市商业银行2008年第一季度至2015年第三季度的财务数据作为本章实证分析的数据来源。其中有5家国有控股商业银行:工商银行、农业银行、中国银行、建设银行、交通银行,以及11家非国有控股商业银行:中信银行、招商银行、浦发银行、民生银行、平安银行、华夏银行、兴业银行、光大银行、北京银行、南京银行、宁波银行。

本章的数据均来源于同花顺数据库以及各家商业银行的官方网站。由此,共得到16家商业银行31个季度共496个有效样本数据。在实证分析的过程中,首先通过 Excel 软件进行数据的存储和初步计算,再运用 Eviews 6.0 计量软件进行数据处理、模型输出的工作。

(2)因变量的选取。

本章旨在研究商业银行收入结构的多元化水平对其经营绩效的影响,因此后者应为因变量。参照以往的国内外文献,通常使用总资产收益率(ROA)和净资产收益率(ROE)来衡量商业银行的经营绩效。通过前文对杜邦系统的理论分析可知,与 ROA 相比,ROE 侧重考虑了反映企业资产与权益间关系的权益乘数,因此,ROE 更能准确地衡量一家公司的经营绩效。此外,商业银行作为一种特殊的经济体,其主要的经营方式为负债经营,因此选取 ROE 来衡量其经营绩效是最好的选择。

(3) 自变量的选取。

参考国内外相关文献,已有大量方法被用来衡量商业银行的收入结构,其中使用得最多的主要有两类:一是基于赫芬达尔-赫希曼指数的量化方法;二是直接比例法。

① 基于赫芬达尔-赫希曼指数的量化方法。利用该方法衡量商业银行盈利结构时,营业净收入可以分为净利息收入和非利息收入两个部分,其具体的计算公式如下:

$$DIV = 1 - SHARE_{INT}^2 - SHARE_{NOI}^2$$

$$SHARE_{INT} = \frac{INT}{INT + NOI}$$

$$SHARE_{NOI} = \frac{NOI}{INT + NOI}$$

其中,DIV 表示商业银行的收入结构,体现了其多元化程度;INT 表示净利息收入;NOI 表示非利息收入;$SHARE_{INT}$ 表示营业净收入中净利息收入的占比;$SHARE_{NOI}$ 表示营业净收入中非利息收入的占比。DIV 的取值范围为 0~0.5,当商业银行的营业净收入均来自非利息收入或是利息收入一方时,DIV 为 0;当商业银行的营业净收入中的利息收入与非利息收入各占二分之一时,DIV 为 0.5。DIV 取值的大小与银行收入结构的多元化水平呈正相关关系,即商业银行的营业净收入来源越广泛,其 DIV 值越大。

② 直接比例法。使用该方法时,直接通过非利息收入在营业净收入中的比重来衡量商业银行的收入结构。此外,该方法还进一步详细分析了非利息收入中的净交易收入和手续费及佣金收入对商业银行经营绩效的影响。

$$NIR = \frac{NOI}{INT + NOI}$$

$$COM = \frac{FAC}{INT + NOI}$$

$$TRAD = \frac{TRADING}{INT + NOI}$$

其中,NIR 表示非利息收入在营业净收入中的占比,COM 表示手续费及佣金净收入在营业净收入中的占比,TRAD 表示交易净收入在营业净收入中的占比,FAC 表示手续费与佣金净收入总额,TRADING 表示交易性净收入的总额,其他符号的含义同上。

通过对比研究以上两种量化方法,可以发现基于赫芬达尔-赫希曼指数的量化方法将商业银行的利息收入与非利息收入的占比情况综合到一个指标中,并且计算简单、指标直观且具有代表性,因此,本章选取其作为衡量商业银行收入结构多元化水平的指标。

(4)控制变量的选取。

为了排除一些不稳定因素对评估结果的影响,本章对影响商业银行经营绩效的几个关键因素加以适当的控制。

首先,依据以往的理论与实证分析结果,银行的收益水平与其规模存在着正相关的关系,因此,本章选取商业银行的资产规模作为控制变量,即通过商业银行的平均资产总额来衡量评估银行的规模。其次,商业银行的资产质量往往会从风险的角度来影响银行的整体绩效,银行资产的质量越高,则其风险越小,绩效水平越高,本章选取不良贷款率来衡量银行的资产质量。最后,商业银行的绩效水平与宏观经济环境密切相关,经济发展水平越高,银行的绩效自然越高,因此,本章选取 GDP 作为第三个控制变量。具体变量如表2.1所示。

表2.1 控制变量及其定义

变量名称	变量符号	变量定义
资产规模	ASSET	期末各银行的资产总额
不良贷款率	NPL	期末各银行的不良贷款率(%)
国内生产总值	GDP	期末我国的 GDP 总值

2. 数据分析

本章在对模型进行统计之前,首先对各家银行的净资产收益率及 DIV 进行简要的分析及归纳。

(1)纵向分析。

主要从时间序列层面对不同体制下商业银行的净资产收益率 ROE 和 DIV 进行分析,以下几幅图为净资产收益率 ROE 和 DIV 的折线图。

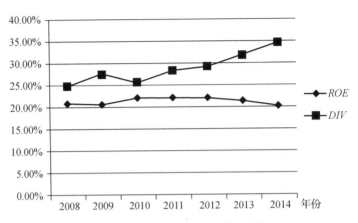

图 2.8 全部银行的 *ROE* 与 *DIV*

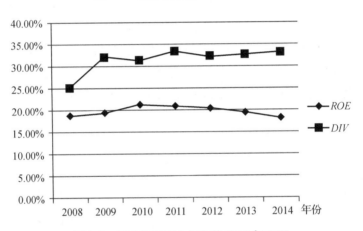

图 2.9 国有控股商业银行的 *ROE* 与 *DIV*

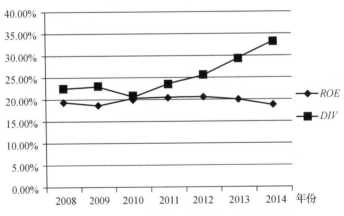

图 2.10 非国有控股商业银行的 *ROE* 与 *DIV*

由图2.9和图2.10可知,在本章所研究的样本区间内,2008—2013年期间,我国国有控股商业银行以及非国有控股商业银行的净资产收益率基本保持稳定,但2014年稍有下降,其主要原因是,经济"新常态"以来,我国经济增速逐渐放缓,金融市场日渐成熟,商业银行的主要收入来源——利差收入被不断压缩;并且伴随着互联网金融的逐步普及,大量商业银行的原有客户选择了互联网金融的模式,一定程度上减少了传统银行业的收入来源。因此,我国商业银行的盈利有所下滑。

同时可以发现,衡量商业银行收入结构的指标 DIV,在样本观察期内稳步上升。这说明,近年来,我国商业银行的经营业务逐步呈现多元化。进一步分析发现,在样本观察的前期,我国非国有控股商业银行的 DIV 值低于国有控股商业银行,说明我国国有控股商业银行的收入结构要优于非国有控股大型商业银行。但是,在样本观察的后期,非国有控股商业银行 DIV 值的上升速度要快于国有控股商业银行,说明非国有控股商业银行的业务多元化进程正在不断加快。

从上文中的图表分析可以判断,无论是国有控股商业银行还是非国有控股商业银行,从其 ROE 和 DIV 值都无法看出明显的拟合关系,同时商业银行的净资产收益率也是受多因素影响的,因此,需要进行量化模型分析才能得出结论。

(2) 横向分析。

表2.2展示了各家银行 ROE 和 DIV 的特点。从表2.2可以看出,从均值角度来看,国有控股商业银行中工商银行的净资产收益率 ROE 均值最高,中国银行的 DIV 均值最高;非国有控股商业银行中兴业银行的 ROE 均值最高,招商银行的 DIV 均值最高。从盈利结构稳定性的角度来看,中国银行的 DIV 值最为稳定,这是根据 DIV 值的绝对差初步估计出来的,这说明中国银行的业务结构相对稳定。而 ROE 值以农业银行和建设银行较为稳定,表明这两家银行的成长性相对稳定。

表2.2 各家商业银行2014年 ROE 与 DIV 的统计分析

银行名称	ROE			DIV		
	最大值	均值	最小值	最大值	均值	最小值
工商银行	23.44%	21.52%	19.39%	35.89%	32.87%	25.50%
农业银行	22.49%	20.78%	19.57%	30.51%	27.20%	14.74%
中国银行	18.87%	17.33%	14.26%	38.60%	37.29%	35.22%

续表

银行名称	ROE			DIV		
	最大值	均值	最小值	最大值	均值	最小值
建设银行	22.61%	21.37%	19.74%	35.38%	33.02%	26.61%
交通银行	20.86%	18.50%	14.87%	33.39%	27.78%	24.04%
中信银行	21.07%	17.13%	12.71%	36.40%	25.35%	17.67%
招商银行	27.41%	23.10%	19.28%	43.68%	34.01%	25.61%
浦发银行	36.71%	24.20%	20.07%	31.00%	19.72%	14.57%
民生银行	25.24%	20.93%	15.23%	42.98%	34.25%	22.95%
平安银行	26.59%	17.74%	4.32%	39.90%	27.83%	21.89%
华夏银行	19.31%	17.72%	13.04%	35.16%	21.02%	12.30%
兴业银行	26.65%	24.31%	21.21%	35.90%	27.26%	20.69%
光大银行	25.26%	21.07%	17.36%	25.18%	18.33%	12.79%
北京银行	19.00%	17.76%	16.00%	31.22%	24.57%	21.89%
南京银行	17.56%	16.28%	13.23%	25.24%	21.90%	18.08%
宁波银行	20.53%	18.70%	15.79%	38.17%	27.95%	16.79%

3. 数据处理

本章的样本共有 496 个数据,为了降低异方差的影响,达到数据平滑的效果,对其进行了对数化处理,从增长率的角度探究商业银行收入结构对经营绩效的影响。具体处理方法如表 2.3 所示。

表 2.3 变量处理及其含义

变量符号	公式	含义
LROE	$LROE_t = \text{LN}(ROE_t) - \text{LN}(ROE_{t-1})$	期末 ROE 的增长率
LA	$LA_t = \text{LN}(ASSET_t) - \text{LN}(ASSET_{t-1})$	期末总资产的增长率
LNPL	$LNPL_t = \text{LN}(NPL_t) - \text{LN}(NPL_{t-1})$	期末不良资产的增长率
LGDP	$LGDP_t = \text{LN}(GDP_t) - \text{LN}(GDP_{t-1})$	期末 GDP 的增长率

(三)实证检验及模型输出

1. 平稳性检验——ADF 检验

相关研究表明,我国的各种经济变量具有非平稳性特征,因此本章在建立回归模型之前,先对相关指标进行了平稳性检验,以避免出现伪回归的现象。平稳性检验的方法一般有 DF 检验、PP 检验和 ADF 检验,本章采用最普遍的 ADF 检验判断序列的平稳性,其检验结果如表 2.4 所示。

表 2.4 ADF 检验结果

变量名称	全部银行		国有控股商业银行		非国有控股商业银行	
	ADF	Prob	ADF	Prob	ADF	Prob
LROE	393.641	0.000 0	89.0317	0.000 0	304.609	0.000 0
DIV	66.130 5	0.000 4	28.8022	0.001 3	38.600 2	0.015 7
LA	217.227	0.000 0	31.3614	0.000 5	109.171	0.000 0
LNPL	98.013 2	0.000 1	19.8450	0.030 8	54.904 2	0.000 1
LGDP	50.257 4	0.021 1	103.681	0.000 0	228.098	0.000 0

由表 2.4 可知,ADF 检验的概率值均小于 0.05,拒绝原假设,因此,在 5% 的置信水平下,在全部银行、国有控股商业银行及非国有控股商业银行中,变量 $LROE$、DIV、LA、$LNPL$、$LGDP$ 均为原序列平稳,因而可以进行回归分析。

2. 模型效应的确定——Hausman 检验

通常来说,面板数据模型主要有随机效应和固定效应两种基本类别,因此,对面板数据模型的影响形式需要做检测。常用的方法是 Hausman 检验,通过检验个体效应与其他解释变量间是否存在相关关系作为判断的主要依据,原假设为随机效应模型。

鉴于国有控股商业银行样本中,横截面数据量小于解释变量的个数,因此直接将其确定为固定效应模型。全部银行及非国有控股银行的 Hausman 检验结果如表 2.5 所示。

表 2.5 Hausman 检验结果

指标	全部银行	非国有控股商业银行
Chi-Sq. Statistic	1.539 224	0.940 917
Prob	0.908 5	0.967 2

由表 2.5 可知,在两组样本中,概率值均大于 0.05,因此接受原假设,采用随机效应模型。

3. 模型形式的确定——F 检验

根据截距和斜率是否可变,面板数据模型可以分为如下 3 种具体形式:
(1) 无个体影响的不变系数回归模型:

$$y_{it} = a + \overline{x}_{it}\overline{b} + u_{it}(i=1,2,\cdots,N; t=1,2,\cdots,T)$$

（2）含有个体影响的不变系数回归模型，即变截距模型：
$$y_{it} = a_i + \overline{x}_{it}\overline{b} + u_{it}(i=1,2,\cdots,N;t=1,2,\cdots,T)$$
（3）含有个体影响的变系数模型：
$$y_{it} = a_i + \overline{x}_{it}\overline{b}_i + u_{it}(i=1,2,\cdots,N;t=1,2,\cdots,T)$$

本章通过构建 F 统计量检验下列两个假设：
$$H_1: \overline{b}_1 = \overline{b}_2 = \cdots = \overline{b}_N$$
$$H_2: a_1 = a_2 = \cdots = a_N, \overline{b}_1 = \overline{b}_2 = \cdots = \overline{b}_N$$

在假设 H_2 下，统计量：
$$F_2 = \frac{(S_3-S_1)/[(N-1)(k+1)]}{S_1/[N*T-N(k+1)]} \sim F[(N-1)(k+1), N(T-k-1)]$$

在假设 H_1 下，统计量：
$$F_1 = \frac{(S_2-S_1)/[(N-1)k]}{S_1/[N*T-N(k+1)]} \sim F[(N-1)k, N(T-k-1)]$$

其中，S_1 为含有个体影响的变系数模型的残差平方和；S_2 为含有个体影响的不变系数模型的残差平方和；S_3 为无个体影响的不变系数模型的残差平方和。若 F_2 的值小于给定置信水平下的临界值，则接受 H_2，由此说明该样本适用于无个体影响的不变系数模型；否则拒绝 H_2，继续对 H_1 进行检验。若 F_1 的值小于给定置信水平下的临界值，则接受 H_1，由此说明该样本数据符合变截距模型；否则，认为样本使用含有个体影响的变系数模型。

利用 Eviews 6.0 计算，结果如表 2.6 所示。

表 2.6　F 检验结果

指标	全部银行	国有控股商业银行	非国有控股商业银行
F_2	1.589 625 40	1.130 750 93	1.425 341 37
F_2 临界值	1.295 591 230 16	1.604 785 732 32	1.367 494 801 82
F_1	1.293 498 42		1.388 452 25
F_1 临界值	1.319 325 269 99		1.397 251 830 86

由表 2.6 可知：在全部银行中，$F_2 = 1.589\,625\,40$，在 95% 的置信水平下，$F_2(90,400) = 1.295\,591\,230\,16$，即 $F_2 > F_2(90,400)$，拒绝 H_2；$F_1 = 1.293\,498\,42$，在 95% 的置信水平下，$F_1(75,400) = 1.319\,325\,269\,99$，即 $F_1 < F_1(75,400)$，接受 H_1。所以采用变截距模型。

在国有控股商业银行中，$F_2 = 1.130\,750\,93$，在 95% 的置信水平下，$F_2(24,125) = 1.604\,785\,732\,32$。所以，$F_2 < F_2(24,125)$，接受 H_2，即采用无

个体影响的不变系数模型。

在非国有控股商业银行中,$F_2 = 1.425\,341\,37$,在 95% 的置信水平下,$F_2(60,275) = 1.367\,494\,801\,82$,即 $F_2 > F_2(60,275)$,拒绝 H_2;$F_1 = 1.388\,452\,25$,在 95% 的置信水平下,$F_1(60,275) = 1.397\,251\,830\,86$,即 $F_1 < F_1(60,275)$,接受 H_1。所以采用变截距模型。

4. 模型输出

根据 Hausman 检验与 F 检验的结果,结合 AIC 与 SC 原则,选择一阶最优滞后期,构建如下面板模型:

(1) 全部银行:

$$LROE_{it} = a + b_1 DIV_{it} + b_2 DIV_{i(t-1)} + b_3 LA_{it} + b_4 LNPL_{it} + b_5 LGDP_{it} + \mu_{it}$$
$$(i = 1, 2, \cdots, N; t = 1, 2, \cdots, T)$$

(2) 国有控股商业银行:

$$LROE_{it} = a + b_1 DIV_{it} + b_2 DIV_{i(t-1)} + b_3 LA_{it} + b_4 LNPL_{it} + b_5 LGDP_{it}$$
$$(i = 1, 2, \cdots, N; t = 1, 2, \cdots, T)$$

(3) 非国有控股商业银行:

$$LROE_{it} = a + b_1 DIV_{it} + b_2 DIV_{i(t-1)} + b_3 LA_{it} + b_4 LNPL_{it} + b_5 LGDP_{it} + \mu_{it}$$
$$(i = 1, 2, \cdots, N; t = 1, 2, \cdots, T)$$

利用 Eviews 6.0 计算,得出如下结果:

(1) 全部银行:

$$LROE_{it} = -0.232\,452 - 2.193\,519 DIV_{it} + 2.399\,444 DIV_{i(t-1)} + 0.057\,420 LA_i$$
$$(-2.637\,353) \quad (-3.018\,898) \quad (3.288\,75) \quad (0.127\,018)$$
$$- 0.188\,896 LNPL_{it} + 6.195\,26 LGDP_{it} + \mu_{it}$$
$$(-2.570\,598) \quad (25.410\,29)$$

$R^2 = 0.694\,235 \quad DW = 2.715\,844 \quad F\text{-statistic} = 195.262$

(2) 国有控股商业银行:

$$LROE_{it} = -0.200\,857 - 3.156\,017 DIV_{it} + 3.167\,675 DIV_{i(i-1)} + 0.568\,868 LA_{it}$$
$$(-1.166\,726) \quad (-3.599\,176) \quad (3.738\,484) \quad (0.544\,227)$$
$$+ 0.122\,161 LNPL_{it} + 6.853\,700 GDP_{it}$$
$$(0.576\,823) \quad (17.682\,27)$$

$R^2 = 0.854\,154 \quad DW = 2.943\,135 \quad F\text{-statistic} = 154.613\,4$

(3) 非国有控股商业银行:

$$LROE_{it} = -0.234\,526 - 1.339\,809 DIV_{it} + 1.628\,207 DIV_{i(t-1)} - 0.100\,958 LA_{it}$$
$$(-2.266\,871) \quad (-1.579\,559) \quad (1.892\,689) \quad (-0.186\,955)$$

$$-0.200\,602 LNPL_{it} + 5.872\,986 LGDP_{it} + \mu_{it}$$
$$(-2.346\,05) \qquad (18.965\,19)$$
$$R^2 = 0.618\,276 \qquad DW = 2.701\,940 \qquad F\text{-}statistic = 93.618\,22$$

观察方程的系数可知,在5%的置信水平下,三个样本中,$DIV_{i(t-1)}$的系数值均为正,说明前一期 DIV 值对当期 ROE 值的增长有正向影响;而 DIV_{it} 的系数值为负,说明当期 DIV 值对当期 ROE 值的增长有负向影响。

此外,在国有控股商业银行的模型中,$LNPL$ 前面的系数符号与常理不符,但其不显著,因此不予讨论。同理,不讨论股份制商业银行模型中的变量 LA。

（四）实证结果分析

将上述实证分析的结果整理如表 2.7 所示：

表 2.7 DIV 影响 ROE 系数表

指标	全部银行	国有控股商业银行	非国有控股商业银行
DIV_{it}	-2.193 519***	-3.156 017***	-1.339 809**
$DIV_{i(t-1)}$	2.399 444***	3.167 675***	1.628 207**

注:此处系数上的"***""**"分别代表变量参数在1%、5%的置信水平上统计显著。

在3个样本中,DIV_{it} 与 $LROE_{it}$ 均呈负相关关系。即在我国当前"新常态"的金融环境下,银行当期收入结构的多元化程度越高,其业绩水平越低。究其原因,可以概括为如下几点：

第一,商业银行内部管理的复杂度会因为发展多元化业务而有所提高,而管理复杂度的提高会在一定程度上影响银行的经营绩效。商业银行发展多元化业务可能会需要增添新的部门、招录新的员工,而这会增加银行的管理难度,导致管理成本上升。此外,在发展多元化业务的当期,诸多业务的定价收费水平尚不合理,这导致很多非利息业务的收益水平相对偏低,甚至收不抵支。并且非利息收入目前在我国商业银行中主要作为利息收入的补充,并没有作为一个重点的收入板块在发展。在这样的条件下,商业银行发展多元化业务的初期并不会对银行的经营绩效起到促进作用。

第二,虽然商业银行面临着越来越激烈的竞争,但是由于政策上对银行准入的限制,银行的利息收入已经能够较好地保证其总体收益。在分业经营的大背景下,有关银行非利息收入的相关法律法规仍然十分缺乏,而且我国商业银行仍然普遍存在着创新力不足、工作人员结构不合理等问题,这些都制约了商业银行收入结构的优化对商业银行经营绩效的正向作用。

第三，$DIV_{i(t-1)}$ 与 $LROE_{it}$ 呈正相关关系，且 $DIV_{i(t-1)}$ 系数的绝对值均大于 DIV_{it} 系数的绝对值，即前一期收入结构的变动对银行净资本收益率增长的影响力度要大于当期收入结构变动的影响力度，这说明收入结构的调整具有长期效应。即在我国现行的经济政策条件下，更加多元化的收入结构会对后期商业银行的绩效水平产生强有力的促进作用。总体来看，$t-1$ 期银行收入多样化水平 DIV 每增加一个单位，其净资产增长速度就会增加 2.399 444 个单位。产生这一结果的原因是：商业银行在收益和风险并存的前提下，积极发展多元化业务，有利于增加投资渠道，丰富投资品种，优化产业结构，使银行在适应不同客户需求的同时，促进与其他非银行业务的跨界合作，从而提高银行资产的流动频率，优化和调整银行的资产结构，降低银行经营的风险，使银行利润的来源更加多元化，最终改善银行的经营绩效。

第四，就 DIV_{it} 和 $DIV_{i(t-1)}$ 系数的绝对值而言，国有控股商业银行均大于非国有控股商业银行。这说明，相对于非国有控股商业银行，收入结构多元化水平 DIV 对国有控股商业银行经营绩效的影响更明显，即国有控股商业银行发展多元化业务给银行带来的收益比非国有控股商业银行更为显著。究其原因，国有控股商业银行通常具有较高的知名度、较强的社会影响力、较为分散的存款客户，因此，国有控股商业银行能够以相对较低的成本迅速地在较大范围内推广创新型非利息业务。

五、结论与建议

（一）结论

根据相关文献的整理，商业银行收入结构的多元化水平主要从规模效应、协同效应以及协同效应异化风险等几个方面来影响银行的绩效。本章首先梳理了经济"新常态"以来我国银行业收入结构的变动情况，并将现阶段美国商业银行收入结构的情况与我国的现状加以对比。随后，选取了我国16家上市商业银行2008年第一季度至2015年第三季度的数据为研究对象，基于国有控股商业银行与非国有控股商业银行间的差异，将其分为两个样本组，对样本进行描述性统计之后，通过建立面板数据模型，分别探究不同体制下商业银行多元化收入结构与其绩效间的相关关系。通过前文的实证分析，得出如下几个结论：

第一,从短期来看,扩大非利息收入并不能显著地提高银行的绩效水平,甚至会对其产生负向影响。这主要是由于商业银行开发新业务、调整收入结构,必然需要投入大量的人力物力成本,短期内会使得固定成本大幅上升,从而对经营绩效产生负向影响。

第二,从长期来看,推动收入结构的多元化有利于提高银行的绩效水平,且其影响力度要大于当期对银行效益的负向影响。商业银行推动业务结构多元化,一方面可以丰富银行的收入来源,降低收入波动性,减小风险;另一方面可以带来规模效应与协同效应,减少银行运行成本,提高银行的整体绩效水平。

第三,无论从短期还是长期来看,国有控股商业银行回归模型中的影响系数的绝对值均大于非国有控股商业银行,即国有银行收入结构的多元化水平对银行绩效的影响要大于非国有银行。其主要原因在于:国有银行在营业网点数量及资金总量上都具有绝对优势,其在拓展中间业务及表外业务等非利息收入业务方面的规模效应要远大于规模、资金实力等相对逊色的非国有银行。

(二) 相关政策和建议

现阶段,国内经济金融环境均表现出新的特点与趋势,经济增速减缓、经济结构优化调整等均在一定程度上冲击了我国商业银行的经营理念、业务模式、风险状况、发展模式等。本章的实证结果表明:从长期来看,商业银行的整体绩效水平与其收入结构的多元化程度呈正相关关系,但是相对的,商业银行在拓展其中间业务及表外业务等非利息收入业务时,必须要重视对成本的把控,这样才可以最大限度地提高银行的整体效益。因此,必须要放眼全局,一方面,商业银行自身应优化经营理念、改善经营模式,并致力于提升管理者的素质及水平;另一方面,应从宏观角度为商业银行的多元化经营创造良好的经济大环境。

1. 推动银行经营战略的转型

(1) 确立新的经营理念,构建内涵式发展模式。

近年来,我国经济增长减缓,金融自由化日渐加深,我国商业银行所面临的业内竞争及业外竞争均日渐激烈。因此,银行业片面强调规模扩张的理念已经不适应于经济环境的变化,从银行业长远发展的角度看,更加注重效率的增长方式才符合时代发展的潮流。目前,金融业服务的需求变得更加专业化、精细化和多元化,我国商业银行为了进一步增强自身发展的硬实力,实现可持续发展,必须审时度势抢抓机遇,在做大做强自身优势业务模式的基础上逐步调整发展模式和经营理念,拓宽利润增长方式。此外,商业银行必须确立新的经营理念,逐步构建新的发展模式。具体而言,一方面,商业银行必须转变其传统的规模扩张的经营理念,更加注重质量的提升;另一方面,商业银行必须转变其传统的以利润为中心的发展模式,更加注重用户体验。

(2) 优化发展存贷业务,积极拓展非利息业务。

在新的经济环境下,传统的经济增长速度以及增长方式都有了一定程度的转变,商业银行为了适应时代潮流,必须转变其发展战略,优化发展存贷业务,培育和发展新动力,推进综合化经营模式的转型升级。

现阶段,在我国银行体系中,存贷业务作为银行区别于其他金融机构的特色业务,所带来的利差收入仍然是银行经营收入的重要组成部分。因此,商业银行应继续推动存贷款业务的合理发展。具体而言,一方面,商业银行应充分发挥其客户资源丰富、社会认可度高的优势,进一步扩大信贷潜力规模,提高利息收入总额;另一方面,应当优化利息收入的业务结构,适当提高能更大程度增加银行利差收入的信贷比重。

从国内外金融行业的发展现状与趋势来看,商业银行推进多元化经营体制改革是实现其平稳可持续发展的必经之路。通过实证研究可以看出:不同体制下商业银行的收入结构对其绩效的影响程度是不同的。因此,不同体制下商业银行应当结合自身优势,有针对性地构建适合自身发展的业务模式。

一方面,国有控股商业银行业务模式的转型应当以综合化为重点,在突破传统业务、充分发挥银行资本融通桥梁作用的基础上,国有银行应当进一步拓展与资本市场相关的业务模式,逐步融入资本市场。在融入资本市场的同时,逐步实现综合化经营,获取最大利润价值。国有银行主要可以从内外两个方面来实现综合化经营战略。外部综合化经营战略的推进主要依赖于对外扩张,常用的对外扩张方式主要有通过并购或设立新机构打造金融控股集团,从而开展全方位的金融服务,提供多元化的收入来源,实现收入结构的转型升级。内部综合化经营战略的推进则主要基于商业银行内部组织机构的优化和业务流程的重构升级,即在国有控股商业银行内部,可以通过产品创新、服务升级、业务流程再造以及组织机构优化等方式,提升金融服务的多元化水平,推动经营模式的转型。

另一方面,对于非国有控股商业银行而言,其应当将专业化作为经营模式转型升级的突破方向。因为与国有银行相比,非国有银行的规模较小,在综合化经营上不具备规模优势,所以其收入结构的多元化转型应当将专业化作为重大突破口,先打开市场、赢得发展,才能为后续的综合化经营积蓄力量。此外,相对于国有控股商业银行,非国有控股银行的综合实力通常比较弱,当面对金融危机时,其抗压能力不强,更容易陷入经营危机。因此,在收入结构转型升级上,非国有银行更应有重点地扩展中间业务及表外业务等非利息收入业务,从而避免因盲目地全面扩展业务领域而给银行带来更大的经营风险。

(3)优化银行内部结构,增强非利息业务创新。

在旧的经济背景下,我国商业银行依托原有的制度红利保持了长时间的快速发展,但是在总体欣欣向荣的态势下,也出现了许多"伪金融创新"的现象。随着经济"新常态"进程的不断推进,我国商业银行要想提升自身软实力,实现新的利润增长点,就必须改变"伪金融创新"的现状,越过传统的观念障碍,全面深化改革,不断激发创新动力。

具体而言,当前我国各家商业银行都有着不同种类的、大规模的产品与服务创新,但是这些产品服务的相似度极高,且易被替代,从而容易导致客户的流失。因此,各商业银行在拓展其非利息收入业务时并不能完全依赖于银行产品的创新,一个新的产品或服务在投入市场时,如果没有一定的品牌影响力,就如同过眼云烟,只有一时的新鲜,并不能让用户持久认同。相比较而言,塑造良好的品牌效应,不仅更容易推广新的产品或服务,而且是增加商业银行非利息收入、促进多元化经营的关键。

(4)加强成本收益分析,提升银行利润空间。

金融产品的成本收益分析在商业银行的业务发展中有着至关重要的作用,它关系到银行最终的收益水平。特别是在现阶段,银行的资产负债规模不断缩小,竞争日渐激烈,建立健全非利息收入业务的退出机制就显得尤为重要,对于那些成本高、收益低的产品或服务应当及时淘汰,不断提高银行的利润空间。具体而言,商业银行应该对各类非利息收入业务做一个完整的分析,梳理出需要及时退出的非利息收入业务以及应当继续推广的非利息收入业务。对于诸如投资融资类以及投资理财类等成本低、风险小、收益高且具有发展潜力、符合现代化金融的产品或服务,商业银行应当大力推广。

(5)树立新的风险文化,推行全面风险管理。

由实证结果可知,DIV值对同期银行整体效益的提升具有一定的负面影响,部分原因是当前我国商业银行对各类风险的防范以及控制能力还很不足。一方面,"新常态"下的经济结构调整及金融转型给我国商业银行带来了一些全新的风险,这些风险与银行已有的存量风险交织在一起,冲击了我国银行业传统的风险文化。另一方面,随着互联网金融的高速发展,网络技术风险使得传统风险的传导和外溢效应进一步增强。新的经济金融环境迫切要求我国商业银行构建新的风险管理理念,建立健全包括市场风险、信用风险、流动性风险、技术风险、操作性风险等在内的监测、识别、评估及对冲这一整套流程,切实推进全面风险管理。首先,应当以风险意识的强化为支撑,以风险文化的培育为导向,通过培训和教育,积极塑造员工的风险管理意识、风险道德标准,形成全行上下管控风险的新文化;其次,可以凭借大数据、云计算等先进技术,全面完善风险管理机制,实现风险管理的流程化、模型化、系统化。

(6) 大力发展线上金融,用科技推动结构调整。

网络技术的逐步普及是"新常态"经济环境下我国商业银行不得不考虑的问题,互联网金融的迅猛发展使传统银行业的业务流程模式和组织管理模式均受到很大程度的冲击,这也进一步暴露了我国传统银行业盲目扩张所导致的粗放经营问题。互联网技术尤其是移动互联网技术与金融业的相互融合,已经成为"新常态"经济形势下我国商业银行发展的一种新兴模式。具体而言,在互联网金融的冲击下,我国商业银行应当首先进行组织管理结构的变革,不断提高运行效率,充分节约经营成本,全面推广金融服务无网点化、业务模式垂直化以及移动支付业务。另外,我国商业银行应该继续用互联网思维武装自己,不断改善和优化业务操作流程,推进业务流程再造,提高业务运行效率,促进商业银行主导的线上金融业务蓬勃、健康、可持续发展。

2. 改善我国银行业经营环境

(1) 完善相关法律法规。

近年来,我国商业银行所处的经济环境发生了深刻变化,以往的政策制度漏洞开始逐步显现出来,完善法律法规及相关政策规定已成为当务之急。完善的法律法规,不仅有助于遏制我国商业银行在发展多元化非利息收入业务时可能出现的违规操作、恶性竞争或逃避监管等现象,而且有助于保障我国金融行业的安全运营。因此,为了促进我国银行业的蓬勃健康发展,我们急需进一步完善相应的法律法规。

(2) 逐步允许综合化经营。

国际经济金融发展的大趋势对我国金融业的服务职能提出了更多元化

的要求。因此,我国政府以及银行相关职能管理部门,必须进一步放宽对国内商业银行单一化经营模式的限制,合理并适当解除某些方面对我国商业银行的限制,使商业银行逐步可以跨领域经营,同时应允许相关融资机构存在一些合理的业务交叉,以促进银行业的多元化发展。在政策利好的基础上,我国商业银行自身也要着眼于未来的发展趋势,大力推进经营模式的革新,推动银行从传统的劳动密集型业务向知识密集型业务的转型升级,以适应越发激烈的国际竞争。

(3)建立更加公平、公正的竞争环境。

首先,从市场供给的角度来看,只有在一个完善的金融市场环境下,才能形成相对合理的价格决定机制,我国商业银行多元化的业务才能得以有序开展。此外,债券、股票、衍生金融品市场等金融市场也需要加以完善,这样金融主体才能更好地参与其中,并产生对各类新型金融业务的大量需求,最终刺激整体经济的良好发展。

其次,从市场需求的角度来看,重点培养需求环境也十分重要。政府应该坚定不移地推进企业改革,积极培育企业做公众金融服务需求的引导者,进而从需求层面推动我国商业银行的业务创新,丰富银行的收入来源。

最后,大型国有控股商业银行在我国金融业一直都处于霸主地位,就连国家政策也给了它们很大的倾斜。在此背景下,银行业之间必然无法在一个相对公平的层面上竞争。股份制商业银行等其他金融机构几乎无法与国有控股商业银行相抗衡,这使得国有控股商业银行处于高枕无忧的状态,竞争意识和创新意识薄弱,进而导致整个金融业的低效率。因此,政府应积极创造一个公平、公正、健康、良好的金融市场竞争环境,这不仅有助于推动我国商业银行的业务创新,实现收入结构多元化,还可以推动整个金融行业的健康发展。

第三章
N银行个人理财产品业务的发展研究

本章以 N 银行业务创新为主要研究内容,以互联网作为外部环境,以个人生命周期为视角,在大量查阅理财产品创新领域相关文献的基础上,通过对 N 银行业务经营实地调研等形式,分析 N 银行在理财产品创新方面的不足之处,发现存在理财产品同质化严重、内部机制不健全、理财工作人员素质偏低、互联网理财产品冲击等诸多问题,并针对 N 银行产品创新具体问题提出了创新策略。第一,完善理财产品创新机制;第二,准确定位,按照个人生命周期理论部署差异化战略;第三,要从多方面开展理财产品创新的实施。除此之外,为确保银行的理财产品创新改革策略有效实施,N 银行还应该做好风险监控,保障银行理财业务透明健康地发展。这些策略的提出旨在为 N 银行开展理财产品的创新策略调整提供理论参考,使 N 银行理财产品创新的实施更加具有针对性和有效性。

一、引言

(一)选题背景和意义

1. 选题背景

进入 21 世纪以后,我国多数商业银行开始对个人理财产品进行研发与推广,国家针对理财产品制定了相关政策制度、法律法规并付诸实施,为我国商业金融机构理财产品市场提供了可靠保障和有力依据,也营造出理财产品市场发展的良好外部环境,使我国金融机构理财产品步入了黄金发展时期,促进了一大批理财产品相继诞生,丰富了理财产品市场。但由于受金融危机和通货膨胀的影响,商业银行盈利模式发生了根本性变化。我国商业银行对金融理财产品的普及和推广,使金融理财产品市场呈现出多元化和多样性的特征,我国商业银行个人理财产品市场范围得到进一步扩大,公众对理财产品的需求发生了本质性的转变。尽管我国理财产品市场日益扩大,产品类型不断增多,但大多数理财产品如出一辙,具有差异性、个性化、人性化的产品甚少。

2014年我国经济进入"新常态",其增长速度从高速增长向中高速增长转变,经济结构继续优化升级;增长的动力也由要素和投资驱动转变为创新驱动,主要表现为我国正在共同推进新型工业化、城镇化、信息化及农业现代化,所有这些都有利于中国经济持续增长。在经济"新常态"的外部环境下,从长期趋势看,非金融企业部门的信贷需求增速将放缓,从而使商业银行的信贷投放规模下降;中国的经济将更多地依赖国内消费需求的推动,因而我国的理财产品消费需求将会不断增长,这给商业银行个人理财业务的发展带来了良好机遇。商业银行应提早准备、抓住契机、积极创新理财产品和服务,对资产负债结构和信贷结构进行调整,顺应经济"新常态"下国家战略发展的需要,进而实现持续发展和壮大。

但商业银行受规模、制度、人力资源等条件和因素的制约,在国内金融市场中面临着激烈的竞争压力,随着金融改革不断深化,金融市场不断对外开放,这种压力与日俱增。另一方面,互联网金融的飞速发展给传统的金融业带来了巨大冲击,各类商业银行包括城市商业银行和农村商业银行在内都纷纷参与互联网金融,积极与第三方支付平台、电商平台开展合作,推出直销银行模式和各种"宝"类理财产品、发展P2P网络借贷平台、围绕互联网金融开展各类中间业务服务等,使各种金融机构之间的竞争日趋激烈。在此背景下,本章将对N银行的理财产品创新问题进行研究。

2. 研究意义

理财产品创新是金融机构为适应市场需要,引进、创造、开发新的理财产品或产品组合的一种创新行为。近年来,世界经济形势持续动荡,银行业外部经营环境日益复杂,全球银行业面临着巨大的挑战,国际银行业纷纷加快创新的步伐,通过层出不穷的金融创新不断开拓出新的业务领域和盈利模式。

在社会经济和生活水平不断提高的背景下,公众对银行理财产品货币收益的期望也越来越高。因此,我国金融理财产品应符合客户的消费理念,满足客户的需求,健全和完善创新体系。随着市场经济不断发展和日趋成熟,银行间的行业竞争也日趋激烈,因此,为了在严峻的竞争形势下能使银行立于不败之地,商业银行也必须通过产品创新来扩大自身的客户资源。同时,随着金融理财产品市场份额及公众理财需求的不断增大,理财产品逐渐成为我国商业银行的利润创新点和增长点,唯有通过不断健全和完善理财市场体系,方能发挥理财产品的竞争优势,提升金融机构的利润和效益。所以,在市场经济体制不断改革和创新的环境下,我国商业银行应加大金融理财产品的创新力度,寻求一条可持续发展的路子,通过对客户理财需求的了解和掌握,研发出符合客户和市场需求的新产品,以此来弥补当前金融理财产品市场中的不足和缺陷,提升自身的核心竞争实力。

金融创新是商业银行实现可持续发展的驱动力,理财产品创新是金融创新的核心,商业银行通过提供理财产品服务客户,因此,理财产品创新也是金融创新的先导。商业银行应结合自身的具体特点和战略选择,可以理财产品创新为切入点,为客户提供独特的个性化产品和服务,这不但能够提高商业银行的盈利水平,还能提高银行的核心竞争力。另外,我国理财产品创新应在适应社会财富不断增长的背景下满足客户对理财产品多样化需求,使中低收入家庭能积极参与理财产品购买中,提高金融资源配置效率,降低交易成本,拉动消费和投资,推动实体经济发展。因此,理财产品创新对拓展金融市场、提高核心竞争力、维护金融市场秩序、优化金融资源配置具有十分重要的意义。

如今是大数据、云计算时代,互联网技术应用与社会经济活动的各方面融合度进一步提高,互联网金融的飞速发展势不可当,在银行业引发了一场"渠道革命",市场竞争十分激烈,给商业银行带来了巨大挑战。另外,经过近10年来的发展和积累,商业银行在内部治理结构、经营管理效率、人力资源管理及风险管控能力等方面都有明显提高,其资产质量、市场份额、盈利能力都呈现出良好的发展趋势,这与商业银行积极推进产品创新业务密不可分。如今商业银行开始自主创新产品和服务,成为推动我国金融业发展不可忽视的重要力量,因此,研究商业银行理财产品创新可以供其他银行学习和借鉴。

(二)国内外研究综述

1. 国外研究综述

个人理财业务发展在国外已有相当长的时期,是在金融创新浪潮下兴起并逐渐发展起来的。个人理财最早起源于瑞士,之后随着这一业务的兴起,在美国、欧洲、日本等国家和地区也得到快速推广并发展。如今个人理财已成为世界各大银行运营与稳定发展不可或缺的一项主要业务。总体来说,国外对于个人理财产品方面的研究较为成熟,研究程度较为深入,形成了较完善的理论体系和实践方法,值得我们深入研究和学习借鉴。由于个人理财创新是金融创新的一个重要方面,为金融创新理论发挥着极其重要的指导作用,所以,国外对于个人理财产品创新方面的研究更多的是围绕金融创新理论展开的,并形成了诸多学派,比如:针对国外个人理财的货币促成理论,从技术方面着手的技术推进理论,从财务分析方面着手的财富增长理论等,这些理论对现实银行个人理财业务的发展具有十分重要的影响。

随着银行个人理财业务的发展,国外许多学者也从其他方面深入研究理财相关理论,尤其是个人理财产品创新的相关研究更是十分火热,与商业银行个人理财产品创新积极相关的产品创新的重要性、动因、主要影响因素及产品创新的主要途径等内容都是研究重点。

Gloria Barczak(1997)结合商业银行的一些数据,从客户需求方面分析理财产品创新的原因和动机,并提出可以运用生命周期理论对不同年龄、阶层的客户提供差异化的理财产品。

Tina Harrison(2000)通过大量的分析与研究,集中地对客户个人和家庭的金融需求进行了系统调查,要求商业银行的金融服务必须结合客户的实际需求,充分考虑不同生命周期阶段的发展实际,通过对不同的金融服务需求与目标进行产品的开发与设计,以实现商业银行个人理财产品的积极发展。

G. Victor Hallman(2003)在其著作《个人理财计划》中全面系统地对个人理财计划的具体方法、工具以及选择策略进行了详细阐述。

Kwok Ho 和 Chris Robinson(2004)十分重视商业银行的个人理财工作,他们在著作 Personal Financial Planning 中全面系统地对国外商业银行的个人理财发展情况进行了研究和阐述,对相关的理论知识、个人理财的框架体系进行了重点分析,具有十分重要的借鉴价值与参考意义。

Bart Lariviere 和 Dirk Vanden Poel(2006)研究得出,年轻群体是商业银行个人理财产品的重要客户源,便利性、价格等是主要因素。

Laukkanen T(2007)认为,在金融产品创新过程中,应注重对客户的管理,并运用先进的信息管理技术。

Hersh Shefrin 等(2011)提出,商业银行在进行理财产品创新的过程中,除了要考虑自身现金收支流等因素以外,还必须以客户为中心,通过收集相关信息,了解他们的真正需求以及他们购买理财产品的行为习惯。

国外学界关于理财创新方面的研究颇丰,理论体系不仅完善,而且有一定深度,不仅从理论根源上探索了银行等金融企业进行创新的动因,还分析了理财产品中的客户关系问题、互联网信息技术对创新的影响以及创新的选择路径等,形成了各具特色的创新理论,并且在实践操作中广泛应用这些理论成果,推动商业银行个人理财产品的不断创新。

2. 国内研究综述

我国学者早期的研究重点主要集中在个人理财业务的国内外发展历程方面,对相关产品的具体研究较少。但是随着商业银行理财业务的发展,理财产品的社会关注度越来越高,相关的研究也日益增多。同时,产品的创新、风险、监管等方面的研究对整个理论研究体系也起到了重要作用。

韩盛宇(2014)通过分析与研究,提出了理财产品创新与服务创新在商业银行理财业务发展中的重要作用。只有实现商业银行个人理财业务的产品创新与服务创新,商业银行才能够在日益激烈的竞争中获得更好的发展。具体来说,产品创新的主要内容是设计出让客户满意的具有个性化、差异化的产品,服务创新的核心是为客户提供差异化、高品质的理财服务,满足客户需求,并努力获得客户认可。

张琼丹(2014)着重分析了我国商业银行个人理财产品创新的动因,其中利率市场化的推动、商业银行自身变革转型的需要、居民日益增长的投资需求、不完善的金融市场体系等内容都是产品创新的重要动因。

高秀艳(2014)集中就个人理财产品创新的相关问题进行了系统性分析,如创新管理模式不完善、风险披露与控制存在缺陷、理财创新专业人才的大量缺乏等都是产品创新难以提升的重要原因。

黎颖辉(2014)通过研究指出,我国商业银行个人理财产品创新存在着严重不足,如个人理财产品的品种少,现行运行的理财产品具有严重的同质化现象,个人理财产品存在严重的风险问题,过度创新使得理财产品成本过高、难以有效地切入市场并获得良好的发展等。

李悦(2013)结合兰州银行个人理财产品的实际发展情况进行了详细的阐述,如研发和创新能力不足、理财产品的经营管理水平有限、风险管控力度不够、专业人才严重缺乏等。

张民(2011)集中性地对个人理财业务的创新问题进行了深入分析,提出了具体的发展策略和实现途径,如切实有效地实现品牌化创新,促进理财产品的个性化发展与创新等,这些良好的发展策略为我国商业银行理财产品创新的发展提供了积极的意见和指导。

赵丽娜、袁溥、姜佩丽(2013)认为,要解决理财产品创新问题,必须完善顶层设计与制度创新,加强商业银行理财产品的研发与创新能力,建立系统完善、科学合理的风险管理体系,全面培养商业理财的创新型人才。

彭碧、孙英隽(2014)基于博弈论的视角,通过对商业银行理财产品创新中各银行之间创新行为的博弈分析,提出了一些对策和建议:降低创新成本,认清自身发展阶段和创新形势,满足不同层次的金融服务需求,增强创新风险危机意识和风控能力,培养复合型的专业人才等。

理财产品创新是商业银行持续发展和提高市场竞争力的根本,从国内学者对理财产品创新的具体研究情况看,主要的研究成果体现在三个方面:一是理财产品创新的趋势与创新主体的发展程度密切相关;二是金融机构应注重分析客户需求,体现以客户为中心的服务理念;三是金融机构应重视内部治理和协同效应,完善创新运作机制。

3. 国内外相关研究述评

在对国内外相关文献资料进行研读后,笔者发现国外的研究成果中理论基础占有相当大的比重,对于实际业务的操作更多的是起到指导、借鉴的意义,尚未形成规模化的方式或方法。而且需要注意的是,理论转化为方式或方法的过程需要更多的研究分析,也离不开对实践过程的探索。国内的研究成果对于个人理财产品的研究集中在以下几个方面:产品的同质化、产品的匮乏以及风险监控的薄弱等。在建议方面以政策性内容为主,对于商业银行的实际操作应用上存在不足。

二、基本概念及相关理论

(一) 基本概念界定

1. 个人理财

个人理财(Personal Financial)是指根据个人的财务状况,在对个人资产、收入、债务和其他数据分析的基础上,同时考虑到个人的风险偏好与风险承受能力,并结合个人的预期目标,运用多种手段,如储蓄、股票、基金、保险、住房投资等,进行财务资源的合理配置,在个人风险接受范围内实现个人资产增值的最大化。其核心是通过对个人的资产和收入的合理分配,实现个人财产的安全性、流动性和盈利性目标。现代意义上的个人理财涵盖了财富的积累、保障和安排,不再局限于简单的储蓄或消费。

2. 个人理财产品的概念及分类

个人理财产品在学界有广义和狭义之分,本章参考了众多专家学者的定义,并结合我国商业银行的具体情况。从广义上讲,个人理财产品是银行充分利用现代信息技术、金融市场等手段,提供理财咨询与分析、理财设计与服务、资产管理等全方位的银行综合服务与产品,是一种个人银行业务产品的大集合,以满足客户财富保障和资产增值等多样化需求。而从狭义上理解,个人理财产品是指商业银行基于对潜在理财需求的分析,进行理财产品研发、设计、销售及管理,并提供给特定目标客户群的金融创新产品和服务。中国银行业监督管理委员会规定,商业银行个人理财产品是指商业银行为个人客户提供综合理财服务,针对特定目标客户群出售的一种个人理财计划。个人理财计划就是上述对个人理财产品的狭义的理解,是指商业银行在对目标客户的理财目标、风险承受能力、资金状况及风险偏好等具体实际情况进行综合分析后,再合理地、系统地对个人或家庭的财产进行配置和管理,从而达到实现收入保障和财富增值的理财目标。本章所研究的个人理财产品就是上述定义中的个人理财产品的狭义理解,将投资理财产品作为重点。

目前,我国银行推出的个人理财产品多种多样,根据产品的特点,对其进行分类,具体内容如表3.1所示。

表3.1 我国商业银行个人理财产品分类①

特征类型	具体分类
理财收益	保本、非保本
交易类型	开放式、封闭式
投资对象	外汇挂钩、利率挂钩、商品挂钩、股票挂钩、基金挂钩、信用挂钩、混合挂钩、保险挂钩
销售期次	期次类、滚动类发行
期限类型	6个月内、1年内、1~2年、2年以上

3. 个人理财产品创新

金融产品是指把产品与货币联系起来组合成一种服务提供给金融市场,用以满足人们的金融需求。其实质是指资金融通中的各种载体,比如货币、有价证券、外汇等。金融市场上进行交易的对象就是各种各样的金融产品,而金融产品的价格就是供需双方在市场竞争原则下形成的,供需双方按照金

---

① 资料来源:根据多家商业银行理财产品分类整理编制。

融产品的市场价格进行交易,实现资金的融通。

在上述定义中,我们提到商业银行个人理财产品是指商业银行基于对潜在理财需求的分析,进行理财产品研发、设计、销售及管理,为特定目标客户群提供综合理财服务。与一般产品进行对比,我们发现它拥有一些明显的特征,诸如产品的同质性、无形性、质量的差异性、价值的可变性等。通过对商业银行个人理财产品的定义及其功能的定义和分析,我们认为个人理财产品创新的含义是:商业银行综合运用各种新技术、新方法,开拓新思维,对个人理财产品的研发、设计、服务以及金融市场等各个方面进行改进或创造的全方位经济行为和一系列过程,以求达到利润最大化和风险最小化的经营目标。简单来说,是指我国商业银行为了满足公众日益增长的理财需求,从而不断地对个人理财产品进行引进、模仿或自我革新的行为。

本章重点研究商业银行对个人理财产品的要素设计方面的创新。

(二)个人理财产品创新性相关理论

1. 金融创新理论

金融创新(Financial Innovation)是指金融监管当局从对宏观效益和微观利益的考虑出发,突破原有的金融体制,增加新的金融工具,对各种金融要素进行重新组合,包括对金融市场、制度、工具、技术等在内的整个金融系统进行创新,以实现原有金融市场上无法取得的更高利润的目标。金融创新是一个由利润驱动的、持续不断进行的发展过程。

美籍奥地利著名经济学家熊彼特(Joseph Alois Schumpete)提出的创新理论在金融领域里发展成为金融创新理论。熊彼特创新理论的研究范围宽广,主要包含三个方面:一是金融创新理论,以金融业务发展为研究对象;二是制度创新理论,研究对象为制度建设和革新;三是技术创新理论,研究技术革命和应用。20世纪70年代以来,金融创新活动的快速发展推动许多学者开始关注创新理论的金融应用问题,他们将创新理论融入金融理论的研究中,金融创新理论体系于20世纪90年代基本形成,成为金融研究的一个重要组成部分,各国对金融创新的探索不断深入且全面,推动了各种不同理论流派的发展。

(1)技术推进理论。

随着科学技术的飞速发展,在金融领域的高新科技应用随处可见,商业银行的各项服务不断网络化、信息化,为客户提供更快速、更便捷的金融服务,快速推动了各国金融业的金融科技发展。该理论就是在这样的现实背景下提出的,它认为推动金融创新的主要原因是现代科学技术的进步,尤其是信息技术在金融机构的广泛应用。从某种程度上来说,没有电子计算机和通信设备等现代化技术的发展和进步,就没有商业银行个人理财产品实现创新的条件。国际上个人理财产品的创新主要依靠先进的信息技术,因此,个人理财产品创新的关键推动力就是高新技术的进步,它为个人理财产品创新提供了物质与技术上的保证。

(2) 约束诱致理论。

关于金融创新的约束诱致理论是由美国经济学家西尔伯(Wl. Silber, 1983)提出来的。该理论认为金融机构创新金融工具、服务种类、交易方式等,都是为了避免其所受到的内部制约和外部制约,可以说金融创新的根本原因就是为了规避这些约束。约束诱致理论对于金融创新的探讨是基于微观金融企业的视角,认为金融机构在进行经营管理的过程中,会被政府的各种政策法规和机构本身的管理制度所约束,即受到外部及内部的双重制约,这些约束在一定程度上了保证了金融机构的稳健经营,但同时也带来了一些弊端,或令其成本增加,或令其效率降低,总之会有碍于金融机构利润最大化目标的实现,因此,金融机构便会想尽办法摆脱这些约束。该理论强调,金融企业对加诸其身上的压制所做出的"自卫"反应等一系列行为就是金融创新。西尔伯通过分析金融机构的金融工具和金融业务创新来思考金融创新问题,他的约束诱致理论为金融创新从供给角度进行研究和探索提供了方向。

(3) 货币促成理论。

该理论认为主要是货币方面因素的变化引起金融领域的不断创新。20世纪70年代,剧烈波动的利率、汇率以及通货膨胀是引发金融创新的关键原因。为了抵制利率反复无常的波动和不断恶化的通货膨胀,金融机构采取了各种措施和手段,金融创新就是在抵制通胀和利率波动的过程中作为它们的产物而出现的。货币学派的米尔顿·弗里德曼是这一理论的代表人物,他认为国际货币体系出现的全新特点及影响是激励金融机构进行金融创造性活动的主要原因。20世纪70年代出现了大量金融产品创新,比如外汇期货、可转让支付命令账户、浮动利息债券等。

(4) 规避管制理论。

规避管制理论是由美国经济学家凯恩(E. J. Kane)于1984年提出的。该理论认为商业银行和其他金融机构为了达到获取利润的目标,采取各种措施和手段规避政府机构的管制,从而引起金融创新。凯恩认为,规避是指回避政府机构设置的各种规章制度以及各种限制性措施。很多政府的限制,实质上是政府当局对各金融企业的隐含税收,它造成了金融企业的利润下降和获利机会的减少。因此,金融机构为了追求更高的利润,需要不断创新来回避政府的各种限制性规章制度。这表明金融创新行为是在外部市场机制与机构自身要求不断磨合、相互适应以规避各种规章制度和各项管制的过程中产生的。凯恩设计了一个框架用于制定规章制度和管制措施,通过不断互动,不断调整,逐渐形成可操作性较强的成熟的规章制度。

(5) 财富增长理论。

格林包姆和海沃德(S. I. Greenbum and C. F. Haywood)是财富增长理论的代表人物,这两位经济学家通过分析美国金融业的历史发展情况,总结认为,刺激人们对投资理财的多样化需求以及金融创新活动的活跃开展是人们收入的增长所致。该理论认为国民经济快速发展,人们的财富日益增长,其对金融理财服务的需求日益旺盛,商业银行及其他金融机构为了满足人们日益增长的金融交易需求,就必须不断进行金融创新。格林包姆和海沃德认为,随着人们收入的增多,其对理财的需求和风险的防范意识都在不断提高,这在客观上促进了金融市场以及金融创新的发展和进步。财富增长理论仅仅从金融需求视角出发来研究金融创新的形成原因,这样分析需要假设金融当局的金融管制比较宽松,但是在现实环境中,政府和金融监管当局在绝大多数时候都不会对金融业放松监管,这样就会抑制因需求产生的创新动机,因此,该理论有一定的局限性。除此以外,该理论仅重视分析财富效应对个人理财产品创新的显著影响,没有考虑替代效应也会对个人理财产品创新产生很大的影响,比如汇率、利率的不稳定就会影响个人理财产品创新。

(6) 竞争市场模型理论。

美国著名新福利经济学家威廉鲍莫尔(William Baumol)于1981年12月发表了竞争市场模型学说。该理论认为激烈的市场竞争促使商业银行的金融机构引入新的金融手段,目的就是在激烈的市场竞争中获得胜利,各种新的金融产品与金融服务竞相出现在金融市场上,刺激金融创新迅速发展。威廉鲍莫尔认为金融创新的最大原动力就是金融市场上各个金融机构间越来越激烈的竞争。20世纪90年代以来,经济全球化深刻影响着全球金融,证券化不断深化,我国金融市场日益向去中介化的趋势发展,降低了商业银行间接金融的地位,"金融脱媒"现象日益普遍。面对这种现实的竞争压力,国内部分商业银行率先进行金融创新,取得了不错的成果。因此,该理论对于解释目前商业银行金融创新的形成原因有一定的理论价值。

（7）制度改革理论。

制度学派的诺斯（D. North）、戴维斯（L. E. Davies）、塞拉（R. Scylla）等是制度改革理论的主要代表人物，他们对金融创新的探索更广泛。这几位学者认为金融创新是一种制度改革，它与一个国家的社会经济制度有密切的关联，会彼此影响，相互促进。该理论认为金融创新是一种由金融系统的制度变革导致的变动。为了金融体制的稳定和调节居民收入差距，政府会采取许多措施，比如，1933年美国建立的存款保险制度就是一种金融创新。因此，金融创新的主要原因是为了缩小金融企业的运营成本以增加其利润收入或者是为了稳定金融系统以避免收入差距的加剧。该学派研究发现，金融企业全力进行金融创新活动仅仅在接受各种政策约束的市场经济中出现，当金融机构开展各项金融活动受到政府或金融当局的管理和控制时，各种应对限制、避免约束、逃脱制约的金融创新活动就会在市场上应运而生。而当金融机构开展的这些金融创新活动对政府当局的各项政策或规定造成一定威胁时，政府又会采取新的限制性措施和新的管制方法，于是又催生了新一轮的适应这些管制和约束的金融创新活动。这官方约束力量与自由市场势力不断进行相互博弈，由此产生了一种干预、创新、再干预、再创新的螺旋形的形成状态。制度改革学派研究金融创新是从经济发展史的角度出发的，他们主张金融创新是与一个国家的社会经济制度有密切关联，会彼此影响，相互促进，它不是20世纪信息时代的产物。该学派认为在两种极端特殊的经济体制下是很难出现金融创新的，一种是完全自由市场经济体制，因为在这种体制下已经没有必要进行持续不断的金融创新；另一种是完全的计划经济体制，这种体制会对各种创新性活动造成强烈的压制。因此，只有在受到一定程度的政府管制的市场经济中，金融创新才能存在和发展。

（8）交易成本创新理论。

交易成本创新理论最具有代表性的人物是希克斯（J. R. Hicks）和尼汉斯（J. Niehans），他们研究发现交易成本的不断缩减正是金融创新的主要原因。交易成本的概念有一点复杂，一般认为，交易成本是指在买卖金融资产的过程中产生的各种直接费用，包括经纪人的佣金、资产所有权的转移成本、拆借资金的非利率成本，即机会成本等。交易成本会对客户的货币需求预期造成影响，而减少交易成本会推动货币向更复杂的形式变化和发展，从而促进新的金融工具和交易媒介的产生，客观上刺激了金融创新的发展，提高了金融服务质量。"缩小金融交易成本是影响金融创新的决定性因素"是交易成本创新理论的核心思想。遵循降低交易成本的原则是个人理财产品创新的基本要求。交易成本的概念广泛,不仅包含交易费用,还涉及交易的便捷程度。金融机构通过降低交易成本,也就是变相提高了收益,投资者也受益,所以该类金融创新既会吸引费用型投资者,也会受到追求收益的投资者的追捧。而且,交易变得更快速便捷,投资者的操作难度减少,节约了宝贵的时间,这同样是投资者非常关注的一个方面。该理论的核心思想有两层含义:一是金融企业进行的金融创新活动是不是有现实价值取决于金融交易成本的高低,也就是说降低交易成本是金融创新的主要动机;二是从本质上来说,金融创新是对现代科学技术发展所引起的金融交易成本减少的快速反应。

2. 生命周期理论

(1) 消费和储蓄的生命周期理论。

按照生命周期理论的相关信息,消费者的一生会出现不同的阶段,不同阶段的收入水平和需求情况都是不一样的,只有通过对这些阶段的情况进行分析,才能更加有效地把握消费者的需求,实现个人价值与目标的最大化。因此,对个人不同阶段情况的研究就是生命周期理论的核心内涵。也就是说,任何个人都应对之前的、现在的和将来的收入与支出及退休年龄和工作时间等进行筹划,从而使自身的消费水平保持在一个科学合理的水平上。个人生命周期各阶段理财活动如表3.2所示。

表3.2 个人生命周期各阶段理财活动①

时期	探索期	建立期	稳定期	维持期	高峰期	退休期
对应年龄	15~24岁	25~34岁	35~44岁	45~54岁	55~60岁	60岁后
家庭形态	以父母家庭为生活重心	择偶结婚,有学前子女	子女上小学、中学	子女进入高等教育阶段	子女独立	以夫妻两人为主
理财活动	求学深造提高收入	量入节出攒首付钱	偿还房贷筹教育金	收入增加筹退休金	负担减轻准备退休	享受生活规划遗产

(2) 产品的生命周期理论。

美国哈佛大学教授雷蒙德弗农(Raymond Vernon)于1966年第一次发表了该理论。产品生命周期是指产品进入市场以后的存活时间,一种新生产出来的产品从上市到被消费者淘汰的整个过程分为导入阶段、成长阶段、成熟

---

① 资料来源:根据个人生命周期各阶段理财选择编制。

阶段、衰退阶段。产品的生命周期在不同技术水平的国家是不一样的,因为各国的经济发展情况与技术条件各不相同,这为世界各国间的贸易往来和相互投资提供了机会。在导入阶段,因为产品刚刚进入市场,没有知名度,需要投入大额广告费用于产品宣传和推广,关键是生产技术水平较低,产品的总产量小,所以总的生产成本和单位生产成本都很高,而且销售出去的产品数量比较少,绝大多数企业在这个时候都处于亏损的状态,没有盈利。进入成长阶段以后,企业的研发取得更好的成果,同时通过前期取得的教训和总结出的经验,产品的生产技术逐渐开始成熟,单位成本能得到比较好的控制,产品也逐渐在市场上积累了一定的人气,产品销量增长,越来越得到消费者的认可,企业盈利迅速增长。但是由于竞争者增多,出售同类型产品的企业越来越多,导致产品的供给大幅度增加,企业盈利增速放缓,直至达到产品存活期限中的制高点。待到成熟阶段,产品的生产技术成熟,产品标准化,生产成本低,产量稳定,但是随着竞争加剧,市场需求日趋饱和,利润减少,为了满足差异化需求,在一定程度上成本会增加。最后进入衰退阶段,产品对于日新月异的市场来说已经显得陈旧和过时,相关产品技术也没有找到突破口,消费者已经完全不使用这样的产品,产品销售量大打折扣,下滑十分严重,企业几乎已经没有盈利,产品被市场上其他新的更先进的产品所代替,最后完完全全退出市场。虽然产品生命周期理论是基于工业产品提出来的,但是商业银行个人理财产品同样具有市场间的技术差异、可批量生产等特点,因此,它非常适合用来研究商业银行的个人理财产品。该理论认为,应该对个人理财产品的创新始终保持激情和不懈追求,只有不断努力,提升个人理财产品的差异化、创新化,才能真正做到满足市场不断变化的需求,抢占市场先机,尽量延长它的成熟期。

(3) 客户关系的生命周期理论。

客户关系生命周期这一概念最早是由布雷克艾夫斯(Blake Ives)和杰勒德 P. 利尔蒙斯(Gerard P. Learmonth)在他们的论文"The information system as a competitive weapon"提出来的,后来学者们对其不断扩充和完善,逐渐形成了目前的客户关系生命周期管理理论。该理论认为,客户或者消费者作为企业的一种非常关键的资源,跟企业生产出来销售的产品一样具有自身的价值和生命周期。因此,我们应该以动态的眼光去探索客户关系,需要关注一个客户从开始了解某个企业或者是某个企业去挖掘一个客户开始,了解消费者的产品需要或者服务需求,与他们沟通,引导他们或者直接向他们推销产品,与消费者建立起交易关系或者业务关系,直到交易关系或者业务关系结束,与消费者完全解除这种联系。客户生命周期就是随着时间的推移,企业与客户的关系水平发生变化的一个存续轨迹,它包含潜在阶段、开发阶段、形成阶段、稳定阶段、衰退阶段,动态地刻画了在不同时间段企业与客户之间存在的关系的特征。该理论是从关系维护和营销的角度进行探索与发现,目的是希望通过客户关系管理,提高客户对企业或者企业产品的忠诚度。对于我国商业银行而言,个人理财产品极其需要维护和经营好与客户之间的关系,同时,个人理财产品一般都是具有一定期限的投资产品,更加需要商业银行与客户进行良好互动,将长时间费心维护和经营的互动关系所带来的效用最大化,力求实现商业银行与客户之间的双赢。在此过程中,商业银行要积极主动地扮演起个人理财产品与服务的供给者,尽全力去满足各个年龄层、各种收入水平的客户的实际需求,并且不断挖掘潜在的客户需求,这就需要商业银行不断进行金融创新,提供更新更优质的产品和服务,使客户的忠诚度显著提高,延长企业与客户之间的业务关系的生命周期。

三、我国商业银行理财产品的发展现状

随着金融创新浪潮的不断涌现,国内商业银行个人理财业务获得了快速发展,并逐渐发展为商业银行主要的利润来源。在西方发达国家,个人理财业务收入已占到银行总收入的40%左右,而且仍然保持着较快的发展势头。相比较而言,我国银行个人理财业务起步较晚,20世纪90年代始于代理收付型的"中间业务"。2004年9月,银监会正式批准商业银行开展人民币理财业务。2005年年初,四大国有商业银行相继获得银监会批准,经营人民币理财产品。截至2016年年底,我国银行理财产品发行数量为85 035款,同比增长9.22%;产品发行规模突破30万亿元人民币。

(一)我国商业银行个人理财产品的发展历程

我国商业银行个人理财市场已发展十几年,可粗略地划分为以下三个阶段:

第一阶段:2005年11月之前,属于初创期。这一阶段理财产品发行的数量和类型都较少,资金也没有形成较大的规模。2004年开始多家银行陆续推出了自己的理财产品。

第二阶段:2005年11月至2008年中期,属于快速发展期。这一阶段监

管部门在制度上明确规定了商业银行个人理财服务开展的具体操作要求,理财市场得到快速发展,理财产品的新类别层出不穷,资金规模连创新高。

第三阶段:从2008年金融危机爆发到现在,属于银行个人理财市场的稳定发展阶段。2008年的金融危机冷却了理财产品研发和销售的热情,理财产品出现了零收益甚至是负收益,金融机构和投资者开始对理财业务的发展进行思考和总结,从中探索稳步发展的策略,监管机构也加紧出台了一系列针对金融产品风险管理的法律、法规,强调"风险控制"和"卖方的责任"。随着理财产品开发和销售的稳定发展,监管力度的逐渐加大,银行理财产品市场将日益成熟并完善。

但是需要注意的是,我国商业银行个人理财产品虽然在数量和种类上都有了飞速发展,但是与国际经验对比,发行的产品仍然属于短期的初级理财产品——打包式理财产品(Package Products)。这种产品的原理是以中短期理财产品的滚动发行投资于长期资产标的,以长期投资收益支付短期理财收益,在获得手续费收入的同时也能获得长短期收益率的差额。在国际理财市场发展初期,这类产品由于操作简便、易于推广的优点而被大量使用,但是由于缺乏核心技术,容易被市场其他主体模仿,发展到后期会出现整体利润萎缩的情况。国际领先的银行理财产品创新的方向是结构较为复杂、不易被模仿的高级理财产品,如指数挂钩的复杂结构型产品等。因此,集成化、专业化也成了我国商业银行个人理财产品未来整体的发展方向。

(二)我国商业银行个人理财产品风险分级及适用人群

(1)第一级:保守型——低风险理财产品。

这一类产品主要是储蓄、国债、"宝宝"类产品、货币基金,产品都具有保本的特性,收益率一般都是可以保证的。

储蓄和国债侧重于定期投资,由银行、国家背书,可以说是最安全的理财产品,虽然收益比较低,但存入时间长可以抵消通货膨胀带来的货币贬值。

而"宝宝"类产品具有良好的流动性,风险极低,一般本金不会有亏损。货币基金由于有国有银行的支持,在收益上有一定的保证并且风险比较低,适合家庭理财。

适用人群:适合风险承受能力比较低、抗拒冒险、关注资产的安全性远超于资产的收益性、不愿意承受投资波动对心理的煎熬、追求稳定的投资者,如老年人、低收入家庭或性格保守的人,将保本作为第一追求。

(2)第二级:稳健型——较低风险级别理财产品。

这一类产品主要是债券基金、P2P产品。

债券基金一般不收取认购或申购的费用,赎回费率也较低,且具有净值波动小、保值能力强的特点。P2P平台具有灵活性高、门槛低、收益高(高于银行储蓄)的特点。

适用人群:适合具有有限的风险承受能力,以稳定为主,不愿过多冒险,但又希望投资在保证本金安全的基础上能有一些增值收入,适当回避风险的同时保证收益,目标是跑赢通胀的投资者。

(3)第三级:平衡型——中等风险级别理财产品。

这一类产品主要是混合型基金、信托、贵金属。

混合型基金的投资风险跟股票与债券配置的比例有关,偏股混基,风险较高,预期收益率也较高;偏债混基,风险较低,预期收益率也较低。

信托产品要求的投资门槛较高,年化收益率多在8%~14%之间,信托产品作为高端理财产品,收益高、稳定性好、风险相对小。

贵金属可以用来达到保值增值的目的,比较适合长线投资。

适用人群:适合于具有一定资产,有不错的风险承受能力,对风险有比较清醒的认识,理性投资,期望通过长期且持续的投资获得高于平均水平回报的人群。

(4)第四级:积极型——较高风险级别理财产品。

这一类产品主要是股票、股票基金、指数基金。

股票具有高风险、高收益的特点,收益率不固定。

股票基金相对于股票而言,有分散风险、费用较低等优势,可以降低投资成本,提高投资效益,获得规模效益。

指数基金的波动幅度大,收益随跟踪的指数变化。

适用人群:适合有一定的资产基础,一定的知识水平、风险承受能力、信心,愿意承受较高的可见风险,获取较高乃至超额的投资收益的人。

(5)第五级:激进型——高风险级别理财产品。

这一类产品主要是外汇、期货、艺术品。

外汇、期货由于杠杆存在,都属于投资成本低,可以双向买卖,利息回报高,相对的风险也非常高的产品。

艺术品投资似乎被认为是风险小、回报大、层次高的投资项目,但由于真伪难辨、收益不确定、流动性差等原因,其实风险也非常高。

适用人群:适合有非常强的风险承受能力,有专业的知识技能,敢于冒险,高度追求资金的增值,愿意接受可能出现的大幅波动,在投资收益波动的情况下,仍然能保持积极进取的投资理念,甚至加注,以获取资金高增长的可能性,追求更高的收益和资产快速增值的人。

(三)个人理财产品创新的动因分析

1. 个人理财需求日益旺盛

自我国实行改革开放以来,社会经济保持快速增长,尤其是我国民众的收入状况有了极大改善。

由图3.1我们可以看到,城乡居民人民币储蓄存款年底余额呈现不断增长的趋势,但是年增加额却由增加变为下降,这也说明了民众对于通过存款获得利息的储蓄方式的兴趣在下降,与社会上各种理财产品层出不穷的趋势是契合的。

随着民众越来越富裕,他们也越来越关注自己的财富管理问题,对于个人理财的需求日益旺盛。而如今国内银行的储蓄利率普遍较低,人们希望商业银行能够推出更新、更好、更高回报的个人理财产品和服务。我国经济一直保持着较快的发展,未来人们的收入水平会越来越高,积累的财富也会越来越多,人们的理财需求也必然随之上升。一方面是国民经济快速发展,人们收入不断提高;另一方面是金融理财知识日益普及,可以预见,未来几年消费者对于个人理财产品创新的需求会非常大,并且更加个性化和多样化。

图3.1 2011—2014年城乡居民人民币储蓄存款年底余额①

---

① 数据来源:根据中国国家统计局网站数据制作。

2. 商业银行追逐利润最大化

商业银行是金融企业,所以永远都是以利润最大化为追求目标,其是否愿意进行理财产品创新活动,取决于个人理财产品的创新能够带来多少盈利。分析个人理财产品的创新盈利,首先就要了解理财产品在创新方面的收益以及影响此收益的因素,这样有利于对新产品创新的分析。

个人理财产品创新收益有直接和间接两类。其中直接收益包括:个人理财产品创新本身带来的收益;个人理财产品创新导致的资产规模收益;传统理财产品附带收益;商业银行由于个人理财产品降低风险、增加收入;等等。这些都是可以用货币来计量的产品收益。而间接收益与直接收益最大的区别是,用其他表现形式存在,不直接以货币计量的类型。间接收益主要有两种类型,一种是个人理财产品创新实现的收益,另一种是个人理财产品的无形收益。无形收益是指商业银行的经营活力和核心竞争力等因素,随着银行理财产品的创新业务的广度和深度的拓宽得到增强,从而使银行商誉得到提高,银行的社会影响力和知名度相应得到提升。无形收益在社会上的认可度较高,客户群比较大,发展机会也较多,在未来也会为银行带来更多的货币收入。

3. 资产管理行业竞争激烈

自2004年开始,由于我国居民财富不断积累,高净值客户增长趋势明显,资产管理行业拥有了迅速发展的前提条件。自2012年第三季度以来,银监会、证监会等监管机构开始频繁对资管市场进行政策调整,为了促进金融市场的繁荣交易出台了一系列"新政",放松了对混业经营的管制,为各个资管行业争取了公平的起点,为"大资管"时代奠定了良好的政策基础,促进了金融创新和金融混业经营的快速发展。

2013年,随着"开放融合新政"的进一步出台和落实,行业专属的经营福利渐渐消失,"大资管"时代正式到来,银行、券商、保险等资产管理机构纷纷共享同一个竞争市场,要想在剧烈竞争的市场中占据更大的市场份额,需要的是资管的专业知识和服务水平的提高。图3.2显示了各类参与机构争相分食资产管理蛋糕。

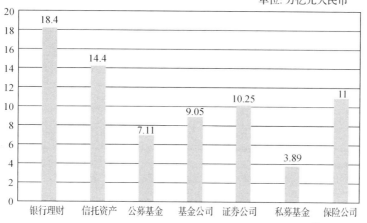

图 3.2　截至 2015 年上半年各类机构资产管理金额①

4. 互联网金融冲击传统金融机构

近几年,随着我国经济的不断发展,一些金融专家逐步提出了一些互联网金融模式,利用大数据、移动支付等形式进行了一系列分析和研究,对金融产品的研发提出了新的理念。随着时代不断发展,互联网技术已成为这个时代发展的主题,逐渐发展成网络借贷、第三方支付等形式,并在发展过程中,成为人们日常生活中不可缺少的一部分,很多人都在利用一些金融产品进行个人理财。在传统金融产品发展的过程中,为了更好地宣传金融产品,为金融产品构建了良好的电子商务平台。

但是,随着互联网的不断发展,各种金融产品已经可以在网上进行直接的交易和联系,利用第三方支付将对传统的金融产品带来一定程度的冲击。另外,在互联网不断发展的过程中,理财也成为一项重点发展的内容。至 2015 年年底,所谓的一站式互联网理财平台已经达到上百家之多,传统金融机构、传统理财机构、基金销售公司、实业集团、上市公司、互联网公司、独立创业公司纷纷加入战团,互联网理财的发展进入巅峰。

我国相关部门的统计表明,和一些发达国家相比,我国金融行业发展依然处于落后的状态。但是,在不断发展的过程中,由于我国处于发展中阶段,所以有较大的发展空间,也具有良好的市场前景,如图 3.3 所示。

---

① 数据来源:根据 2015 年中国资产管理年会公布数据制作。

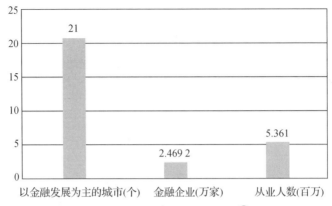

图 3.3　我国金融业发展规模①

随着互联网金融产品带来的冲击,我国的金融市场也在不断地变革。在不断发展的过程中,一直在寻求创新的研发理念,尤其是在互联网金融产品研发的过程中体现得尤为明显,这也加快了我国金融市场变革的步伐。互联网技术的不断发展和大数据时代的到来,也将我国金融产品推向了另一个发展领域和高度。同时,在不断研发的过程中,相关技术人员利用云技术等一些先进的技术,对金融及各个方面都进行了改革,这不仅促进了我国金融市场的发展,也对我国金融行业的内部结构进行了一定程度的优化,更促进了我国经济的发展。

(四)理财产品的特征及存在的风险

1. 理财产品创新是金融领域的产品创新

理财产品是服务型产品,具有显著的不可感知性、不可分离性和数字化的特征,有些产品虽是无形的,但可以看得到,比如打开自己拥有的任何一家银行的网上银行,都可以查看到自己的账户信息,包括账户余额、存款品种、期限、利率、交易明细等,与有形的实体产品存在着本质区别,因此,理财产品创新本身具有自独特之处,主要表现在以下几个方面:

(1)理财创新产品不能申请专利保护。

理财创新产品不能申请专利保护,被复制的门槛低。作为无形的理财产品,其服务特征决定了其在很大程度上只能是一种交易方法或者说是交易规则,几乎没有一个国家或地区建立过有效的专利保护制度对无形的服务产品进行保护,因此,绝大多数理财产品是不能获取专利的,尤其是在我国这个理

---

① 资料来源:根据中国行业研究网数据制作。

财产品创新发展较晚、原创产品较少的发展中国家更是如此。而且理财创新产品问世后,商业银行要完成事先预定的理财创新产品策略抑或是营销目标,就必须对客户甚至各种媒体进行公开宣传,介绍产品的各种要素和组合,这样就会使得理财创新产品非常容易被竞争对手复制,但这并不影响理财产品创新的动力,反而会促进理财产品向多元化发展。

(2)理财创新产品成本低。

服务产品开发的投资要远小于有形的产品,商业银行理财产品创新更是一种创新思维和创新能力的转化过程,研发过程中涉及的资源较少,主要是人力资源和计算机硬件及软件设施。服务的无形特征使得理财产品创新不像实体产品创新那样需要对生产设施、原材料、厂房等进行投资,其开发后只需在系统上试运行一段时间,发现问题可及时解决,之后便可上市,还可以对客户实际操作过程中发现的问题软件进行不断的改造升级,只有在必要时才引进高成本技术。

(3)理财创新产品扩展速度和更新换代快。

由于理财创新产品容易被复制,一旦同业机构发现有利可图,便会在金融领域内被迅速模仿,甚至很多企业都想试水效仿,比如第三方支付、网络金融、P2P等,因此产品扩展的速度快。随着人们收入水平的提高,家庭收支剩余不断扩大,对货币保值增值功能的要求不断提高,同时创新产品办理流程简便,不受时间和空间限制,商业银行通过电话、网上银行、手机银行、微信银行、社区银行等各种渠道宣传理财创新产品,很快会受到金融消费者青睐。另外,由于一些理财创新产品的要素构成较简单,产品容易改造升级,就像手机一样更新换代也快。

2. 理财产品创新可能存在的风险

任何市场经济活动都存在一定的风险,比如一家制造企业研发一种新产品,可能会面临由于新产品不受消费者认可或者满意而带来损失的风险,也可能会面临由于技术障碍、经费不足、人力资源水平有限等制约因素导致研发失败的风险,但人类不能就此放弃创新活动,因为创新是人类进步的驱动力,是推动经济社会向前发展的重要力量。理财产品创新也一样,会产生或导致各种不确定性或意想不到的风险,如技术风险、商业风险、信用风险、市场风险、操作风险和声誉风险等。

技术风险是指理财产品研发过程中可能遭受的金融工程、科学技术以及知识产权保护等风险。在产品开发时要有较强的金融工程能力,包括强大的

IT系统和应用软件、高级IT人员、有创新思维和创新能力的业务骨干等,这些条件不具备或者不成熟,都可能导致产品创新失败。商业风险是指创新的理财产品可能因市场的快速变化、宏观经济的调整、监管政策的管制等导致损失的风险,也可能是因产品缺乏明确的市场定位,导致目标客户群难以掌握,使得产品营销难以推广,无法实现预期目标。信用风险是指债务人由于信用等级下降而无法如期还款或没有还款能力而未能履行合同规定的义务或责任,导致商业银行或理财创新产品持有人蒙受经济损失的风险。进一步分析,信用风险可能是由于信息的不对称,使得债权人无法充分掌握债务人所有与交易相关的信息,出现道德风险导致的,也可能是由于客户经营不善或销售不利没有还款资金来源导致的。

市场风险是指因金融资产价格和市场价格发生变化而导致商业银行资产负债业务和表外业务产生损失的风险。市场风险种类主要有利率风险、汇率风险、股票风险、期限结构错配风险等,主要来自金融市场的快速变化,包括理财产品的供给与需求的变化、金融监管政策的变化、宏观经济政策的变化以及地缘政治格局的变化等。操作风险是指因客户或银行经办人员操作不当或违规、流程缺陷、系统失控等导致损失的风险。声誉风险是指商业银行因经营管理不善、员工违规行为、服务质量差等外部突发事件导致客户对商业银行产生负面评价或舆论的风险。

四、生命周期视角下N银行理财产品创新特点与不足分析

(一) N银行简介

N银行的前身最早可追溯至1951年成立的农业合作银行。20世纪70年代末以来,该行相继经历了国家专业银行、国有独资商业银行和国有控股商业银行等不同的发展阶段。2009年1月,该行整体改制为股份有限公司。2010年7月,该行分别在上海证券交易所和香港联合交易所挂牌上市,完成了向公众持股银行的跨越。

该行是我国主要的综合性金融服务提供商之一,致力于建设多功能协同的现代金融服务集团。该行凭借全面的业务组合、庞大的分销网络和领先的技术平台,向广大客户提供各种公司银行和零售银行产品和服务,同时开展金融市场业务及资产管理业务,业务范围还涵盖投资银行、基金管理、金融租

赁、人寿保险等领域。截至 2015 年年末,该行总资产 177 913.93 亿元,发放贷款和垫款 89 099.18 亿元,吸收存款 135 383.60 亿元,资本充足率为 13.40%,全年实现净利润 1 807.74 亿元,如图 3.4 所示。

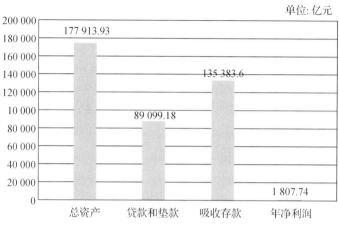

图 3.4　N 银行资产规模[①]

截至 2015 年年末,该行境内分支机构共计 23 670 个,包括总行本部、总行营业部、3 个总行专营机构、37 个一级(直属)分行、362 个二级分行(含省区分行营业部)、3 513 个一级支行(含直辖市、直属分行营业部、二级分行营业部)、19 698 个基层营业机构以及 55 个其他机构。境外分支机构包括 9 家境外分行和 3 家境外代表处。该行拥有 14 家主要控股子公司,其中境内 9 家,境外 5 家,如图 3.5 所示。

图 3.5　N 银行机构规模[②]

---

① 数据来源:根据 N 银行网站数据制作。
② 数据来源:根据 N 银行网站数据制作。

自 2014 年起,该行连续两年入选全球系统重要性银行。2015 年,在美国《财富》杂志世界 500 强排名中,该行位列第 36 位;在英国《银行家》杂志全球银行 1 000 强排名中,以一级资本排名计,该行位列第 6 位。该行标准普尔发行人信用评级为 A/A-1,穆迪银行存款评级为 A1/P-1,惠誉长/短期发行人违约评级为 A/F1。

(二) N 银行个人理财产品创新现状

1. N 银行个人理财产品现状

(1) "本利丰"人民币理财产品。由 N 银行于 2005 年年初自主发起,是国内最早的人民币理财产品之一。产品特点:保本保收益、低风险、封闭式运作。适合保守型、稳健型投资人群。

(2) "汇利丰"本外币结构存款理财产品。产品分保本浮动收益和部分保本型两种,是一种与利率、汇率、商品价格、股票指数或信用情况挂钩的存款,风险程度分为低等和中等。保本型"汇利丰"产品不会将鸡蛋同时放到一个篮子里,会为投资者将资产分散到汇率、利率、股票等不同形式的理财产品中。适合能承受一定风险的进取型或激进型投资者。

(3) "安心得利"固定期限理财产品。该产品属性是非保本浮动收益。本理财产品资金由资产管理人主要投资于国债、金融债、央行票据、货币市场工具、较高信用等级的信用债、非公开定向债务融资工具、低风险同业资金业务、掉期等可锁定风险收益的本外币货币资金市场工具,商业银行或其他符合资质的机构发行的固定收益类投资工具、非标准化债权以及符合监管要求的信托计划及其他投资品种。其中产品投向固定分配比例:现金、存款、国债、央行票据、回购等投资比例为 20%~40%;货币市场工具、投资类信托计划、非标准化债权及其他固定收益类投资工具的投资比例为 60%~80%,以上投资比例在[-10%,10%]区间内浮动。N 银行根据相关投资市场走势动态调整资产组合配置。产品特点:理财期限偏于短期,一个月到一年期限。适合进取型和激进型投资者。

(4) "安心快线"开放式人民币理财产品。这是一种开放式的理财产品,期限非常灵活,可以从 1 天、7 天、14 天等多个短期限产品中选择。"安心快线"产品属非保本理财产品,适合灵活使用资金的谨慎型、稳健型、进取型和激进型这 4 种类型的个人投资者和企业投资者。

(5) "进取增利"是以投资于银行间债券市场、货币市场、资本市场及优质信托项、私募股权项等金融资产为支撑,向投资者发售的具有较高收益的非保本浮动收益理财产品。"进取增利"产品具有多元化投资、产品运作依托于本行经验丰富的债券投资交易和研究团队,实行专业化管理、开放式理财等特点。该产品主要投资于各类信用债券,实行市值评估,按净值申赎,运作方式与纯债基金相近。产品风险属于中高,适合激进型和进取型客户,发行的次数较少,2012 年至今总共发行 7 款产品。

(6)"境外宝"代客境外理财业务(QDII)。QDII 是 Qualified Domestic Institutional Investor 的简称,中文含义为"合格境内机构投资者"。QDII 业务是指具备资格的商业银行、基金公司或证券公司接受投资者的委托,以投资者的本外币资金在境外进行规定金融产品的投资活动。由 N 银行指派具有丰富经验的专业投资经理进行理财产品资产的运作管理。

2. N 银行个人理财产品分析

(1)收益类型。

N 银行发行的个人理财产品有三种收益类型,分别是保证收益、保本浮动收益、非保本浮动收益。图 3.6 是 N 银行个人理财产品收益类型图。

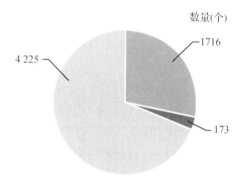

图 3.6　N 银行个人理财产品的收益类型分布[①]

从图 3.6 可以看出,N 银行所发行的个人理财产品主要是保证收益和非保本浮动收益两类理财产品。从发行数量来看,非保本浮动收益类产品占主要份额,保证收益类产品占 28.1%。

(2)投资币种。

N 银行发行的个人理财产品的投资币种类型如图 3.7 所示。

---

① 数据来源:根据 N 银行网站数据制作。

图 3.7　N 银行个人理财产品的投资币种类型分布①

从图 3.7 可以看出, N 银行在理财产品投资币种的发行量上主要是以人民币为主, 美元为辅, 不涉及英镑、欧元、加元等其他外币理财投资产品。

（3）投资期限。

N 银行发行的个人理财产品的投资期限类型如图 3.8 所示。

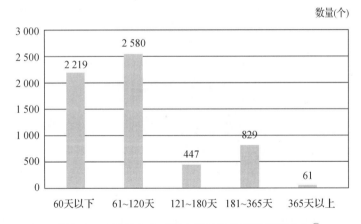

图 3.8　N 银行个人理财产品的投资期限类型分布②

图 3.8 显示理财产品发行量统计中 1~2 个月（含）和 2~4 个月（含）这两类产品占据主导地位, 12 个月以上（但有固定期限）以及无固定期限等理财产品的发行量相对比较少。

（4）起点金额。

---

① 数据来源: 根据 N 银行网站数据制作。
② 数据来源: 根据 N 银行网站数据制作。

N银行发行的个人理财产品的起点金额类型如图3.9所示。

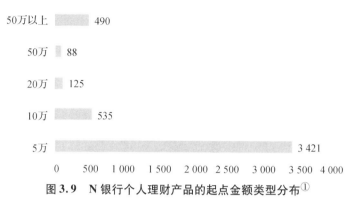

图3.9　N银行个人理财产品的起点金额类型分布①

从图3.9可以看出,N银行发行的起点金额为5万元人民币的个人理财产品占据绝大部分比例。

（5）理财产品具体收益。

N银行发行的个人理财产品的具体收益如图3.10所示。

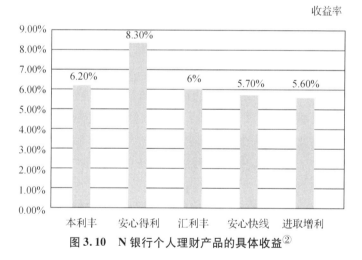

图3.10　N银行个人理财产品的具体收益②

从图3.10可以看到,"安心得利"产品的收益率最高,但是该类产品属于非保本浮动收益,并且上述所有理财产品的期限大多在4个月以下。上图中没有列出境外宝理财产品的收益,是因为该产品的理财期限是30年。

---

① 数据来源:根据N银行网站数据制作。
② 数据来源:根据N银行网站数据制作。

（6）理财产品购买人群分布。

N银行发行的个人理财产品购买人群分布如图3.11所示。

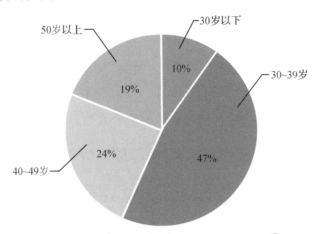

图3.11　N银行个人理财产品购买人群分布①

通过数据分析,我们发现在购买个人理财产品的人群中30～39岁人群占比47%,比40～49岁人群的占比高23%,为绝对主力人群。22～29岁人群还未形成初期的财富积累,在可支配年收入为4.5万元的情况下,此类人群的理财意识与需求相对不强。相反,40～49岁和50岁以上人群在财富积累后,因其对高收益的追求以及多元化理财配置等因素,普通收益的理财产品对这两类人群的吸引程度不高。30～39岁人群虽然拥有一定的财富积累(家庭月收入在1～3万元之间),且理财需求旺盛,但是如信托、基金、私募等产品的高门槛又将此类人群拒之门外,因此,购买理财产品自然成为30～39岁人群主要的财富增值手段。

在对高风险产品的容忍度方面,接近三分之二的客户对于高风险产品的容忍度较低。在剩余三分之一追求高风险高收益的客户中,30～39岁、40～49岁这两类客户为主要群体,占全部风险偏好人群的70%以上,其中40～49岁群体占比达35%,如图3.12所示。相对其他群体,40～49岁人群一般具有更高的收入,财富积累水平更高,因此对于风险容忍度较强,这也与我们的数据分析是一致的。

---

① 数据来源:根据N银行网站、爱投资网数据制作。

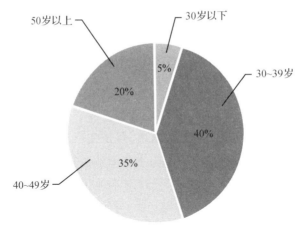

图 3.12 对高风险理财产品的容忍度分布①

理财产品的销售是建立在信任的基础上。传统商业银行拥有国家信用赋予的天然优势,大量线下网点更强化了客户的信任。然而,随着互联网的普及,大多数客户更愿意通过网络办理业务,缺乏实地考察和体验的机会,因此,如何建立客户的信任成为互联网理财平台面临的巨大挑战。

同时我们发现,48%的客户属于"被动跟随型",较为依赖朋友和同事的建议。显然,口碑相传成为客户增进对互联网平台信任的快速而有效的方法。一些互联网企业正在通过"圈子营销""好友推荐"等营销方式赢取大量客户群体。我们有理由相信,这种基于社群关系的营销方式必将成为互联网理财机构竞争客户的重要策略。

3. N 银行个人理财产品创新特点

(1) 理财产品期限倾向于短期化。

N 银行推出的个人理财产品中,60 天以下的占比为 36.3%,61~120 天的占比为 42.2%,二者合计占比为 78.5%。由此可以看出,N 银行推出的个人理财产品主要倾向于期限较短的产品。市场投资类产品越来越多,流动性较强,投资者也越趋于保守,投资者个人偏好越来越倾向于短期投资产品。

(2) 产品更新速度较快。

N 银行自销售理财产品以来,从最初几款理财产品发展到现今上千款理财产品,产品研发速度较快。并且品牌创新能力较强,由当初仅有的"本利丰"发展到现在的"本利丰""汇利丰""安心快线""安心得利""进取增收"

---

① 数据来源:根据 N 银行网站、爱投资网数据制作。

"境外宝"六大品牌。产品收益类型也由保本收益发展到现今的保本收益、保本浮动收益、非保本收益等多种类型并行发行,对资金规模不同、风险承受能力不同、持有期限不同的客户提供多元化产品服务。

(三) N 银行个人理财产品创新分析

1. 理财产品创新性低,同质化严重,业务范围窄

近年来,我国金融市场可谓发展迅速,但是在产品的创新性上还存在十分严重的不足,包括 N 银行在内的国内主要商业银行,其创新推出的个人理财产品基本属于直接照搬国外模式,往往对本地化市场的适应性较差,而且多家银行会同时推出相似的个人理财产品,导致市场上产品种类繁多但同质化问题十分严重。四大国有银行个人理财产品的对比如表 3.3 所示。

表 3.3　四大国有银行个人理财产品对比①

服务类型	工商银行	建设银行	中国银行	N 银行
投资理财类	"稳得利"人民币理财产品、"利添利"账户理财服务、"汇财通"个人外汇理财产品、信托投资类产品	"龙鼎金"实物黄金产品、"利得盈"人民币理财产品、"大丰收"组合理财产品、"汇得盈"个人理财产品	"自动滚续"理财产品、"春夏秋冬"外汇理财产品、"博弈理财"人民币理财产品、"汇聚宝"外币理财产品	人民币理财产品、外币理财产品、基金投资、保险投资、证券委托资产管理、理财宝和智能理财

阿里巴巴集团推出"余额宝"产品后,各大商业银行纷纷推出各种类似"余额宝"的产品,将银行的研发精力集中在同质化产品的开发上,没有做到有效细分市场、锁定目标客户、有效拓展功能等,从而造成了产品的推广效果不好,市场占有率不高,业务收入不明显等现象。

虽然各家银行都纷纷推出个人理财品牌,不同的银行有不同的品牌,也纷纷建立了理财中心,但它们的业务范围更多的是把现有的业务进行重新整合,没有针对客户的需要进行个性化设计,没有个性化服务。概括来讲,其理财功能大致分为三类:一是代理业务,为客户代缴各项费用,代理保险,代为兑换债券,每月向客户提供银行交易清单。二是信息服务,定期提供国内外经济形势及金融政策、股市行情、普通的金融产品信息资料和商业银行行情等方面的简单的免费咨询业务,针对各种类型客户的不同需求提供专门为个人设计的理财建议书,包括储蓄、国债、证券、外汇买卖、基金、保险等投资品

---

① 资料来源:根据四大国有商业银行相关网站公布的资料整理编制。

种。三是个人信贷业务,大多数银行的理财中心主要经营消费信贷和按揭贷款等个人信贷业务。而真正意义上的帮助和代客理财业务实际上无从谈起。而且,金融理财产品较实物理财产品丰富得多,国外较为常见的不动产、字画、贵金属收藏等理财产品目前在我国还少有人问津。这当然有国人认知程度不足、观念有待转变、相关市场有待规范等方面的原因,但更多是由于商业银行没有特别针对居民个人理财需求设计推出合适的产品。

(1)产品创新缺乏个性化,营销队伍水平参差不齐。

N银行在理财产品的设计开发上缺乏个性化。银行面对的客户是非常复杂的,拥有着完全不同的背景。而现在的N银行由于在产品设计时缺乏整体规划,产品设计人员的专业水平未随之提高,导致N银行仍处于粗放式的设计阶段,产品的需求收集部门、设计部门与开发部门没有得到有效整合,不能针对客户的实际情况与需求进行产品设计以及产品组合营销。加之N银行的产品营销队伍专业水平参差不齐,不能完全按照客户的个性和背景定制个性化的理财服务营销方案,对理财产品的市场缺少细分和深入研究。

N银行应进一步明确目标客户,调研客户的风险偏好,细化客户分层(表3.4),适当降低准入门槛;提高自身的产品开发和定价能力,完善风险管理水平,优先发展固定收益类和保本浮动收益类理财产品;针对风险承受能力较强的客户探索并开发专属理财产品,针对风险承受能力较低的客户打造集合理财产品;从客户需求出发,按照客户属性形成涵盖低风险、中风险的产品体系,从小集合理财产品设计出发,满足大部分的客户投资理财需求。通过开发专属理财产品类型为高端客户提供风险较高、收益较高的服务;在符合自身实际的基础上,积极借鉴他行的优秀经验,为客户量身打造大客户专属理财方案及小额保本理财产品等,构建有效的投资组合,全力提升理财收益,增强客户认可度。

表3.4 个人理财客户分类(基于风险承受能力)①

客户分类	增值欲望	风险承受能力
追求财富最大化者	强	强
财富创造者	较高	中性
保守管理者	不强	厌恶
财富保护者	几乎无	极度厌恶

① 数据来源:根据N银行网站数据编制。

（2）金融服务经营机制不灵活，经营管理理念落后。

N银行市场营销与产品设计缺乏总体规划与创意，业务经营机制不灵活，"部门银行"氛围较重，没有一个机制可以让N银行的部门，特别是前台客户部门，能根据市场需求的变化来重新设置，没有一个统一的标准来评价该部门业绩对全行业绩的贡献，因此，各部门都以做大做强该部门为核心，而非以全行利益为核心，忽视了市场需求。N银行管理层级众多、链条过长，因各经营行所在地区的市场结构与需求不一致，产品创新权限不足等，导致N银行不能及时且有针对性地推出符合当地市场的新理财产品去满足客户需求，产品各地推广和适应市场的效果也不一致。N银行对产品的定位与市场的划分不明确，目标客户选取不准确，导致其组织的市场营销活动往往缺乏针对性和吸引力，进而导致产品缺乏核心竞争力。服务经营机制未能充分利用互联网整合信息资源的作用，依然以线下的网点经营为主，需要耗费大量的人力物力。

另外，N银行现有的经营理念落后。商业银行的经营是以平衡风险和收益为基础的，但目前N银行的经营理念多数将这两者分开，因此，很少通过提高风险管理能力来提升业务拓展能力和产品创新能力；更多地追求发展速度而忽视发展质量，没有把产品创新与研发作为提高产品服务功能、满足多元化市场需求、提升客户体验度和市场影响力的重要战略目标。

（3）营业网点尚未全面转型，产品创新难度大。

首先，营业网点是银行线下提供金融服务的重要渠道，是能为客户提供贴身服务的最佳场所，银行所创新与研发的理财产品都将在营业网点进行销售，因此，网点成了银行产品销售与信息反馈的重要阵地。N银行没有充分利用营业网点客户数量众多、现场营销亲和力高的优势去进行产品的营销推广，随之配备的营销人员数量不足，对产品的熟悉程度不够，导致客户无法全面了解N银行产品的功能与优越性。同时，没有很好地利用线下渠道收集客户对产品使用情况的反馈信息，以便为后期产品创新与改进提供宝贵意见。营业网点产品营销人员未能有效收集竞争产品信息，形成产品动态提供给产品研发团队，客户产品使用意见没有有效的反馈方式，出现了产品信息反馈渠道不畅，不利于N银行对产品进行个性化与差异化研发。

其次，扩张营业网点运营成本高。传统商业银行为拓展新的市场，提高市场份额，需要不断搬迁与新建物理营业网点。然而在互联网金融时代，移动金融的快速发展与移动支付的大面积普及，导致人们对金融业务的使用习惯与方式发生了较大变化,以前习惯于在网点办理业务的人们随之转移至网络办理金融业务,这在较大程度上减少了物理营业网点的人流量,迫使 N 银行不能继续依靠扩张物理网点数量来赢得市场份额,部分只能依靠物理网点推广的产品销售渠道受阻。例如银行借记卡,该产品推广不利会直接影响加载到其上的其他金融服务创新。表 3.5 所示的是传统网点和智能化网点的对比情况。

表 3.5 传统网点和智能化网点的对比情况①

网点属性	人均占地面积	柜台窗口	业务办理	与客户交流
传统网点	7~9 平方米	5~7 个	人工为主	少
智能化网点	2 平方米	不超过 3 个	自助机器为主	多

再次,产品创新难度大。对于 N 银行来说,提供的产品和服务都是源于客户的需求,需要将客户的需求转化为理财产品并运用,对产品创新来说难度很大。N 银行在开展相关业务时,不仅要受到人民银行、银监局等监管机构的管理,还要受到技术系统等条件的影响,与互联网企业和电商相比,相对受到的限制较多。

(4) 传统主营资产业务发展困难,客户群体逐步萎缩。

金融机构正在进行一个市场化、商业化的转型,尤其是商业银行,面临着利率市场化和整个经营模式转变的契机和压力。随着金融行业的逐步开放,财富管理和资产管理必将在今后 5~10 年成为金融机构最主要的业务来源。而 N 银行靠传统的存贷利差实现利润大幅增长的时代很快就会结束。新兴的互联网融资产品与传统资产业务相比有着较大优势,可以创新研发各种个性化金融服务融资产品与渠道。N 银行同样面临该问题,如果 N 银行不及时做出业务经营转型,在业务上有所创新,业务发展形势会更加严峻,客户群体会进一步萎缩。

2. N 银行内部机制不健全,影响创新型文化改革

现代营销理论尤其重视银行内部服务质量的提升,进而为外部服务质量的提升带来的推进作用。据调查,N 银行在内部服务质量方面还存在较大问题,为其外部服务质量的提升带来了障碍。N 银行的内部服务主要在管理机制、员工的培训工作、内部沟通机制以及激励机制四个方面存在较大问题。

---

① 资料来源:根据相关资料整理编制。

(1) 银行管理机制延缓创新。

发达国家金融机构的产品创新都是紧跟市场中目标客户需求的具体变化进行，并确定市场细分。而我国股份制商业银行内部的经营管理机制决定了其产品创新采用由总行统一计划、自上而下的创新模式，主要体现为由总行统一开发产品和设计流程，产品推出后选择定点单位试运行，再下达任务指标进行全国性推广营销。这种创新模式有一定的优势，比如有制度支持、产品推广范围广、研发周期短、开发效率高等；但也受制于内部因素，比如科技终端服务系统是由总行统一开发和管理，总行集中了人力资源优势，具有高端金融专业知识人才、高级产品经理和系统研发人员等。这种模式存在的问题是某种产品创新可能会缺乏市场导向，与分支机构的市场需求不匹配。

因为创新职能在总行，其对市场需求的敏感性反应可能存在滞后性，而分支机构作为经营单位，其功能定位主要是营销、维护客户和推广金融产品，作为直接服务客户的实施主体更了解市场需求，对市场的敏感性强，且不同地域之间由于经济发展水平不同导致其对金融产品的消费需求偏好存在差异，所以自上而下的创新模式在一定程度上会导致创新产品与真实的市场需求偏离，缺乏较强的地域适应性，使产品创新的效果大打折扣，同时也使得营销单位面临推广困难。因此，自上而下的创新模式缺乏市场导向，不能完全满足股份制商业银行金融产品创新的需要。

(2) 银行员工培训机制不完善。

"不进则退"的道理从古至今都适用，对银行也是一样。银行员工承担着银行最为重要的基础工作，没有银行员工的劳动和付出，就不会有一个银行的生存和发展。对于理财产品创新与设计，N银行拥有着一支专属的产品管理团队，包括前台客户需求收集人员、产品需求创意与研发人员、产品开发人员、产品测试人员以及产品推广人员。这些人员的业务水平和产品设计能力在很大程度上决定了N银行的产品创新、产品研发设计与产品营销能力。虽然近年来N银行为培养产品团队人员的业务能力，不断完善培训机制，加大培训力度，丰富培训方式，但是通过调查发现，仍有64.6%的从业人员对N银行目前的培训感到不满意，如图3.13所示。

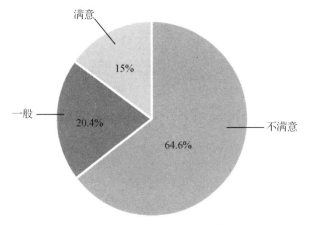

图 3.13　员工培训满意度①

其主要原因,首先,单位内部培训与高校专业教育有着较大区别,使用高校教育讲课式的培训方式不能充分满足员工工作的实际需要。相关从业人员已经参加工作多年,对培训有着明确的学习目的,且其业余时间相对较少,工作压力较大,学习敏感程度不高,接受新知识的能力相对弱化。其次,N银行内部培训的课程设置针对性较弱,对产品创新所需的市场调研、模型设计、产品研发、开发技术、队伍建设、市场营销等方面的综合能力培训很少,对培训的后评价机制建设不到位,没有一个有效的培训改进计划和量身定制计划,这使得培训作用不大,效果不明显。再次,尽管银行业仍是整个市场的佼佼者,但这几年银行业净利润增长一直在下滑。2015 年,包括四大国有银行在内的多家银行利润增速下降十分明显,曾经动辄 30% 以上增长的股份制银行,利润增幅大多跌至 10% 以内。银监会公布的数据显示,截至 2016 年第三季度末,商业银行当年累计实现净利润 13 290 亿元,同比仅增长 2.83%。盈利能力下滑自然影响员工的收入水平,"金饭碗"已不如当初那么耀眼,尤其是伴随互联网金融的迅速发展,一些银行员工感叹:"外面的世界似乎更精彩。"银行从业人员流失分析如图 3.14 所示。

---

① 资料来源:根据调查问卷资料制作。

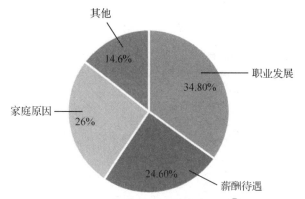

图 3.14　银行从业人员流失分析[①]

（3）内部创新文化氛围不足，影响员工对产品创新的积极性。

文化氛围是指笼罩在企业整体环境中，体现企业所推崇的特定传统、习惯及行为方式的精神格调。企业文化氛围是无形的，其以潜在运动形态使企业全体成员受到感染，体验到企业的整体精神追求，因而产生自觉意愿，思想得以升华。因此，企业文化氛围对于企业成员的精神境界、气质风格的形成都具有十分重要的作用。银行的主体是员工，产品创新的主体也是银行员工，因此，要提高银行的产品创新动力和能力，就需要建立起全员的创新文化氛围，充分调动全体人员创新的积极性，强化创新意识，通过有效的团队运作、协作分工模式进行产品创新与设计。N 银行在创新文化建设方面一直滞后，没有充分认识创新文化建设对调动人员创新积极性的作用。N 银行人才众多，但没有有效的方式把产品创新人才纳入团队管理中，没有打造良好的产品创新氛围，没有正确解析产品创新与业务发展的积极引导作用，影响了 N 银行产品创新的主动性与积极性。

（4）银行激励机制不健全，忽略对产品质量的绩效考核。

银行内部绩效评价体系的建设可以督促银行服务绩效成果与产品创新成果的提高，但是银行内部绩效评价体系不在银行的成果中直接体现。N 银行拥有一套完整的绩效评价体系，但是仍存在不足。首先是 N 银行的绩效评价管理体系的重点都放在财务指标上，而忽视了其他的业绩管理指标。这样的绩效评价管理体系存在较大的缺陷，具体表现在以下方面：第一，以经济效益为根本的财务指标只能衡量银行以前发生过的业绩，不能评估将来的业绩发展，不能为产品的设计指明正确的方向。第二，财务报告只会依据会计准

---

① 资料来源：根据调查问卷资料制作。

则而编制,通常不能根据市场经济及政策等情况来做相应的变动,这样便导致N银行财务的业绩指标和实际经营业绩存在差异,这主要就是服务质量管理与产品管理优劣所带来的间接效果。第三,过多地侧重于财务效益,就会忽视内部员工的满意度、内部经营流程的合理性和科学性以及产品创新发展、员工个人职业道德发展,容易导致N银行的绩效评价管理只限于财务指标,经营活动出现偏差,忽视服务模式的创新和服务质量的提升。银行对服务质量与产品质量的考核可以对整个银行的服务质量体系进行系统的监管,但根据调查得知,N银行在服务质量体系的建设方面还存在着一定的不足,例如服务质量优劣还没有与员工的绩效工资之间建立科学的联系,产品的研发投放没有科学的事后评价与改进退出机制,在服务质量评估之后也没有能够对其进行有效的反馈,导致形式化问题严重,使得N银行对存在的服务质量不足、产品同质化严重、产品核心竞争力不足、创新力度不够等无法有效地控制。在此情况下,N银行的产品创新模式机制很难有效启动。

3. 理财工作人员素质偏低

银行理财综合能力是以银行理财产品发行能力、收益能力、风险控制能力、理财服务丰富性、信息披露规范性为指标,通过各项指标评价得分汇总而得。根据普益财富发布的2016年第三季度银行理财能力排名报告显示,理财能力综合排名前10位的银行分别是兴业银行、民生银行、中信银行、招商银行、光大银行、工商银行、华夏银行、浦发银行、交通银行以及渤海银行。N银行的理财综合能力排名第13位,但是在理财产品到期收益能力排名中,N银行排在第8位。N银行的风险控制能力排名第15位,理财产品丰富性排名第9位,信息披露规范指标排名第14位。对于银行个人理财业务人员来说,不仅要了解理财产品的功能和基本特点,还要掌握基金、证券、保险等各行业知识,要拥有广泛的理财经验、经济动态、行业市场前景的发展等相关知识。

从N银行营业部网点的一些理财专员来看,仍然是以大堂经理为主,主要是由其他部门或者是前台柜员中替换出来的,年龄基本偏大;或者是新招聘进来的应届毕业生,经过一段时间该行基本业务知识的培训便推上岗位。大多数理财专员都没有理财师资格证书,投资理财知识匮乏,很难判断哪些理财产品能真正获取收益,符合投资者期望。在整个N银行内,理财策划师与国际金融理财师占比非常低,因专业理财师的缺失,理财管理与理财策划服务基本无法实现,个人理财业务发展也只能局限在通过各种关系卖理财产品的层面上。

从理财产品专业队伍建设方面来看,除个人理财财富管理中心有较为集中的个人理财业务队伍以外,其他二级分行和营业网点多为一人多岗,专业性很差;N银行理财产品销售人员培训与再培训还较为薄弱,理财人员对个人理财业务的相关法律法规、专业知识、产品性质、风险特性等方面的知识了解得太少,不能满足投资者期望的风险小、收益稳定的心理需求。

4. 互联网理财产品的冲击

自2013年6月份"余额宝"出现以来,互联网市场上紧随"余额宝"后各种"宝"纷至沓来,互联网理财从投资收益、投资风险、投资门槛等方面优于N银行理财产品。因此,互联网理财争夺了大量的活期储蓄客户,对银行个人理财冲击较大。部分互联网理财产品如表3.6所示。

表3.6 部分互联网理财产品一览①

产品	对接基金	万份收益	7日年化收益率	购买门槛/元	取现限额/万元	变现速度	申购状况	规模/亿元
余额宝	天弘余额宝	0.896 1	3.304	1	5	实时※	可申购	8 082.94
零钱宝	广发天天红	0.685 5	2.667	1	14.99	实时※	可申购	65.42
零钱宝	汇添富现金	0.853 1	3.11	1	14.99	实时※	可申购	399.38
汇添富现金	汇添富现金	0.853 1	3.11	0.01	500	实时	可申购	399.38
微信理财通	华夏财富宝	0.741 2	2.68	0.01	6	延时	可申购	180.81
百度百赚利	嘉实活期宝	0.850 6	3.156	0.01	5	实时※	可申购	157.22
平安盈	南方现金增	0.838 57	2.912	0.01	100	实时	可申购	217.14
华夏活期通	华夏现金增	0.649 5	2.323	0.01	20	实时	可申购	557.14
南方现金宝	南方现金增	0.838 57	2.912	100	50	实时	可申购	217.14
现金快线	工银货币	1.011 5	3.718	0.01	100	实时	可申购	1 152.02
众禄现金宝	银华货币A	0.880 1	2.843	100	50	实时	可申购	9.77
众禄现金宝	海富通货币	1.140 3	2.843	100	50	实时	可申购	9.33
国泰超级钱	国泰货币	0.988 3	2.533	100	50	实时※	可申购	53.33

注释:※符号表示实时(有条件)。

表3.7将银行理财产品和互联网理财产品进行了对比。

---

① 数据来源:新浪财经。

表 3.7　银行理财产品与互联网理财产品对比①

特征	银行理财产品	互联网理财产品
流动性	具有一定的投资期限,流动性不高	流动性极强,可以做 T+0 交易
投资收益	目前市场上主流品种(1~3月期,3~6月期)的年化收益率处于2%~6%之间	收益波动较大
投资风险	大部分货币基金债券类理财产品风险相对较低,有些结构性产品有零收益或负收益的风险	互联网理财便捷,网络风险较高
投资门槛	门槛较高,至少5万元	门槛低,最低0.01元
适合人群	风险承受能力相对较低的中老年投资者	风险偏好较高,熟练运用互联网工具且对资金流动性要求较高的年轻投资者群体
其他功用	仅具有投资属性	除投资属性外,还具有账户资产充值、网购支付、信用还款、转账等多种应用功能

从表3.7来看,两者市场定位不同,产品特色相差较大,可满足不同投资客户的需求。但是,互联网理财吸引了年轻人的眼球,在金融市场中占据一大优势。以"余额宝"为例,从"余额宝"出现,截至2013年6月30日,仅用18天的时间,"余额宝"用户数突破了251.56万,累计转入资金规模66.01亿元,截止到2017年1月3日,更是达到了8 082.94亿元的规模。互联网理财投资门槛低、资金流动性强以及收益率高等特点挤占N银行理财业务在市场中的份额,对N银行个人理财业务发展带来了较大的冲击。

互联网利用自身的大平台和大数据,对传统银行进行解构,衍生出在线理财、便捷支付、电商小贷、P2P、众筹、金融搜索服务平台、互联网货币等多种模式(图3.15)。互联网金融除了渠道,还分流了部分传统金融体系的资金,并使银行资金成本增加,由此,中信银行提出"再造一个网上中信银行"的口号,中国平安更提出了面对互联网金融"不变即死"的观点。由此可见,面对这些多元化、短期、高收益在线理财渠道的分流,N银行留住存款显得愈发困难,已倒逼N银行必须走上创新之路。

---

① 资料来源:根据对银行理财产品和相关互联网理财产品资料整理编制。

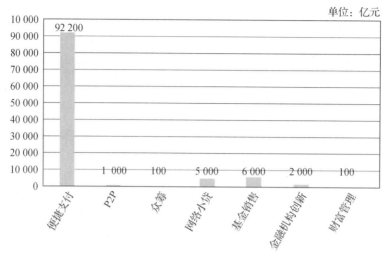

图 3.15 互联网金融规模[①]

五、生命周期视角下 N 银行理财产品创新策略

（一）完善理财产品创新机制

1. 完善以市场需求为导向的创新机制

当前 N 银行还没有完全改变以自我为中心的经营理念，对客户真正需要解决的问题关注不够或者分析不透彻，无法满足客户的多样化需求，经不起市场考验，也难在技术层面上吸引同业的客户。N 银行应完善以市场需求为导向的产品创新机制，对市场或客户进行系统性和针对性的需求分析，比如持续分析行业动态和特征、定期进行市场调研，挖掘客户资金运营规律、账户管理需要、资产管理需要，调查客户在消费理财产品时的缺口性需求等，据此研究产品创新，包括优化原有理财产品结构或流程、创新理财产品、创新组合产品等，提高产品与客户需求的契合度。

同时 N 银行还应建立上下结合的创新模式，主要是鼓励基层创新主体参与实践创新活动，营造创新文化氛围。鼓励有条件的分支机构研究所在地市场需求状况和行业结构特征，在制度、政策和授权范围内适度开展实践创新活动，或提出创新需求、创新构想或创新方案上报总行，由总行相关业务管理部门根据资源优化配置原则进行新产品开发，形成区域差异化策略，从根本

---

① 数据来源：中商情报网。

上由产品导向向客户导向转变,最终各分支机构根据不同地域的经济结构形成各自的业务重心。

2. 完善内部创新管理机制

N银行要想在金融市场中保持良好的发展趋势,不能再仅仅通过粗放式的资产规模扩张方式来实现,还应注重精细化管理,完善内部创新管理机制。N银行应制定创新管理办法,明确相关部门的职责和创新管理的流程,完善创新管理机制,有组织有计划地实施产品创新的过程,包括根据创新需求适时调整内部组织机构设置、建立创新评估和考评机制。

适时调整内部组织机构设置就是要坚持以市场需求为导向、以服务客户为中心,建立与产品创新对应的配套服务体系,提高理财产品创新的效率。理财创新产品也是有周期的产品,在产品开发中要注重时效性和应用性,这就要求N银行对金融市场的需求变化快速做出反应,及时调整产品创新规划或流程,同时根据创新需要适时调整内部组织结构,保证部门之间的沟通顺畅。建立创新评估和考评机制是指在理财产品创新的前期准备阶段,做好产品开发的评估和测评工作,在产品推广阶段结束后开展创新成果评估,评估内容一般包括是否达到预期效果、是否产生非预期的收益或损失、相关原因分析、下一阶段的工作意见等,评估成果适当与绩效评价挂钩,对创新团队或个人给予一定的奖励,从而激发员工的创新思维和创新能力。

3. 建立科学的人才管理机制

N银行持续推进理财产品创新,需要建立科学的人力资源管理机制,包括但不限于优秀人才引进机制、人才培养机制、梯队建设机制、公平竞争机制、激励约束机制等。比如,通过银行内部培养,对员工进行新业务和新产品的培训,充分挖掘员工的创新潜能和创新意识;通过外部引进,聘用掌握金融工程、风险管理、理财知识且业务能力较强的复合型人才。任何创新活动都是人的创新思维和创新能力的外部表现,人才的缺乏会制约创新的一系列活动,但单纯地建立创新考评机制还不能充分挖掘员工的创新思维和创新能力,因此,健全N银行的内部激励约束机制对产品创新非常重要。

理财产品创新超出个人能力的范畴,表现为创新团队或创新组织的集体劳动成果,因此,N银行还需要营造良好的人文环境,建立科学的人才管理机制。管理的本质是处理人与人之间的关系,管理的意义在于通过有效的管理机制,建立和完善各种规章制度,并使之有效执行。建立科学的管理文化,应致力于以人为本的全面发展观,充分调动和激励员工的主动性、积极性和创造性,增强自主创新能力,打造一支高素质的产品开发队伍。

(二)准确定位,按照个人理财业务生命周期理论部署差异化战略

1. 服务差异化

在开展个人理财业务时,结合个人理财业务生命周期理论,针对不同的客户群,以最适合的投资期限,安排最合理的投资组合,推出务实、合理的理财服务,这样才能有的放矢、最大限度地满足客户的差异化需要和个性化服务。创新服务方式,满足多元化的金融需求。量身设计适合客户需要的理财产品,以真诚的服务留住客户,以细心的服务感动客户,以耐心的服务吸引客户。根据经济多元化和理财需求多样化的特点,制定差异化的理财服务策略,创新专有理财产品。

(1)为客户制订个性化的理财方案。

针对公务人员、个体工商户、中小企业主、部分高收入阶层、技术工人及一般客户对理财目标定位的差异,创造和满足客户的个性化需求,实施差异化的投资理财服务,为客户量身打造个性化的理财方案,实现客户的财富目标。同时,积极关注客户群体的子女教育规划、家庭风险保障规划、家庭投资规划、财务自由程度、金融工具使用情况以及安全防范意识等各方面的情况。

(2)改变服务形式,变被动为主动。

N银行应充分利用自身点多、面广、人熟的优势,摒弃"坐柜经商、待客上门"的官商作风,变被动服务为主动上门服务,各岗位员工都要走进社区、走进客户生活,主动上门了解客户习惯,引导客户的理财需求,实施差异化服务形式,从而达到客户的理财目标。

2. 渠道差异化

随着个人理财业务的大力开展,争抢优质客户的情形必将发生,要做到在激烈的竞争中留住客户,渠道的挖掘相当重要。

(1)发挥地理环境优势。

N银行的多数营业网点位于农村地区,在网点内部空间布局上,可进一步合理划分为现金服务区、客户咨询区、自助服务区、理财服务区、贵宾服务区等,并设立专门的理财室,突出以客户为中心的服务理念,将个人贷款业务与个人理财业务有效地联系起来。同时,加强与政府、居委会的联系和合作,寻找并发现有效客户,登门拜访、上门服务,让客户真正体会到N银行是自己身边的银行,增强N银行的品牌影响力。

N银行要充分利用推出的理财产品,将其作为银行和客户的一条联系纽

带,培育和巩固客户群体的一个重要渠道,推动服务水平提升的一项重要举措。通过拉网式入户的"海选",对优质客户群体的"精选",因地制宜,因户施策,有针对性地进行营销攻关,并建立信息库,形成目标客户群,建立科学的客户管理机制,对形成的目标客户实行动态管理,最终达到巩固市场、占领市场的目标。充分利用媒体手段,在电视、报纸上广泛宣传,提升理财品牌在社会公众心中的美誉度,拓展业务渠道,维系客户群体,提高市场竞争力和社会认可度,为增收创效提供良好的发展环境和舆论支撑。传统的理财环境以营业网点为主阵地,通过张贴海报、发放宣传单、播放电视、LED显示屏等手段对客户实施视觉营销,针对不同客户的理财需求,提供相应的理财服务。不断增加营业网点理财业务品种,安装功能齐全的电子银行设备,为客户更好地使用自助设备提供方便,实现零售业务跨越式发展,全面提升服务质量。同时,加快建立以专业理财室为核心的网点建设步伐,逐步形成以理财网点为中心、以大众化网点为补充的多层面、宽渠道的网点布局,为不同客户提供差异化、个性化的个人理财服务渠道。

(2)利用网络营销渠道。

对客户而言,网络已经进入千家万户,在网上购买理财产品,不用奔波于银行与网点之间,免除了排队等候的烦恼,大大节省了时间,可以在家享受24小时服务,随心在网上选择适合自己的产品,且产品的申购条件、基本要素等清晰明了,交易灵活自由、方便快捷。因此,应综合分析各层次客户的实际情况,加快理财产品在网上的发售力度,适时研发期限短、收益高的网银理财产品,满足不同客户的理财需求。

3.产品差异化

N银行应明确产品的定位,将更广泛的人群纳入个人理财业务的运作框架内,为不同人群打造具有N银行特色的差异化的理财产品。按照客户的不同需求,结合期限、预期收益率、风险程度等条件,根据每个客户的实际情况,制订出不同的理财计划,提供合适的理财产品,不断丰富和完善理财产品结构,使产品结构紧凑、环环相扣、相互依存、相互促进,增加产品附加值,满足客户资产增值或保值的愿望,不断培养和打造N银行的理财品牌。根据个人理财业务生命周期理论的划分标准,将N银行目标客户群体细分。同时,对目标客户群的需求做出客观的预测和调查,研发符合实际需求的理财服务产品,打造适合本行的理财品牌。

(三)开展个人理财产品创新的实施路径分析

互联网金融的快速发展,弥补了传统银行金融业务的不足,满足了更多客户的金融需求,有效扩大了传统金融服务的客户群体和辐射范围。N银行在各个领域不断进行研究和探索,在扩大成熟产品规模的基础上进一步丰富产品服务,更好地满足客户的需求。因此,在未来新的竞争格局下,N银行需要因时制宜,因势制宜,重新审视自身的优势与不足,在发扬优势、规避劣势的基础上,通过战略转型和业务创新促进全行业稳健持续发展,并以此为契机加强跨界合作,优化业务流程,鼓励产品创新,构建新的价值网络。

1. 个人理财产品创新团队建设

如果说健康的环境为金融行业提供了肥沃的土壤,那么优质的人才就是理财业务发展的催化剂。商业银行理财的发展是以技术为驱动的,这就需要更多的高端人才和复合型人才支撑业务的快速发展。因此,N银行要以战略的眼光看待理财队伍的建设,制订中长期人才引进和培养计划,在能充分发挥人才作用的同时配套激励制度留住人才。一是要以开放的心态和创新模式吸引人才,通过人才大数据分析所需的人才特征、合理规划人才架构,对所需的理财人才进行公开、公正、公平的招聘,在最大范围内广纳理财贤才。二是加强理财人才的培养,理财作为集传统金融业务、前沿信息技术于一体的创新金融模式,亟须大量的专业型、复合型、综合型人才,而如何建设和扩大优质的N银行理财精英队伍,培养一批能将前沿信息科技与传统银行业务相结合的复合型金融专业人才,适应理财发展的大潮流,满足N银行各项业务不断发展与创新对人才的需求,是N银行目前需认真思考和面对的问题。因此,N银行需加强人才培养,尽快在全行建立一支能打硬仗、敢打大仗的理财人才队伍。该支队伍不仅包括搞程序研发的技术人才,也要包括理财发展的管理人才,更要包括拥有先进经验和创意灵感的综合性人才,而作为国内国际化和多元化程度很高的银行,完全可以通过建立导师机制、培训体系、内部晋升渠道以及打造优秀的企业文化,吸引人才、培养人才、留住人才,将这些人才聚集为全行理财发展的"指挥部",相信在不久的将来就能够体现出人才建设在理财发展中的关键作用。

2. 密切关注市场动向,打造优势产品

个人理财的成功主要在于其对市场的细分和对目标客户的锁定,例如互联网企业纷纷看到了传统商业银行在互联网上还未占领的市场与客户,充分利用互联网访问人数众多、进入门槛低的特点,针对互联网用户研发出了各种互联网理财产品,并通过促销活动成功绑定了海量用户,占领市场。N银行要在此领域谋求发展,就需要对目标市场和客户进行再定位。N银行发展个人理财的目标市场可分为两块阵营,一是城市市场,二是农村市场。城市市场要以对个人理财有需求的客户为目标。农村市场的目标客户主要以产业链上的核心客户为重点,对公司内部员工、集团公司成员客户、关联企业等内部产业关联客户,以及客户在不同季节、不同阶段的理财需求,要有效、合理地搭配各类理财产品。

发展才是硬道理,产品收益高才是吸引客户的关键,所以根据市场需求不断地推出创新产品、不断地发展业务才是 N 银行未来在竞争中领先一步的根本出路。

3. 想客户所想,提升客户体验

在互联网经济时代,需要依靠口碑传播品牌,这就需要良好的用户体验。N 银行应借用互联网通用的产品管理机制,利用良好的产品反馈和沟通贴近网民的营销方式来建立品牌。商业银行个人理财业务之所以在近几年实现了突飞猛进的大发展,在银行的地位愈显重要,根本原因在于其为客户提供了快捷、高效、公平、随时随地的服务,因此得到大众客户的认可和青睐,从而在庞大客户群的支持下实现了跨越式发展。鉴于此,N 银行更应顺应潮流,顺势发展,在多方面进行改革与创新,切实提升客户体验,提高客户忠诚度,并以此为基础实现各项业务的发展。N 银行要想在竞争日趋白热化的个人理财业务中占有一席之地,就必须一切以客户体验为出发点,紧紧围绕客户的实际金融需求和现实服务要求规划产品的功能和成效。首先,N 银行要充分发挥各职能管理部门的优势,充分整合客户的消费偏好、资产质量、在本行的业务种类及交易频率等多方面信息,通过信息筛选、识别以及大数据分析定位客户层次,并以此为依据为客户提供合适的产品组合和业务设计;其次,在"高效、便捷"上大做文章,进一步优化业务流程,精简烦琐手续,特别是在已有的网申业务的基础上优中做优,提高业务效率;最后,N 银行还应在充分调研的基础上建立与客户互动交流的机制,开发基于社交平台的理财服务,通过多种形式加强与客户的交流与沟通、互动与联系,及时准确地获得客户的最新理财需求,并能为其第一时间提供符合客户需求和偏好的产品和服务。同时,随着互联网的不断发展,到网点柜台进行交易的行为日益减少,更多的客户倾向于在自助设备或网上银行进行理财交易,而目前互联网理财的出现进一步加剧了这一趋势。因此,为适应趋势,提升客户体验,N 银行应对辖属网点进行智能化改造,不仅要对网点布局进行更为科学的规划,增加自助发卡机、网银体验机、自助对账单柜等智能化自助设备,而且也要在传统业务流程中引入智能元素,为智能化改造的网点配置 iPad 和智能手机,建设客户智能服务区,更高效和便捷地为客户提供服务。

4. 营造创新氛围,提升员工创新动力

银行的产品创新模式改革,必须要银行员工的全面配合才能达到由内部服务水平的提高帮助提升外部服务水平的目的。现代管理学认为,组织的内部服务水平的提升可以帮助企业获得外部服务质量的提升,而 N 银行的产品创新模式的改革创新,必须要依托内部服务水平的提升改革,从根本上提升员工的满意度,进而增强银行的外部服务能力。

一是强调"以人为本"。注重银行员工个人价值的实现,在银行中营造一种相互理解、相互尊重的银行组织文化氛围。银行应根据人性需要及其变化的特点,把银行员工当成客户,提供使其满意的产品与服务,营造一个有助于银行与银行员工个人双向发展的工作与生活环境,通过人本管理、情感沟通,培养员工的责任心和敬业精神,逐步引导银行员工从价值观、行为动机等方面对银行发展目标与文化理念以及规范行为产生认同感与归属感,提升银行员工的责任感,发挥员工的潜能和主观能动性,努力创新,从而为 N 银行的长远发展提供人力支持。

二是重视文化特色的创新。应与 N 银行文化所确立的愿景、使命、银行价值观相结合,努力为员工提供"个人价值"和"发展空间",激励员工在各自的岗位上各司其职,尽心尽力,形成 N 银行的整体合力,从而使 N 银行在现代化竞争中立于不败之地。

三是全员参与。在一个动态的银行文化建设过程中,建设一个强大的银行文化的原动力来自全体银行员工的大力参与。N 银行可通过召开座谈会等形式动员、组织、激励银行员工,让全体员工都参与 N 银行的创新文化建设,把全体员工凝聚起来,充分发挥全员力量,从总体上提高 N 银行产品创新的原动力。

四是实施绩效考核。要创新激励方式,除了物质激励外,还应注重精神激励手段的运用,侧重对员工的工作满足度、工作挑战性和趣味性方面的创新,将绩效薪酬制度与个人兴趣、个人专长相结合,对员工的创新成果要给予全面的肯定,让员工持续保持创新工作的热情。重点关注产品创新、风险管理等相关领域专家及专业技术人员,通过专项培训等方式组织对个人理财团队人员的岗位培训,强化将产品和营销人才组合培养,进一步提升个人理财团队人员的专业水平,建立起懂技术、善营销、通产品的优秀人才营销机制,提高N银行在个人理财领域的市场拓展能力。

5. 构筑多元化渠道增强服务水平

N银行面对互联网金融的冲击与挑战,应当不断扩充服务渠道,特别是电子渠道建设。同时,N银行要注重当前火热的O2O(线上线下)模式建设,强化线下与线上业务的有机融合,加强网络银行建设,紧密结合当前银行营业网点转型要求,升级改造网络银行服务,尽量把业务预约、排号信息查询、预填单、业务变更等服务于互联网上开放,减少客户等待时间,提升客户的体验和网点业务办理效率。N银行要大力推广建设金融服务便利店、直销银行等新型网点,把金融服务触角延伸至最后10米,充分挖掘市场需求,收集同业竞争者相关产品的使用情况与反馈信息,不断优化自身产品功能,提供贴身服务,补充营业网点布局的不足,彰显线上线下模式的优越性,顺应互联网金融环境发展,进一步提升线下物理营业网点的不可替代性。

随着互联网的迅猛发展,各个产业均向着平台化方向推进。电子商务平台只是给各种目标客户群体搭建了一个交易平台、管理平台,平台的功能还需要创新与加载金融产品来实现,这也是N银行增加服务渠道、基于互联网金融改造原有业务模式的重要尝试。

6. 积极发展理财业务模式,扩大客户规模

在目前的大环境下,虽然发展理财业务会提升负债成本,但是N银行需首先考虑如何加快发展和稳定客户,让客户与N银行建立业务关系,通过客户的交易行为来产生其他附加利润。没有客户的银行是无法持续发展的,因此,N银行现在及将来的业务发展重点将是壮大和发展客户群体,大力发展理财业务,忽略发展成本问题,重点抓住如何发现和锁定客户,实现客户和自身的共同成长与增值。

(四)做好理财业务风险控制保障

1. 从研发开始严格控制风险

N银行销售的理财产品都是由总行研究与设计的,省级的分行只有发行与销售的权利;某些为贵宾客户量身定制的理财产品是由分行提出需求申请,再由总行审核之后设计。总行在研究新产品时都设定了非常严格的审批与开发的规范流程,任何新产品在进入开发工序之前,都应该对产品的开发背景、可行性、目标人群的数量等一系列问题进行严格的审查与分析,通过后向高管层申请批准。同时,要全面分析所要研发的投资理财产品将对用户产生的一切影响,然后再决定各种投资方向或者理财产品的营销方法。而且,

针对第三方产品,如代理债券、保险、基金等,都应让第三方金融部门提供相应产品的详细介绍、准确的市场分析报告和能够预期的风险及收益文件等,然后按照相应的规定上报监督管理机构,得到批准之后便可发行。

2. 向客户客观揭示理财产品的风险

购买个人理财产品的客户一般都是 N 银行的重要客户,在为这些客户服务的过程中一定要注意,不能降低他们对银行的认可度与忠诚度。现在发行的理财产品,除了一部分保本类型的产品能够保证到期后会有收益,绝大部分理财产品都存在着不同程度的风险。所以在销售产品时,应向客户客观说明投资的风险,这也是理财产品与其他金融投资不同的原因。销售理财产品的人员,如客户经理等,应该切身地知道并掌握为客户宣传的理财业务的风险程度。在管理时,应加强营销人员向客户说明理财风险的管理与引导,坚持训练工作人员的销售水平;同时,在销售过程中,客户经理应该准确、清楚、全面地为客户说明理财产品的资金所投资的方向、所存在的风险等,绝对不能为了销售出理财产品而不如实说明风险,任何误导客户的行为、过分宣传产品的安全与收益的情况都不应该存在,这样才能避免使银行的信誉受到损害而致使客户流失。只要客户投诉,就一定要尽快处理,争取能够取得客户的谅解,保证银行的信誉不受到任何损害。

3. 根据产品的风险特征选择性地向客户推介

客户的需求各不相同,风险偏好也各不相同,最好的方法就是依据理财产品的风险特征分别找出合适的客户人群。若是客户不能承担风险的产品,则不能介绍给用户。若客户坚持要购买不符合自己风险承受能力的产品,应让客户在正式的书面证明中签字,以证明客户是在充分掌握这个产品的风险状况下自愿购买的,然后才可进行相关理财业务的办理。N 银行在日常工作中,尤其是为客户进行开户的办理、产品的销售、理财业务的查询等,应随时收集顾客信息,建立客户档案并不断完整,客户信息主要包括客户家庭的资产与财务情况、投资的经验丰富与否、投资的目标明确与否。同时应了解客户对投资风险的了解情况,最后对客户的风险类型与承担风险的能力进行分析,再综合产品的风险特性选择合适的产品销售给客户。

六、结论与展望

随着经济环境的变化和行业竞争的加剧,我国商业银行的利润收入从传统的依靠存贷利差转向多元化,其中,产品创新的收入所占比重越来越高,理财产品创新已成为我国商业银行提高核心竞争力的重要手段,在金融创新体系中占据核心地位。理财产品创新是指商业银行运用新思维、新技术,不断创造、更新业务品种和服务项目,以满足客户多样化的理财消费需求,从而实现银行经营利润最大化和风险最小化的经济行为的过程。理财产品创新是相对概念,不仅指商业银行自助开拓的原创性产品,还包括对原有产品功能的拓展、从国内外引入已经成熟的产品、产品间的重新组合、产品的重新市场定位等。近年来,我国商业银行理财产品创新取得了显著成效,但还存在重复性产品、创新速度慢、产品创新管理不到位等问题。面对日益严峻的行业竞争,我国商业银行必须消除制约理财产品创新的因素,提高理财产品创新的质量与效率,进而增强商业银行自身的核心竞争力。

综上所述,我们认为N银行要实现产品创新策略的改革,就必须从以下几点入手:第一,完善理财产品创新机制;第二,准确定位,按照个人生命周期理论部署差异化战略;第三,要从多方面开展理财产品创新的实施。除此之外,要确保银行的产品创新改革策略有效实施,还应该做好理财业务风险控制,保障个人理财透明健康地发展。

科技在不断发展,时代在不断进步。笔者认为,在产品创新策略后期的研究中,应当重点关注个人理财市场需求变化趋势、电子信息行业发展状况、互联网普及情况以及N银行中长期战略目标等方面的信息,如何把科技创新有效转化为理财产品创新是一个值得思考的问题。同时,通过进一步研究N银行理财产品推广应用效果,分析创新策略的有效性,为后期产品创新策略的优化提供实践依据。

第四章
商业银行个人金融业务发展研究

个人金融业务是商业银行在经营过程中按客户对象划分出的以个人或家庭为服务对象的金融业务,是对居民个人或家庭提供的银行及其他金融产品和金融服务的总称,包括储蓄、结算、投资咨询、资产运作、中间业务、消费信贷等项目在内的系统性银行服务形式。自20世纪90年代中后期以来,个人金融业务以其较高的利润率、较低的风险和广阔的市场前景受到商业银行的青睐,逐渐成为国内金融产品和服务创新的主要领域,也成为银行业竞争最激烈的业务之一。随着个人财富的积累和扩大,人们需要商业银行提供全方位、高层次的金融服务,但是由于国内市场环境、银行科技发展水平的限制,个人金融业务的发展速度和服务水平远远不能适应市场需求。在此背景下,如何有效利用市场营销原理进行产品创新,发展个人金融业务,对银行的发展具有重要的现实意义。本章从国内商业银行个人金融业务分析入手,对照招商银行发展个人金融业务的一些成功做法,指出国内商业银行个人金融业务发展存在的问题,并以招商银行为例,提出发展我国商业银行个人金融业务的营销策略。

一、商业银行个人金融业务概述及理论基础

(一)商业银行个人金融业务的定义及内容

商业银行个人金融业务是指商业银行对个人客户提供的存款、贷款、支付结算等服务。个人金融业务范畴如图4.1所示。

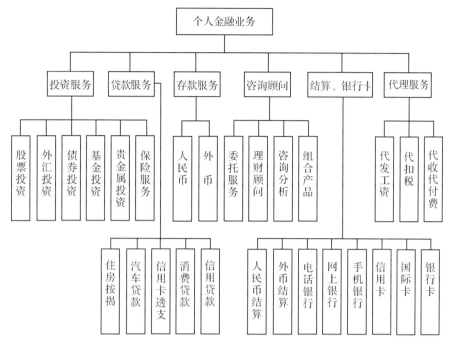

图 4.1 个人金融业务范畴示意图

个人金融业务主要包括以下内容：

1. 个人负债业务

个人负债业务包括本外币储蓄等各种存款业务和银行发行的金融债券业务。

2. 个人贷款业务

个人贷款业务是指银行为个人提供的短期和长期借款业务，主要包括权利凭证质押贷款、个人住房贷款、个人耐用消费品贷款、个人住房装修贷款、个人助学贷款、个人汽车消费贷款、个人医疗贷款、个人旅游贷款、个人额度贷款等。

3. 个人支付结算业务

个人支付结算业务主要指银行依托活期存款账户，利用结算工具，为个人客户提供除存取款之外的消费、转账、汇款等结算服务，实现客户的货币资金转移和清算。

4. 代理业务

代理业务指银行利用自己的营业网点、结算网络等资源，为客户提供各种代理、分销或理财服务，包括代扣代缴居民日常生活所支付的各种费用、代理企事业单位为其职工发放工资等代收代付业务。

5. 电子银行业务

电子银行业务指银行利用先进的电子技术手段为客户提供方便、快捷的自助服务,包括网上银行、电话银行、手机银行、电视银行、自助银行、ATM、POS 等。

6. 个人投资理财业务

个人投资理财业务是指银行为特定客户提供的量身定做的、更为合理有效地管理其资产负债和其他金融事务等更深层次的金融服务,包括合理安排开支、合理投资、购买保险、购置住宅等不动产及其他私人财务问题。

(二)商业银行个人金融业务的理论基础

1. 市场营销理论

市场营销的思想最早起源于 20 世纪初的美国,1960 年,密歇根大学教授杰罗姆·麦卡锡在其著作《基础营销学》一书中提出了以企业为核心的"4P"组合理论,具体包括产品(product)、价格(price)、渠道(place)和促销(promotion)四个要素,第一次将企业的营销要素归结为这四个基本要素的组合,成为现代市场营销学的理论基础。1967 年,美国西北大学的菲利普·科特勒教授在《营销管理》一书中,提出营销的定义和一些重要概念,如营销观念和价值、顾客和目标市场、营销组合、关系营销等,全面论述了 21 世纪营销学理论的发展趋势。与国外先进的营销管理理论比较,国内在营销理论研究方面缺乏创新且未形成自己的理论体系,主要是对西方国家营销思想和理论的借鉴。周晓明在《中国经济发展中的个人金融研究》中把研究视角定位于以服务经济的发展为主线,在中国经济发展的背景下,研究个人金融与经济发展的相互作用,分析我国个人金融发展存在的问题和障碍,最终提出解决方案。

2. 市场营销的营销组合策略

营销组合指的是企业在选定的目标市场上,综合考虑环境、能力、竞争状况,对企业自身可以控制的因素进行最佳组合和运用,以完成企业的目标与任务。市场营销的主要目的是满足消费者的需要,而消费者的需要很多,要满足消费者的需要所应采取的措施也很多。因此,企业在开展市场营销活动时,就必须把握那些基本性措施,合理组合,并充分发挥整体优势。

(1)产品策略。企业在制定经营策略时,首先要明确企业能提供什么样的产品和服务去满足消费者的需求,也就是要解决产品策略问题。这是市场营销组合策略的基础,从一定意义上讲,企业成功与发展的关键在于产品满足消费者需求的程度以及产品策略正确与否。

(2) 市场营销。企业在营销管理过程中,制定企业营销策略是关键环节。企业营销策略的制定体现在市场营销组合的设计上。为了满足目标市场的需要,企业对自身可以控制的各种营销要素如质量、包装、价格、广告、销售渠道等进行优化组合。重点应该考虑产品策略、价格策略、渠道策略和促销策略,即"4PS"营销组合。

(3) 客户关系管理。将企业的客户(包括最终客户、分销商和合作伙伴)作为最重要的企业资源,通过完善的客户服务和深入的客户分析来满足客户的需求,保证实现客户的最大价值。客户关系管理又是一种旨在改善企业与客户之间关系的新型管理机制,它实施于企业的市场营销、销售、服务与技术支持等与客户相关的领域,要求企业从"以产品为中心"的模式向"以客户为中心"的模式转变,也就是说,企业关注的焦点应从内部运作转移到客户关系上来。

(4) 营销渠道。营销渠道是传统意义上的流通规划任务,就是在适当的时间,把适量产品送到适当的销售点,并以适当的陈列方式将产品呈现在目标市场的消费者眼前,以方便消费者选购。营销渠道包括四个部分:① 商流:泛指商品的买卖活动;② 物流:指商品买卖活动带来的物品流通;③ 信息流:商品流动所伴随的情报资讯,如周转最快的商品是什么,哪些产品最能引起客户的兴趣,每日、每月的商品销售量等;④ 资金流通:指金融体系在流通过程中的配合应用,如信用卡、银行转账等。

二、国内外商业银行个人金融业务发展的研究现状

(一) 国外商业银行个人金融业务发展研究

从国外银行业的发展历程看,从以公司信贷业务为主要收益来源转向公司业务、零售业务和投资银行业务并重的趋势。国外银行业经历了20世纪70年代以前传统的工商信贷,到80年代个人消费信贷,再到90年代个人银行业务(或投资银行业务)的发展过程。现在,个人金融业务已成为与公司银行业务、资本市场业务并行的三大银行经营核心,成为商业银行增长最快和效益最为稳定的业务。如 Randall Guttery 在 *Personal Financial Planning: Theory and Practice* 一书中概述了个人金融业务的产生、发展和分类,重点阐述了个人金融业务的负债业务、资产业务和中间业务,探讨了个人金融业务的营

销与服务,介绍了境外商业银行个人金融业务的情况。

美国私人银行业务的利润率高达35%~40%,花旗银行、恒生银行、德意志银行、汇丰控股的零售银行业务利润贡献分别占到了总利润的69%、51.25%、54.4%和46%。上述数据表明,零售银行业务已成为外资银行的核心竞争力。

(二)我国商业银行个人金融业务发展研究

国内商业银行个人金融业务历时尚短,但研究已经有相当的深度和广度。西南财经大学张桥云教授的研究方向是家庭金融消费,其在《论家庭金融消费》一书中认为,金融经济时代金融消费是人们需求中不可缺少的内容,现阶段家庭金融消费主要表现为对银行产品的消费。虞君月在《国外商业银行零售业务经营战略》一书中全面介绍了国外主要商业银行零售行业发展近况,围绕产品和渠道两条主线,认为个人金融业务是商业银行以客户为中心战略的集中体现,成为商业银行提供差异化服务、打造品牌、创造核心竞争力的主要手段。

著名咨询机构麦肯锡公司分析指出,未来十年,零售银行业务将成为银行收入与利润更重要的来源。目前,国内银行80%以上的利润来自商业贷款与储蓄。未来十年,资本市场的发展将削减约1/3的银行借贷业务,迫使银行拓展其他盈利方式。随着金融市场多元化以及对风险管理的强化,公司银行业务、存贷款业务占银行的营收比重和利润率将不断下降,零售银行业务、中间业务会成为银行新的业务发展重点,在银行的未来战略中占有越来越重要的地位。

(三)国外商业银行个人金融业务发展的创新

20世纪70年代以来,国外商业银行在金融创新浪潮的冲击下,个人金融业务快速发展,尤其是在经济发达国家。以美国为例,在过去几年里,美国的银行业个人金融业务平均利润率高达35%,年平均盈利增长率为12%~15%。美国商业银行以超市的经营理念经营"方便银行"取得了很大成功,不少美国银行的营业场所相比以前变得更易于与顾客沟通,人们对金融服务的要求也越来越多。由于加强了金融机构与客户的情感联系,因此实现了"双赢"。具体来说,国外商业银行个人金融业务有以下几点创新。

1. 负债业务的创新

国外负债业务创新的具体措施包括:让活期存款在保持方便的同时享受到高息收入,如为客户开设自动转账账户;让定期存款在保持高息的同时享有灵活和流动的便利;将投资银行业务引入商业银行领域,介绍给客户的"现金管理账户"是由美林证券公司推出的一种综合多种金融服务于一体的金融产品,集支票账户、信用卡账户、证券交易账户于一体,通过货币市场基金来进行运作;在商业银行负债管理理论的支持下,通过发行债券和商业票据等"主动负债"来扩大银行资金来源渠道,如欧洲商业票据、分期付款债券、可转换债券、浮动利率债券等;商业银行之间通过证券回购协议来融资和增加负债,已经成为商业银行间最常用的一种平衡方式和进行短期资金运作的有效手段。总之,国外商业银行在吸收存款方面做了存款品种创新、利率创新、支付手段创新、服务方式创新和经营理念创新等。

2. 资产业务的创新

资产业务的创新主要体现在贷款形式的创新、涉足投资银行业务领域以及将证券和贷款业务融为一体三个方面。其中,就贷款形式创新而言,在个人住房贷款和消费贷款的基础上,商业银行又开设了一些新的贷款方式,如浮动利率贷款和资产担保贷款等。最近30多年来,国外商业银行逐步涉足投资银行领域,包括买卖国库券、债券投资、股票投资以及各种衍生产品交易等;在贷款出售与贷款证券化方面,国外商业银行创设了新的以贷款为抵押发行证券的方式,如资产担保证券和抵押担保证券。总之,商业银行资产业务创新的基本出发点是在分散风险、降低风险的同时尽可能增加收入来源渠道和利润总量。

3. 服务方式的创新

国外商业银行通过各式各样的创新方式服务,基本上做到了不对客户说"不",如美国的美联银行推出的"家庭迁移银行"服务,有效防止了迁出家庭从该行"流失",而且基本上使所有的迁入家庭成为美联银行的新客户。

三、我国商业银行个人金融业务发展现状、存在问题及分析

(一) 我国商业银行个人金融业务的发展现状

我国商业银行个人金融业务发展存在市场定位不够明确、人力和技术储备滞后、缺乏信用分析和风险控制等问题。

1. 个人金融业务发展的市场定位不够明确

一是业务发展缺乏战略意识和全局意识;二是市场定位没有充分体现以

客户为中心,客户信息搜集机制、共享机制、反馈决策和执行机制尚不健全;三是对新客户和新市场的开发能力弱。由于客户结构和业务体系结构调整速度跟不上经济结构、市场结构的发展速度,产品的内涵不深,业务特色不强,导致个人金融业务市场竞争出现一些怪现象:一方面,传统产品市场饱和、客户流失、欠缺高收入阶层;另一方面,各银行个人金融产品低水平重复营销,使个人客户竞争缺乏有效手段,陷入无序局面。

2. 个人金融业务发展受原业务分工的限制

由于传统的业务分工体系的限制,国内商业银行在业务咨询、功能推介、导购服务等方面严重滞后,许多银行不能对个人金融业务实行系统管理和全方位综合服务。

3. 个人金融业务发展的人力和技术储备滞后

商业银行是知识密集型企业,个人金融业务更是高智力的创造活动,需要依靠优秀的人才来推动这一进程。但是,与西方发达国家的商业银行相比,国内商业银行必需的智力储备和技术储备还很薄弱。

4. 个人金融业务发展对投入产出分析不够

这主要表现为:一是服务收费低或不收费,白白耗费大量的人力、物力和信息资源;二是业务品种与市场脱节,缺乏"拳头"产品和强势品牌,急需进行重新整合;三是有效益的品种少。国际上商业银行开展的业务种类繁多,其中绝大部分是中间业务和表外业务,而国内商业银行中间业务和表外业务相对较少。

5. 个人金融业务发展缺乏信用分析和风险控制

国内商业银行对公司金融业务已经建立了比较完备的信用分析制度和风险控制制度,但在个人金融业务方面缺乏完备的信用风险分析和控制管理机制。例如,在个人贷款的营销上,要么表现出主观性和随意性,影响个人信贷资产的质量;要么就是审批程序多、处理链条长、业务效率低,使广大中小客户"面临借款难问题",影响个人金融业务的市场开拓,使客户资源流失,最终影响业务质量和经营效益。

(二) 我国商业银行个人金融业务存在的主要问题及分析

1. 个人金融业务的产品无法满足客户需求

个人金融业务的产品有同质化趋向,在投资领域,几乎都是证券、外汇、保险、基金等投资产品的组合,业务范围也主要是把现有的业务进行重新整合,而没有针对客户的需要进行个性化设计,个人金融业务品种单一,规模有限。我国商业银行提供的仅仅是以储蓄为主的单一产品形式,与发达国家丰富的个人金融产品相比有较大差距。此外,现有的产品结构也不尽合理。例如,在各项中间业务产品中,成本高、收益低的劳动密集型中间业务如代收代付占比很大,而知识密集型中间业务如咨询、资产评估、资产化管理等所占比例很低,银行提供的个人理财产品在业务品种上以交易和保值的品种多,增值的产品少,特别是缺乏资产管理服务功能。

产品设计管理机制不健全,部分商业银行未能按照符合客户利益和风险承受能力的适应性原则设计理财产品。没有从资产配置角度进行产品开发和投资组合设计,没有应用科学合理的测算方法预测理财投资组合的收益率,没有设置相应的市场风险检测指标和有效的市场风险识别、检测和控制体系。同时,部分银行在代理销售其他金融机构投资产品的过程中,没有对所代理产品进行充分的分析,没有对产品提供者的经营管理、市场投资和风险处置能力进行有效评估,没有明确界定双方权利、义务和风险责任,对代理销售产品的风险受益预测数据没有进行必要的验证。

2. 个人金融业务的市场定位不清晰

市场细分不到位,客户服务意识薄弱。虽然个人金融业务产品进行了市场细分和定位,但大众化营销与市场发展不适应,细分不够,远远不能满足个人金融业务进一步发展的需要。因此,必须开展市场调查,进行市场细分,确立目标市场。市场调查需从两方面来研究:第一,影响个人投资理财发展的外部因素,包括竞争对手与自身力量的对比、宏观经济形势、国家政策导向、政府法规对经营活动性质和方向的影响;第二,内部因素,包括商业银行发展个人金融业务的新产品和改变现有产品的能力、经济实力、管理水平、员工素质。

商业银行的个人理财业务定位于少数高端优质客户,限制了理财业务的发展,应该仔细研究市场,研究不同客户的需求,主动发现市场机会。就中高端客户而言,他们需要个性化的有针对性的服务,但实际上个人理财普遍倾向于对客户资产提供固定收益类的静态理财建议,很少向客户资产提供有关投资方面的动态理财建议。

3. 个人金融业务的客户关系管理不完善

个人金融业务是一种综合性的金融服务,它不局限于向客户提供某种单一的金融产品,而是针对客户的综合需求进行有针对性的金融服务组合创新,还包括帮助客户处理个人税务筹划、居住规划、证券、艺术品投资、子女教育规划、退休计划等诸多方面。虽然国内银行日益重视个人金融业务的发展，但是高素质专业人员的缺口仍很大，需要建立一支稳定的团队来开展关系营销，加强关系管理，发挥好银行与客户的纽带作用。

4. 个人金融业务的营销渠道无法适应发展趋势

随着银行业政策、信息技术、竞争、产品创新等因素的变化，银行产品的营销渠道也变得多元化。传统的银行服务渠道的扩展以营业网点的建设作为主要手段，然而，这种物理网点的延伸需要付出很高的建设成本和维护成本。随着科技的发展而产生的新形式的营销渠道，如网上银行、电话银行、手机银行等急待发展。

四、我国商业银行个人金融业务发展策略
——以招商银行为例

（一）优化产品结构，加快产品创新

我国商业银行提供的业务品种相对单一、层次较低，个人客户没有真正享受到方便、快捷、安全、高效的全方位金融服务。具体体现在以下三个方面：业务品种广度窄，业务品种深度不够，产品结构不尽合理、规模有限。

在金融产品服务方面，招商银行树立"以满足顾客需要为中心"的服务理念，新产品和新功能层出不穷，储蓄服务内涵不断扩大，其金融服务产品在国内取得多个"第一"，不少创新业务产品具有明显的市场竞争优势。如"一卡通"在国内率先实现储蓄全国通存通兑，"一网通"是国内首家推出网上银行业务，"95555"在业界首推"快易理财"服务和"互动银行"服务，较早实现了客户资金的通存通兑和实时划转。

1. 商业银行的新产品开发

银行开发新产品包括产品设计和市场营销的整个过程。重点是明确银行如何针对顾客需求提供满意的产品和服务。银行开发新产品的主要动因是市场需求拉动、技术发展推动、银行自身发展内力驱动。

要不断创新金融产品，根据客户不断增长的金融需求，依据安全、有效的前提研究开发创新金融产品，提升服务档次。当前要重点研究个人金融业务的资产业务和中间业务，资产业务主要是个人消费信贷，中间业务主要是代理业务、信用卡业务、银行自动化业务、信息和资产评估、金融保证、贷款承诺、咨询、个人理财等业务。同时开展电话银行、三方存管、基金、黄金、外汇

买卖等新业务,积极研究开发 ATM 自助转账交费等功能。要研究在政策允许的范围内积极引进金融产品和金融服务,推行大额可转让定期存款、股金汇票账户、综合消费贷款、个人支票、理财金账户等新金融业务和新金融产品,力争与国际接轨。研究开发一些具有前瞻性的金融产品和广大客户热切期盼的难点、焦点金融服务项目,真正关心客户所急,帮助客户所需。

加强个人金融业务产品创新。一是对现有个人金融业务产品进行细化评估,实施"精品名牌"经营战略。二是整合现有产品,实行组合营销策略,打造个人金融产品的新形象。要加强基础类产品(主要包括各种储蓄品种)与信贷类产品的组合营销,如教育储蓄与助学贷款的组合、住房储蓄与住房贷款的组合等;要加强基础类产品与代理类产品的组合营销,如针对高校学生的教育储蓄与高等教育保险的组合,针对离退休人员的零存整取和养老保险组合等;要加强信贷类产品与代理类产品的组合营销,如住房贷款、汽车消费贷款与房屋、汽车等财产保险的组合,旅游贷款与人身安全保险的组合,等等。三是要根据市场形势的发展加强新产品的开发,实施产品创新。可以针对网络技术迅猛发展的现状,加强对网上银行、电话银行、手机银行、个人电子汇款、个人外汇买卖等电子金融产品的开发;可以针对社会保障制度改革,专门设计和开发相应的个人代理与理财类业务品种;也可以针对资本市场的发展现状,创新一些投资型的个人金融业务产品;还可以全面加强与证券公司的合作,开发融资融券、代发股息和红利、代理申购、大户咨询服务等。

招商银行的"一卡通"被同业誉为我国银行业在个人理财方面的一个创举。招商银行开通了 ATM 全国通兑网和 POS 机全国消费网,形成了现代化的全国个人金融服务网络。在强大而先进的科技手段的支持下,招商银行"一卡通"发卡量迅猛增长,成为招商银行的拳头产品。"金葵花"理财是国内首个面向高端客户的理财产品,在高端客户中享有很高的美誉度,目前拥有客户超过 65 万户,管理客户总资产超过 1 万亿元。招行最新的公开数据显示,高价值客户占比稳步提升。

2. 商业银行的产品结构

产品结构是指在银行产品多样化的前提下,各类产品在特定的市场区域的不同层次上的比例和关系。良好的产品结构是以丰富的产品数量为基础的。产品结构的核心是客户需要什么和银行能够提供什么产品与服务。

根据商业银行的产品投入/盈利矩阵(表4.1)确定银行产品结构,决定其取舍,需要重点发展的是 A、B、C 类产品。

表 4.1 产品投入/盈利矩阵

		盈利		
		低	中	高
投入	大	E	D	C
	中	D	C	B
	小	C	B	A

发展个人金融业务,要加快实现个人金融业务的战略转型,突破以传统储蓄为核心产品的业务体系,横向全面整合,纵向深度开发,全面拓展个人存贷款业务、中间代理业务、个人理财以及电话银行、网上银行、电子商务等新兴业务,加快构建以综合账户为依托,以个人理财为核心的复合型、多功能、电子化的个人金融业务产品体系,培育明星产品,打造强势品牌,以优质产品链创造新的利润源。

3. 招商银行的产品结构

招商银行提供的传统个人金融服务的业务种类包括"金葵花"理财、私人银行、出国金融、个人贷款、远程银行、"一卡通"、财富账户、"伙伴一生"、电子银行、居家生活、储蓄业务、投资理财、网上个人银行等。其中,私人银行服务在国内股份制银行中率先推出,被国内外权威媒体多次评为"中国最佳私人银行"。按照投资领域的不同,私人银行产品包括以下几大类:现金管理/货币市场类产品、固定收益类产品、权益类产品、另类投资等。作为一个新兴的商业银行,招商银行在服务范围方面能够迅速抓住市场的需求,私人银行的服务领域迅速扩大。

作为最早涉足高端金融服务领域的中资银行,招商银行在积蓄多年的高端客户经营经验的基础上,自 2007 年 8 月正式推出专为资产在 1 000 万元人民币以上的高端客户提供理财服务的私人银行。"1+N"专家团队遵循严谨的"螺旋提升四步工作法",为高端客户提供专业的投资建议,同时利用国内领先的开放式产品平台,为客户提供更多的另类产品的投资机会,深获客户赞誉,私人银行客户数量和管理总资产连续三年保持了近 35% 的增长速度,同时获得了国内外权威媒体和金融业界的普遍认可,捷报频传。在招行的私人银行客户资产达到 3 000 亿元人民币之后,还在继续高速增长。招行 2011 年年中报告显示,客户数量较年初增长了 17.29%,客户资产较年初增长了 19.88%。招行私人银行的专业财富管理能力也得到了国际权威媒体的认可。

(二) 细分市场,选择目标市场,提供分层次服务

商业银行的市场营销要以市场及其未来的变化为导向,以现实市场为营销基地,更要放眼未来的市场和市场的未来。对于瞬息万变的市场,不断调整和创新营销策略已经成为商业银行赢得市场的关键。现代市场营销的核心是 STP 营销,即细分(segmentation)、目标(target)、定位(position),进而在最恰当的时间向最合适的顾客提供最及时的和个性化的服务。

1. 商业银行的市场细分

市场细分的目的是确定目标市场,并用相应的营销组合去满足这个市场。各细分市场必须具有市场规模、购买力、发展速度、市场潜力等可衡量性,具有能够成功地被细分并通过一定的营销活动进入该市场的可取性,具有通过营销努力获得回报和利润的可获利性,具有吸引和服务于细分市场而制订有效的营销计划的可操作性。银行服务市场的细分如图 4.2 所示,细分市场、目标市场与市场定位的关系如图 4.3 所示。

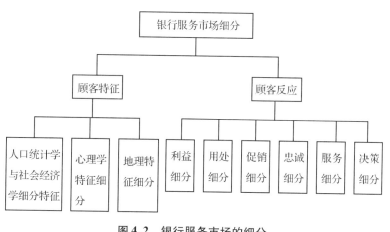

图 4.2　银行服务市场的细分

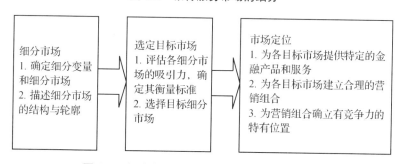

图 4.3　细分市场、目标市场与市场定位的关系

2. 商业银行的目标市场选择及市场定位

确定目标市场的实质在于加强客户关系管理。

(1) 选择、确定细分市场的吸引力和潜力的标准,界定目标市场。

(2) 找出目标顾客,确定争取目标顾客进入相应细分目标市场的营销策略。

(3) 搞清楚影响目标市场获利能力的因素。

目标市场选择矩阵如表4.2所示。

表4.2 目标市场选择矩阵

本银行优势	细分银行吸引力		
	无	中	大
弱	不选	不选	不选
中	不选	不选	三选
强	三选	次选	首选

商业银行的市场定位是指银行对其核心业务或产品、主要客户群以及主要竞争地的认定或确定。商业银行的市场定位战略是指银行根据自身特点,扬长避短,选择、确定客户—产品—竞争地(C—A—P)最佳组合的系统步骤和方法,以达到银行资源的最优配置和最佳利用。由于商业银行市场定位战略是银行用来与竞争对手抗衡、吸引客户以及充分有效利用资源的大方针、大原则,因而它是商业银行最基本和最重要的战略。

由于历史和体制的原因,传统的大宗业务绝大部分仍集中在四大国有商业银行办理。国有大中型企业、国家级企业集团(部委)结算往来、事业经费拨付等基本仍由指定银行办理。资金的趋利性原则在计划指令和政策干预下不能充分发挥作用,市场竞争的不平等性仍然存在。

我国大多数中小金融机构传统的市场定位战略是跟随型战略,基本上是四大国有银行经营什么业务,中小金融机构就经营什么业务。但如果一家商业银行完全采取跟随型市场定位战略,就意味着该银行的总体竞争框架与其竞争对手相同,这样该银行就必须占据其竞争对手所有的"定位单元",在商业银行业务全面交叉的情况下,该银行就必须占据相当多数的"定位单元"。对任何银行来说,金融资源都不是无限的,即使是那些资金实力雄厚的银行也只能在为数不多的几个业务领域内做到出类拔萃。没有一家银行可以将所有的"定位单元"都变为自己的核心业务来定位。更何况,随着技术进步和金融管理制度的变化,定位单元也在不断变化,因而没有一家商业银行可以在所有的市场定位单元内都取得决定性或主导性的市场份额。中小商业银行由于金融资源的有限性和专门技术资源的稀缺性以及理论上存在的C—A—P组合的无限多样性,几乎很难完全采取跟随型市场定位战略。因而,四大国有银行的寡头垄断格局至今未被打破。

作为一家中等规模的股份制商业银行,招商银行没有政府补贴,与国有商业银行的规模优势、网点优势相比,明显处于相对劣势地位。但不承担国家政策性贷款业务,很少有政府干预,在企业利润最大化和生存发展的行为目标指引下,管理严密、机制灵活、经营规范、服务完善,利用竞争手段开拓市场,其行为特征的市场化和竞争性优于国有商业银行。所以,招商银行并未采取跟随型市场定位战略,而是采取挑战型市场定位战略,即在相当长时期内,遵循并维护与强大的竞争对手相异的竞争框架体系,在金融产品提供、金融服务方式、目标客户选择和主要竞争地确定上都显示出与众不同的特性。根据C—A—P组合,在深入调查研究的基础上,不断进行市场细分,同时结合自身的优势和特点,寻求"人无我有、人有我新、人新我特"的市场定位战略。

招商银行最早也是一个以对公业务为主的批发性银行。但随着20世纪90年代初国内经济的"过热",银行对公业务风险越来越大,呆账率很高。而当时招商银行刚好完成了第二次增资扩股,招商银行根据外部环境必须另寻出路。那时个人储蓄很稳定,个人存款在整个国家资金盘子里占了50%以上,是一个相当诱人的市场。另外,个人贷款的信用要远远好于不少企业。面对这一切,招行决定加强个人金融服务。

1995年2月招商银行成立了针对个人银行业务的储蓄信用卡部,主推"一卡通"。1996年6月,"一卡通"实现了全国联网通存通兑。1998年,招商银行发现国内信用机制不健全,而国外在短短几年内,没有透支功能的电子借记卡的发行速度已经超过了信用卡几十倍,认为借记卡很有可能在中国更有前途。而恰好"一卡通"这个载体有足够的空间和能力来完成借记卡的任务。于是,招商银行在信用卡上主动示弱,把全部的精力放到独辟蹊径地去建立一个中国最早也是最好的电子借记卡网络上。实际上,在这个问题上,招行对自己的优势和劣势看得很清楚。人们获取信用卡这种需要较高"成本"的产品时,往往会选择全国性的大行,招行在这方面没有优势。但是招商银行自身的架构却非常适合开发借记卡这类同样十分依靠网络和信息共享的产品。招行的信用卡是国内第一张符合国际标准的双币信用卡,目前发卡量超过 3 400 万张。

(三) 以先进的科技手段,提高客户关系管理水平

现代企业营销的着眼点已不仅仅局限于开发优良产品、给予有吸引力的价格,而是逐渐扩展到与公司的客户、零售商和供应商之间保持良好的关系与沟通(开展关系营销)。招商银行作为新兴的股份制银行,之所以能在较短的时间内在强手林立的银行业崭露头角,这与其一贯坚持促销组合是密不可分的。

应针对个人金融业务中存在的实际问题和大众消费心理,利用各种形式主动加强宣传和营销。向客户讲解信用卡、中间业务、个人理财和消费信贷等群众关心的业务知识,使客户了解招商银行及相关金融知识;积极提倡大众信用消费,鼓励和引导人们尝试适度超前消费的新方式。应营造一个良好的个人金融业务发展大环境,以贴近客户的金融新产品来满足消费群体的金融需求。以现代营销理念构建"客户中心型"组织,研究客户的需求,组建个人金融服务中心,将个人的一切金融业务都集中到这个中心办理,解决存、贷、汇、卡隔离问题,为个人客户提供一揽子金融服务。

高端客户对于银行服务的个性化(差异化)、专业化和投资回报要求更高,简单的理财服务往往不能满足他们的需求。要留住这部分高价值客户并持续发掘客户的价值,就必须依靠现代化的信息技术来系统地提高银行财富管理和私人银行的服务能力。我国银行业财富管理应用的发展趋势是从单一银行业务平台向综合理财业务平台、从单一网点服务向多渠道服务、从同质化服务向品牌化服务、从大众化服务向个性化服务、从无偿服务逐步向收费服务进行转变,银行在此基础上将实现财富业务完整的前中后台销售规划与管理,积累完备的客户信息,建立全方位的理财平台、完善的投资组织管理体系和先进的理财专员绩效考评机制,从而为银行财富管理业务的健康发展奠定坚实的基础。

强化个人金融业务管理创新。实现个人金融业务从账户管理到客户管理经营方式的转变要从三个方面着手:一是要确立经营客户的新理念,明确"四个第一",即客户的需求是第一动力,客户的满意是第一追求,客户的信任是第一财富,客户的权益是第一责任;二是要细分客户市场,整合客户资源,增加高端客户,淘汰末端客户,优化客户结构,降低客户关系管理的成本,使服务向优质客户倾斜;三是要积极开发个人客户关系管理软件,目前招商银行已初步开发出客户关系管理系统(CRM),通过这个平台,银行可以在不增

加雇员的情况下处理更多的业务,同时还可以提高业务的成功率和准确率,提高服务质量,也可以增加客户对银行的忠诚度,可以更加有效地进行客户关系管理(参见表4.3)。

表4.3 客户组合矩阵

时序	客户价值				
	高价值	中价值	低价值	无价值	负价值
潜在客户	争取转换成现实客户		评估转化成现实客户时提升其价值的可能性		
现实客户	最优待,争取转化成忠诚客户		维持并挖掘其价值的客户		淘汰,预测升值可能性
未来客户	制订吸引战略与培养计划		评估未来可提升其价值的可能性		观察其可能的变化

（四）整合营销渠道,完善业务管理体系

1. 营销渠道分析

现代商业银行的营销渠道(分销渠道)是指能够促进银行增加收益、促进客户接受更多产品与服务、稳定老客户、吸引新客户的手段和方式。它基本上与营销沟通渠道是一致的,包括渠道与地点(位置)两个方面。银行服务的无形性、关联性、多样性、易消失性等特点决定银行营销不能使用传统的一般商品的分销渠道;需要选择营销成本最低的营销渠道;根据客户不同财务状况来营销产品;使用全行统一的客户信息系统。

营销渠道与信息渠道基本上是一致的,沟通主体是银行组织、银行员工和客户三个方面。其结构体系如图4.4所示。

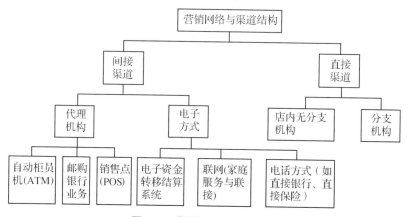

图4.4 营销网络与渠道结构

2. 网络银行的优势

传统的银行服务渠道的扩展以营业网点的建设作为主要手段,然而,这种物理网点的延伸需要付出高昂的建设和维护费用。网上银行的竞争优势在于其低成本与个性化的服务能力。网络银行通过改变银行的经营环境,使银行的核心竞争力从规模向技术和服务能力转移,营业网点的缩减将会成为一种趋势,从而改变传统银行依靠营业网点扩张的方式。因此,网络银行可以为中小商业银行赢得竞争优势。中小商业银行通过发展网络银行,一方面改善了自身的竞争地位,另一方面也可将主要精力集中在个人金融业务上。银行新产品交易成本的比较如表4.4所示。

表4.4 银行新产品交易成本比较

信息技术利用	传统银行网点	电话银行	ATM	网上银行
单项交易成本	$1.07	$0.54	$0.27	$0.10

商业银行利用网络平台,可吸引大量高层次潜在的年轻客户群。因这些高层次人群是未来潜在社会财富的拥有者。因此,国内外很多银行已经意识到网络营销不仅影响银行的现期利益,还决定着银行未来的发展。

商业银行的网络营销具有以下优点:一是可以彻底改变过去被动等客上门的传统服务模式,主动地适应市场和客户需求变化。二是利用网络的交互式信息传播方式,可及时采集市场和客户信息,并快速做出反应,实现银行与客户的双向互动。三是互联网络可克服传统市场营销在时间和空间上的限制,为客户提供更多方便快捷的服务。

随着银行业务网络化发展,网络营销已成为商业银行发展的必然选择,并将成为银行服务和营销竞争的主战场。

招商银行抓住时机取得了网络银行中的领先地位。1998年2月,招商银行推出"一网通"服务,成为国内首家推出网上银行业务的银行。招商银行率先在国内全面启动网上银行服务,建立由网上企业银行、网上个人银行、网上证券、网上商城、网上支付组成的网络银行服务体系。招商银行以其优势,大力开发安全高效的结算网络、电子货币产品,完善硬件设施,并在业务竞争中做到柜台业务电子化、资金结算电子化。

招商银行的网络自动化服务系统打破银行只在繁华地段设点、依靠豪华装饰吸引客户的做法。网络银行营销的特点在于可以提供24小时服务,客户可随时上网购物;经销商和客户可以建立直接交流的双向互动通道;可根据客户的要求,提供特色服务;减少某些中间环节,降低销售费用,增强企业的竞争力;能够最有效地发布企业广告。为加强银行业务信息收集、建立数据库、开展数据库营销提供了更大的便利,更有助于推进客户的关系管理。招商银行创新业务产品具有比较明显的市场竞争优势。在产品开发上,除传统的对个人和企业的金融服务外,招商银行重点发展IT领域的金融服务产品,构建了全行统一的IT平台,创建了国内第一个电话银行,较早实现了客户资金的通存通兑和零在途汇划。

五、结论与展望

金融市场瞬息万变,在不断变化的经济形势下,商业银行的营销环境也随之发生了很大变化,这就要求招商银行应与时俱进、审时度势,善于调整营销策略,不断优化营销策略,以适应当前形势。在个人金融业务市场竞争日益激烈的环境下,商业银行只有把握机遇,巧用策略,才能焕发出更强的生命力,保持平稳、持续的增长。

第五章
我国商业银行贷款风险评估机制、问题与对策研究

本章采用定性和定量研究方法对商业银行贷款风险评估机制进行了研究,并试图构建商业银行贷款风险的防范策略。本研究首先对商业银行贷款风险的一般性理论进行了系统梳理,具体包括商业银行贷款风险的类型、商业银行贷款风险的特点、商业银行贷款风险的成因、商业银行贷款风险的影响。其次对商业银行贷款风险分类制度进行了研究,介绍了贷款风险分类的常用方法,并着重阐述了贷款五级分类方法和我国的贷款风险分类方法。然后,在我国贷款五级分类方法的分类基础上对我国商业银行贷款的历史性数据进行了分析。对商业银行贷款风险评估的有关概念进行界定和阐释,并对商业银行贷款风险评估的过程进行了总结,认为贷款风险评估可以分为贷前评估、贷中评估、贷后评估三个过程。再次对现有的商业银行贷款风险评估方法进行了归纳,并引入 VAR 方法对商业银行贷款风险评估进行了实证研究。最后,在上述研究基础上,从构建贷前风险预警体系、完善贷中审批决策制度和构筑贷后跟踪监控机制三方面提出了商业银行贷款风险的防范策略。

一、引 言

(一)研究背景和意义

1. 研究背景

在一国金融体系中,商业银行经营是否稳健对整个金融体系健康发展发挥着重大作用。因此,对商业银行实行科学有效的风险管理,直接关系到国

家金融体系的稳定和社会经济活动的正常运转。20世纪80年代以来,世界银行业不断面临着金融危机的挑战与威胁,风险评价与管理在不断解决危机的过程中得到完善。如今,银行风险评价与管理包括信用风险、市场风险以及操作风险三个方面。

随着金融市场的开放,我国商业银行所面临的风险日益复杂多变。业务领域不断拓展、竞争压力加大、利率市场化和汇率机制改革等给国内商业银行带来了新的挑战。在此情况下,商业银行要想继续在市场中保持其核心竞争优势,必须建立一整套先进的风险评价机制。在实际操作层面,构建科学有效的风险评价体系,将信用风险、市场风险和操作风险管理作为一个动态的有机整体融入银行的经营管理过程中,以尽快提高商业银行抗风险能力。

贷款风险评估是商业银行风险评价体系的一个重要组成部分,也是商业银行风险评价体系构建的重中之重。收集中国银行业监督管理委员会(以下简称"银监会")的统计数据,绘制2004—2013年我国商业银行的不良贷款余额变动趋势折线图(图5.1)和不良贷款率条形图(图5.2),可对我国商业银行贷款现状有一个初步的认知。由图5.1可知,虽然我国商业银行贷款的不良贷款余额自2004年以来大幅下降,并于2011年降至历史最低点,但从2011年开始却出现了拐点,显示出逐年攀升的势头。由图5.2可知,我国商业银行不良贷款率的变动趋势与不良贷款余额变动趋势大体一致。特别值得警惕的是,2013年比2012年高出了0.05个百分点,这说明我国商业银行不良贷款率可能会在未来呈现上升的趋势。

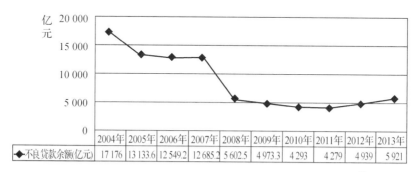

图5.1　2004—2013年我国商业银行不良贷款余额变动趋势①

---

① 资料来源:根据中国银行业监督管理委员会官方网站资料整理。

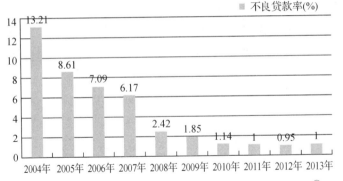

图 5.2　2004—2013 年我国商业银行不良贷款率变动趋势[①]

另据银监会有关数据显示,截至 2014 年第一季度末,商业银行不良贷款余额为 6 461 亿元,较年初增加 541 亿元,不良贷款率为 1.04%,较年初上升 0.04 个百分点[②]。这表明随着产业转型升级向纵深发展,我国商业银行所面临的贷款风险也日益加剧。因此,如何适应新的发展环境,采用先进的风险评价手段构建我国商业银行贷款风险评估机制及其防范策略,是十分值得研究的重要课题。

2. 研究意义

随着金融业全球化发展,各国金融风险加剧,各国金融监管制度的滞后性和商业银行经营的脆弱性显现,致使世界性金融危机频频爆发。据国际货币基金组织的不完全统计,自 20 世纪 80 年代以来,近 3/4 的国际基金组织成员国都经历过银行业的严重危机。其中,发达市场经济国家、发展中国家、所有转轨国家均受到了不同程度的影响。通过对银行危机案例的研究发现,尽管有关国家和地区危机所处的环境各异,发生的直接原因不尽相同,但存在一个共性的问题,即商业银行内部管理不善和内部控制缺失等"内因"是造成银行危机的重要原因之一。因此,商业银行要在复杂多变的环境中生存和发展,一方面需要各国政府适时调整经济政策并加强监管,为商业银行创造一个良好的外部环境和健全的内部控制制度;另一方面,需要各国商业银行强化内部管理和健全内部控制制度来提高规避风险的能力,以保证银行稳健经营。

---

① 资料来源:中国银行业监督管理委员会商业银行主要监管指标统计数据。
② 银监会发布 2014 年一季度监管统计数据[EB/OL]. http://www.cbrc.gov.cn/chinese/home/docView/BB0F8F4A39834A2A9F4E90CA9B8B95D8.html,2014-05-15.

虽然我国尚未出现明显的金融危机和大规模的银行破产倒闭现象,但银行业却存在许多潜在风险。这些风险有可能逐步由隐性转为显性,主要表现为贷款质量下降、经营亏损严重、支付能力不足等引起的信用风险,从业人员欺诈与越权经营而产生的操作风险,决策管理层因缺乏科学管理和经营策略而产生的管理风险,等等。这些都直接威胁着我国银行体系甚至整个金融体系与经济秩序的稳定。虽然国内各商业银行已根据《巴塞尔协议Ⅰ》至《巴塞尔协议Ⅲ》的相关规定,建立了一定的风险评价体系,但在实际风险评价中仍存在许多不足。其中,各商业银行的规模、发展阶段、产品成熟周期、产品研发创新能力、业务市场占有率等诸多因素都会对风险评价产生影响。因此,不仅应对银行短期经营风险进行评价,更应对其进行长期的、动态的评价。只有不断吸收国际金融业的先进经验,逐步完善风险评价体系,提高抗风险能力与核心竞争力,才能使我国商业银行在与外资银行的竞争中立于不败之地。所以,对商业银行贷款风险评估进行相关研究具有重要的理论价值和现实意义。

(二) 文献综述

商业银行贷款风险的形成是多方面因素作用的结果,不少学者对此进行了较全面和深入的探讨。

王端(1999)认为,从我国现有的经济体制、企业制度以及银行管理体制来看,商业银行贷款风险的成因可以归纳为3个方面,即体制原因、企业原因和管理原因。体制原因主要表现为严重的行政干预;企业原因以企业缺乏市场竞争力、实力不强为主;管理原因既有国家管理层面上的原因,也有银行自身管理方面的原因,总体上看是金融行为失范。

王端(2000)认为,商业银行贷款风险的成因可以分为表层成因和深层成因。表层成因有贷款风险高,资产安全性差;贷款周转速度慢,资产流动性差;贷款结构不合理,资产收益率低。深层成因有政府行为经济化,信贷资金财政化;企业行为短期化,信用观念淡化;法制不健全,法律约束软化;约束机制不健全,产权主体缺位。

詹向阳等(2003)认为,商业银行贷款风险的形成原因错综复杂,需要从多个角度去分析,既有主客观原因,又有内外部原因。部分原因可以概括为:银行信贷资金财政化和资本化、政府不适当干预、现行的低利率政策、银行充当市场风险的最终承担者、银行的产权制度等方面存在的问题、信贷资产法律保障的缺失、财税制度的不合理、银行经营管理上的弊端、市场融资机制的不规范。除此之外,自然、社会环境和政治、经济形势的变化以及人为因素都会对商业银行贷款风险的形成造成不同程度的影响。

王振民(2005)认为,商业银行贷款风险的形成主要有两方面的原因,其一是银行外部环境方面的原因,其二是银行内部管理方面的原因。其中,银行外部环境方面的原因包括相关外部环境缺乏稳定性、破产兼并逃债现象的存在、尚无应有的风险防控作用、普遍较低的企业经营管理水平、高度依赖的银企关系、企业经营行为的短期化、经济周期的存在、人们的信用意识淡薄、法律保障的不完善等;银行内部管理方面的原因包括决策失误、风险管理制度缺位、信用评估不完善、重贷轻管、重贷轻收、信息不灵敏、违规经营、同业间的无序竞争等。

孙庆文等(2007)认为,商业银行贷款风险的形成因素分为可控因素和不可控因素。可控因素包括银行的信贷政策、货币结构失衡、贷款决策的失误、贷后管理等;不可控因素包括经济环境的逆转、经营环境及贷款主体经营状况的变化等。将这些因素进行归类,大体上可以分为四个方面,即宏观经济环境与政策、微观经济运行、银行内部管理、信用理念和法律保障。

王浩林(2008)则认为,信息不对称是商业银行贷款风险产生的根本原因。他将商业银行贷款风险成因划分为两个方面:外部的客观经济状况和银行内部的各种经营活动。在此基础之上,他从宏观、中观和微观三个层面对外部的客观经济状况带来的风险加以分析。商业银行贷款风险的内部成因则主要是指银行的经营管理水平和可以通过强化内部管理加以削弱的风险因子。

王丽华(2010)认为,我国商业银行信贷风险的原因有历史原因、外因和内因。历史原因主要是指国民收入分配格局演变和社会经济信贷化、企业的改革和经济体制的转轨;外因则是指企业管理不善、政府政策制约和法律机制的不健全;内因是指信息不均衡、信用评级落后和风险量化管理落后。

王肖婧(2013)认为,商业银行贷款风险的原因有来自银行自身的原因、来自企业方面的原因、来自政府方面的原因和来自市场方面的原因。就来自银行自身方面的原因而言,主要有两个方面,一方面是银行内部监管制度不完善,另一方面是银行内部工作人员风险意识和法律意识淡薄;来自企业方面的原因则主要是指企业经营能力不强、市场效益不好,而伪造财务报表骗取银行贷款的不诚信行为;来自政府方面的原因则是指政府的一系列经济政策对银行的影响;来自市场方面的原因是指市场经济在我国实施带来的一些必然影响。

刁玉军(2014)认为,商业银行贷款风险的原因主要是内部原因和外部原因共同作用造成的。内部原因可以归结为自身贷款管理体系缺乏一定的科学性,外部原因则可以归结为国家的法律法规体系不够健全。

通过对上述研究成果的梳理发现,商业银行贷款风险的成因主要有商业银行自身方面的原因、贷款对象方面的原因和外部环境方面的原因,但从根本上来说是信息不对称。

二、商业银行贷款风险理论概述

商业银行贷款风险是指商业银行在信贷资金发放至收回的过程中,由于各种人为或非人为因素的影响给银行带来的以本息部分或全部资金无法收回为主要表现形式的风险。这种风险是客观存在的,但又是可以防范或降低的。

(一)商业银行贷款风险的类型

采取不同的划分标准,可将商业银行贷款风险划分为不同的类型。学界比较常用的划分方式有:按商业银行贷款风险产生的原因划分、按商业银行贷款的性质划分、按商业银行贷款风险影响的范围划分、按商业银行贷款风险的程度划分,见表5.1。其中,商业银行采用得较多的是按商业银行贷款风险产生的原因对风险进行划分。

表5.1　商业银行贷款风险分类①

划分标准	分类	具体内容
按风险产生的原因分	信用风险	债务人违约使银行资产、债权、收益受到损失的可能性
	市场风险	市场价格的波动使得经济主体蒙受损失的可能性
	操作风险	内控机制失效或操作失误引起银行损失的可能性
	流动性风险	银行流动性不足时,无法及时满足负债和资产的融资需要,从而使银行发生损失的可能性
	法律风险	银行未能充分了解法律规定,或由于不完善、不正确的法律规定、法律意见、法律文件,造成资产价值下降或负债加大的风险,并形成损失的可能性
	利率风险	市场利率波动的或然性、不确定性所引致的金融风险
	国家风险	银行在跨国经营活动中,由于借款人所在国家的主权行为而引起损失的可能性
	声誉风险	违约、违法、违规、操作失误或其他问题对银行声誉产生负面影响,使存款人、借款人或整个市场对银行的信心产生动摇,从而使银行处于困境或发生损失的可能性
按贷款的性质分	纯风险	自然灾害和意外事故带来损失的可能性
	投机风险	由于银行决策失误或借款人经营管理不善,或经济环境的改变和市场各种行情波动等因素引起风险的可能性
按风险的程度分	高度贷款风险	风险企业、贷款项目的风险贷款
	中度贷款风险	一年以上的中长期贷款
	低度贷款风险	贷款期限在一年以下的短期、临时性贷款
按风险影响的范围分	系统性风险	和整个社会的经济变化有关的作用范围较广的风险,通常涉及整个银行业,如政策性风险、利率风险、通货膨胀风险
	非系统性风险	只和银行贷款业务有关的作用范围较小的风险,通常只影响单个银行,如决策风险、信贷人员风险等

（二）我国商业银行贷款风险的特性

我国国有商业银行是我国金融业的支柱,相对于股份制商业银行、城市商业银行而言,我国国有商业银行的贷款风险具有政策性、体制性和隐蔽性。

1. 政策性

与其他商业银行不同,我国国有商业银行作为财政部、中央汇金公司直

---

① 资料来源:根据中国银行业监督管理委员会官方网站资料整理。

接管控的商业银行,受国家政策的影响较大。对于那些符合国家政策的高风险企业和项目,国有商业银行有"责任"承担为其融资贷款的风险。这是我国国有商业银行的贷款风险高于一般性商业银行的原因之一。在某种程度上,承担贷款风险可以被理解为我国国有商业银行的一项职能。这是我国银行业受政府干预的必然结果,之所以我国已建立了三家政策性银行,还会存在这种状况,就是因为政策性银行规模有限,无法承担大规模和多项目融资所致。因此这种"政策性"问题在很长一段时间内都将有可能存在。

2. 体制性

我国国有商业银行从诞生之日起就被烙上了深深的"体制性"印记。在我国现行的金融体制和不完善的市场经济条件下,银行管理机制上依然存在着旧体制因素,这成为造成商业银行贷款风险控制问题的主要原因之一。从安全性来看,不利于我国银行业稳定健康发展。此外,国有商业银行虽然存在处理贷款风险的条件,但由于产权归国家所有,在风险识别与处理上易出现懈怠问题,并未能充分把握时机提升自身抵御风险的能力。

3. 隐蔽性

隐蔽性是指贷款风险不易被察觉或即使被察觉也难以在短时间内引起重视。隐蔽性是我国国有商业银行的另一特点。我国国有商业银行是在原来计划经济体制下由专业银行转化而来的,因此,其风险的量化标准并不明确,贷款对象的信用、效益及风险程序难以准确判定。即使一些项目的贷款风险达到较高程度,但由于受到政策、体制及其他因素影响,未能真实地表现出来。如某国有商业银行的某分支机构虽已达到西方国家商业银行倒闭的风险边界,也并不会危及其生存,各种风险和损失只能向上级行转嫁,从而隐蔽了商业银行的贷款风险。

(三) 商业银行贷款风险的成因

1. 银行贷款管理方面的原因

在计划经济体制时期银行的贷款业务具有极大的主观性,贷款风险防范意识不强,造成我国商业银行贷款风险上升,不良贷款金额增加。在社会主义市场经济时期我国商业银行的贷款管理自主性有所加强,但仍未完全从行政干预中摆脱出来,银行奉命贷款的事件时有发生,"点贷""保贷""安定团结贷款"成为当时的不良贷款发生的主要形式和原因。我国银行体制的一系列改革促进了银行贷款业务管理的自主性,但在我国商业银行贷款业务管理的各项制度上依然不健全,主要表现是贷款风险评估机制、贷款追踪机制和贷款风险责任制缺失。

2. 贷款对象方面的原因

商业银行贷款的对象以各大中企业为主,这些贷款对象无力偿还所借部分或全部贷款是商业银行贷款风险产生的主要原因。一方面,贷款对象经营管理能力较差,盈利能力较弱,无法偿还贷款本息;另一方面,有能力偿还贷款本息的贷款对象存在拖欠贷款的行为。常见的企业逃债方式有:通过重组架空原企业;推出新法人代表,另立新账户;借转制之机吞食银行债权;产权转让收益充当消费基金;低价评估国有资产,削弱银行贷款的还款来源;假破产等。

3. 外部环境方面的原因

商业银行贷款风险的产生在很大程度上受到各种外部环境因素的影响,这些外部环境包括国家的政治、经济、文化、社会、军事等方面。当外部环境发生变化时,会加大商业银行的贷款风险。如随着国家大力扶持文化产业,信贷资金也进入文化产业之中,但文化产品本身其价值和价格随经济周期变化而波动幅度巨大,这就使商业银行将贷款发放给文化项目时容易陷入"高风险"与"高回报"的不良贷款困境之中。由于文化产业项目的贷款风险难以量化和评估,会加大商业银行贷款风险的程度。

(四) 商业银行贷款风险的影响

商业银行贷款风险不仅会影响商业银行本身的健康发展,也会影响整个金融体系的稳定。

1. 使银行出现不良贷款等损失

商业银行贷款风险最直接的影响就是有可能引起商业银行发生不良贷款。只要存在贷款风险商业银行的这种损失就不可避免。这是由商业银行贷款风险的客观性所决定的。除商业银行的不良贷款损失外,还有办理贷款业务中的人力、物力投入等损失。若商业银行能及时规避贷款风险,则可将损失降到最低;若商业银行因各种原因而无法有效应对贷款风险,则会出现经营上的损失、亏损甚至倒闭。

2. 危及金融业稳定

商业银行作为我国国民经济运行中的重要支柱,其经营与发展状况直接关系到我国金融业的稳定。与其他金融机构不同,商业银行所承担的责任与风险要远远大于非银行金融机构。因此,商业银行只有具备强大的抗风险能力才能在复杂的经营环境中生存。如我国任何一家商业银行因为贷款风险而破产倒闭,都会对我国金融业造成沉重打击,并危及全行业稳定。

3. 引发金融危机

如商业银行贷款风险引发连锁反应,便有可能引发世界性金融危机。2008年席卷世界的金融危机便是由美国的次贷危机引起的,其给世界各国带来的影响至今尚未完全消除。因此,商业银行在处理贷款业务时,应该充分评估贷款项目或企业可能给银行带来的贷款风险,从而做出正确的取舍。

三、商业银行贷款风险分类制度

贷款风险分类是指在分析与贷款对象、贷款业务有关信息后,银行贷款业务管理人员或金融监管部门对银行所面临的贷款风险程度进行评估,从而对贷款质量做出评价,并按一定的标准将贷款进行分类。

(一)贷款风险分类方法

从贷款风险分类的定义来看,贷款风险分类的决策者是银行贷款业务管理人员或金融监管部门检查人员,贷款风险分类的结果是按一定标准对贷款进行分类。然而关于贷款风险分类的标准却存在很大争议。自贷款风险分类提出以来,已有许多卓有成效的探索。从不同国家的国情与各自银行业发展的实际情况出发,产生了下述3种不同的贷款风险分类方法。

1. 五级分类法

美国根据风险程度提出了贷款风险的五级分类法,即按贷款风险程度将贷款质量划分为正常、关注、次级、可疑、损失五类。这种分类方法也被运用于其他国家和地区,加拿大、多数东南亚国家的监管当局及东欧转轨国家、香港地区金融管理局等均采用此分类方法。国际货币基金组织和世界银行也向其成员国推荐这种贷款分类方法。我国参考该方法并进行了创新,提出了适合我国国情的分类方法。

2. 二分法

大洋洲许多国家从贷款是否计息的角度出发,将贷款划分为两大类:正常类贷款和受损害类贷款。受损害类贷款又可划分为停止计息贷款、重组贷款及诉诸抵押担保后收回的贷款。二分法适应澳大利亚和新西兰等国银行贷款业务管理的需要,在操作上相对简单。但澳大利亚鼓励商业银行内部采用五级分类法来防范贷款风险。

3. 自由分类法

欧洲多数发达国家并不追求统一而严苛的贷款风险分类方法。它们基本不对贷款风险分类做出任何硬性规定,也不明确指定任何一种贷款风险分类制度。他们更倾向于通过道义上的规劝来达到自身风险约束的目标。欧洲银行贷款风险分类标准的选取显得极为自由。然而,自由并不意味着放任和随意。欧洲的银行从各自贷款业务管理的需要出发,依据自身特点采用适合自身的贷款风险分类方法。

(二)贷款风险五级分类法

贷款风险五级分类法是贷款风险分类中最为基础的一种分类方法,于1938年由美国货币监督署创立,后于1949年、1979年进行过两次修订。其为世界各国银行业贷款风险分类提供了参考。

1. 贷款风险五级分类法的优点

贷款风险五级分类法将贷款分为正常、关注、次级、可疑、损失五类。其中,正常类贷款所面临的贷款风险最低,损失类贷款面临的贷款风险最高。每一类贷款都有其准确的定义以供判断,因此具有良好的可操作性。此外,贷款风险五级分类法允许各国和地区的银行根据自身业务特色对分类定义进行补充。因此,贷款风险五级分类法是十分灵活的分类方法。因贷款风险五级分类法的可操作性强,巴塞尔委员会和国际货币基金组织均推广此分类方法。

2. 贷款风险五级分类法的其他形式

在贷款风险五级分类法的基础上,世界各国和地区的银行结合自身业务特色对该方法进行了精细化和特色化改造后就出现了多种形式的贷款风险五级分类法。但其内容始终遵循原贷款风险五级分类法的思想和原则。如韩国所采取的五分法中将贷款分为正常贷款、预防性贷款、次级贷款、可疑贷款和预估呆账。而香港地区金融监管局要求,对大额贷款按七级分类标准。如汇丰银行将贷款划分为七级,即低风险贷款、满意贷款、一般风险贷款、关注贷款、次级贷款、可疑贷款和损失贷款。日本监管当局则采用四级分类方法,将贷款风险分为正常类、关注类、可疑类和损失类。美洲银行采取八分法对贷款风险进行分类,依次为最优、较优、正常、观察、特别关注、次级、可疑和损失。花旗银行则将贷款分为十三级,其中前十二级均是正常贷款,最后一级为不良贷款。德国采取四分法,即没有明显风险贷款、潜在风险增加贷款、不良贷款和呆账。

(三)我国贷款风险分类方法

1. "一逾两呆"分类法

1998年之前,我国的贷款风险分类方法将贷款划分为4类,即正常、逾期、呆滞和呆账（损失）4 类。其中，后 3 类贷款合称为不良贷款，简称为"一逾两呆"。这是中央财政部 1988 年制定的金融保险企业财务制度的产物。其中，逾期贷款指的是超过约定的还款期限尚未归还的贷款；呆滞是指逾期两年或虽未满两年但经营停止、项目下马的贷款；呆账是指按照财政部有关规定确定已无法收回，需要冲销呆账准备金的贷款。在实际操作中，这种分类方法的弊端主要有四点：第一，这种分类方法的分类依据是贷款的实际期限，侧重于贷款形式、流程和手续的完备性；第二，对于未到期的贷款，一律视为正常，忽略了实际情况中的风险因素；第三，逾期贷款的定义过于严格，甚至将逾期一天的贷款就划分为逾期贷款；第四，这种划分方法着眼于对贷款风险发生后的处理，不利于从源头上防范贷款风险。

2. 五级分类法

针对"一逾两呆"分类方法在实际操作中存在的问题，在参考国际银行业信贷风险分类制度的基础上，我国于 1998 年进行了商业银行信贷管理制度改革。此次改革的重大成果就是"五级分类法"。该方法是中国人民银行参考国际惯例并根据我国国情制定的具有中国特色的贷款质量分类方法。《贷款分类指导原则》明确提出商业银行应根据贷款对象的实际还款能力进行贷款质量分类，这使我国贷款管理从期限管理向风险管理转化，实现了以风险为基础的贷款质量分类。就贷款五级分类的具体内容而言，按风险程度将贷款分为正常、关注、次级、可疑和损失 5 类。其中，后 3 类统称为不良贷款。正常类是指贷款对象能够履行合同、有充分把握按时足额偿还本息、贷款损失的概率为 0 的贷款部分。关注类是指尽管借款人有能力偿还贷款本息但存在对偿还贷款产生不利因素的贷款部分，但其贷款损失概率不超过 5%。次级类是指借款人还款能力存在明显问题且依靠其正常经营收入已无法保证足额偿还本息，其贷款损失概率在 30%~50% 的贷款部分。可疑类是指借款人无法足额偿还本息，即使执行抵押或担保也会造成一部分损失，其贷款损失概率在 50%~75% 之间的贷款部分。损失类是指在采用所有可能的措施和一切必要法律措施后仍无法收回本息或只能收回极少部分贷款，且贷款损失概率在 75%~100% 的贷款部分。

（四）我国商业银行贷款风险变动趋势分析

1. 基于五级分类法的不良贷款数据分析

图 5.3 为 2004—2013 年我国商业银行不良贷款余额的历史数据统计图。由图可知，2004—2013 年我国商业银行次级类贷款余额分别为 3 075 亿

元、3 336.4 亿元、2 674.6 亿元、2 183.3 亿元、2 625.9 亿元、2 031.3 亿元、1 591.6 亿元、1 725 亿元、2 176 亿元和 2 538 亿元;2004—2013 年我国商业银行可疑类贷款余额分别为 8 899 亿元、4 990.4 亿元、5 189.3 亿元、4 623.8 亿元、2 406.9 亿元、2 314.1 亿元、2 042.7 亿元、1 883 亿元、2 122 亿元和 2 574 亿元;2004—2013 年我国商业银行损失类贷款余额分别为 5 202 亿元、4 806.8 亿元、4 685.3 亿元、5 877.1 亿元、569.8 亿元、627.9 亿元、658.7 亿元、670 亿元、630 亿元和 809 亿元。自 2011 年起,次级类贷款和可疑类贷款逐年增加;自 2008 年起损失类贷款基本呈现出逐年增加的趋势(2012 年较 2011 年减少)。

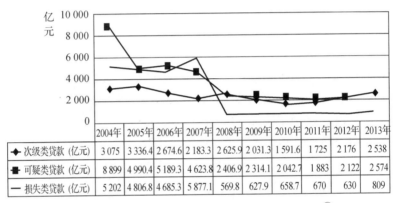

图 5.3　2004—2013 年我国商业银行不良贷款余额①

图 5.4 为 2004—2013 年我国商业银行不良贷款率的历史数据统计图。由图可知,2004—2013 年我国商业银行次级类贷款率分别为 2.36%、2.19%、1.51%、1.06%、1.13%、0.65%、0.42%、0.40%、0.42% 和 0.43%;2004—2013 年我国商业银行可疑类贷款率分别为 6.84%、3.27%、2.93%、2.25%、1.04%、0.74%、0.54%、0.40%、0.41% 和 0.43%;2004—2013 年我国商业银行损失类贷款率分别为 4.00%、3.15%、2.65%、2.86%、0.25%、0.20%、0.18%、0.20%、0.12% 和 0.14%。自 2011 年起次级类贷款率和可疑类贷款率逐年增加,且二者每年比例基本相同。

---

① 资料来源:中国银行业监督管理委员会商业银行主要监管指标统计数据。

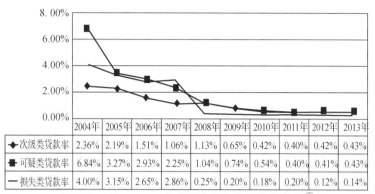

图 5.4　2004—2013 年我国商业银行不良贷款率①

2. 不良贷款余额的分机构数据分析

图 5.5 为 2004—2013 年我国大型商业银行不良贷款余额的历史数据统计图。由图可知,2004—2013 年我国大型商业银行不良贷款余额分别为 15 751 亿元、10 724.8 亿元、10 534.9 亿元、11 149.5 亿元、4 208.2 亿元、3 627.3 亿元、3 081 亿元、2 996 亿元、3 095 亿元和 3 500 亿元。自 2011 年起,我国大型商业银行不良贷款余额开始逐年增加。

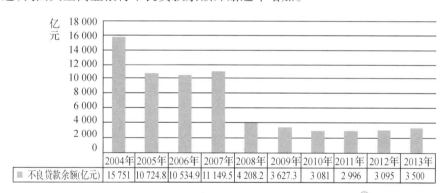

图 5.5　2004—2013 年我国大型商业银行不良贷款余额②

图 5.6 为 2004—2013 年我国股份制商业银行不良贷款余额的历史数据统计图。由图可知,2004—2013 年我国股份制商业银行不良贷款余额分别为 1 425 亿元、1 471.8 亿元、1 168.1 亿元、860.4 亿元、657.1 亿元、637.2 亿元、565.1 亿元、563 亿元、797 亿元和 1 091 亿元。自 2011 年起,我国股份制商业银行不良贷款余额开始逐年增加。

---

① 资料来源:中国银行业监督管理委员会商业银行主要监管指标统计数据。
② 资料来源:中国银行业监督管理委员会商业银行主要监管指标统计数据。

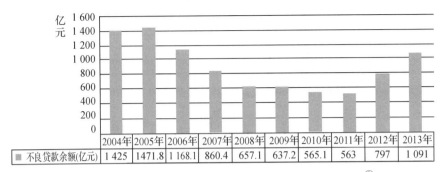

图 5.6　2004—2013 年我国股份制商业银行不良贷款余额[①]

图 5.7 为 2005—2013 年我国城市商业银行不良贷款余额的历史数据统计图。由图可知,2005—2013 年我国城市商业银行不良贷款余额分别为 841.7 亿元、654.7 亿元、511.5 亿元、484.8 亿元、376.9 亿元、325.6 亿元、339 亿元、419 亿元和 548 亿元。自 2010 年起我国城市商业银行不良贷款余额开始逐年增加。

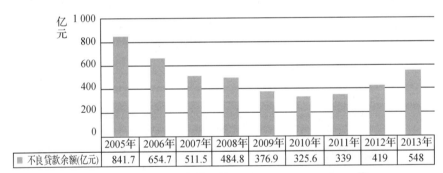

图 5.7　2005—2013 年我国城市商业银行不良贷款余额[②]

图 5.8 为 2005—2013 年我国农村商业银行不良贷款余额的历史数据统计图。由图可知,2005—2013 年我国农村商业银行不良贷款余额分别为 57.1 亿元、153.6 亿元、130.6 亿元、191.5 亿元、270.1 亿元、272.7 亿元、341 亿元、564 亿元和 726 亿元。自 2005 年起我国农村商业银行不良贷款余额基本呈现出逐年增加的趋势。这说明我国农村商业银行所面临的贷款风险日益加剧,而我国农村商业银行的贷款风险评估能力却十分欠缺。

---

① 资料来源:中国银行业监督管理委员会商业银行主要监管指标统计数据。
② 资料来源:中国银行业监督管理委员会商业银行主要监管指标统计数据。

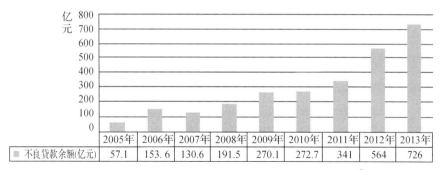

图 5.8　2005—2013 年我国农村商业银行不良贷款余额①

图 5.9 为 2005—2013 年我国外资商业银行不良贷款余额的历史数据统计图。由图可知,2005—2013 年我国外资商业银行不良贷款余额分别为 38.2 亿元、37.9 亿元、32.2 亿元、61 亿元、61.8 亿元、48.6 亿元、40 亿元、54 亿元和 56 亿元。自 2011 年起我国外资商业银行不良贷款余额开始逐年增加。相比较而言,我国外资商业银行不良贷款余额较上述其他银行机构要少很多。

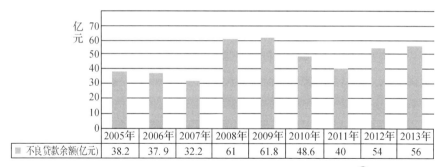

图 5.9　2005—2013 年我国外资商业银行不良贷款余额②

3. 不良贷款率的分机构数据分析

图 5.10 为 2004—2013 年我国大型商业银行不良贷款率的历史数据统计图。由图可知,2004—2013 年我国大型商业银行不良贷款率分别为 15.57%、10.49%、9.22%、8.05%、2.81%、1.80%、1.31%、1.10%、0.99% 和 1.00%。我国大型商业银行不良贷款率基本呈现出逐年下降的趋势。

---

① 资料来源:中国银行业监督管理委员会商业银行主要监管指标统计数据。
② 资料来源:中国银行业监督管理委员会商业银行主要监管指标统计数据。

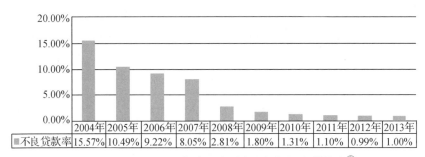

图 5.10　2004—2013 年我国大型商业银行不良贷款率①

图 5.11 为 2004—2013 年我国股份制商业银行不良贷款率的历史数据统计图。由图可知,2004—2013 年我国股份制商业银行不良贷款率分别为 4.94%、4.22%、2.81%、2.15%、1.35%、0.95%、0.70%、0.60%、0.72% 和 0.86%。2004—2011 年我国股份制商业银行不良贷款率逐年下降;2011—2013 年我国股份制商业银行不良贷款率逐年上升。

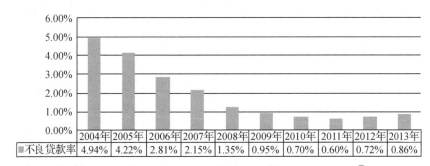

图 5.11　2004—2013 年我国股份制商业银行不良贷款率②

图 5.12 为 2005—2013 年我国城市商业银行不良贷款率的历史数据统计图。由图可知,2005—2013 年我国城市商业银行不良贷款率分别为 7.73%、4.78%、3.04%、2.33%、1.30%、0.91%、0.80%、0.81% 和 0.88%。2004—2011 年,我国城市商业银行不良贷款率逐年下降;2011—2013 年我国城市商业银行不良贷款率逐年上升。

---

① 资料来源:中国银行业监督管理委员会商业银行主要监管指标统计数据。
② 资料来源:中国银行业监督管理委员会商业银行主要监管指标统计数据。

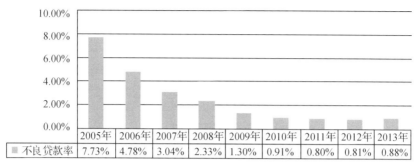

图 5.12　2005—2013 年我国城市商业银行不良贷款率①

图 5.13 为 2005—2013 年我国农村商业银行不良贷款率的历史数据统计图。由图可知,2005—2013 年我国农村商业银行不良贷款率分别为 6.03%、5.90%、3.97%、3.94%、2.76%、1.95%、1.60%、1.76% 和 1.67%。2004—2011 年我国农村商业银行不良贷款率逐年下降;2011—2013 年我国农村商业银行不良贷款率呈现上升趋势。

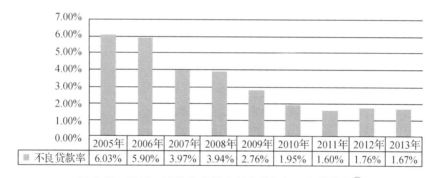

图 5.13　2005—2013 年我国农村商业银行不良贷款率②

图 5.14 为 2005—2013 年我国外资商业银行不良贷款率的历史数据统计图。由图可知,2005—2013 年我国外资商业银行不良贷款率分别为 1.05%、0.78%、0.46%、0.83%、0.85%、0.53%、0.40%、0.52% 和 0.51%。我国外资商业银行的不良贷款率始终保持一个较低的水平,除 2005 年以外,其余年份的不良贷款率均不超过 0.90%。

---

① 资料来源:中国银行业监督管理委员会商业银行主要监管指标统计数据。
② 资料来源:中国银行业监督管理委员会商业银行主要监管指标统计数据。

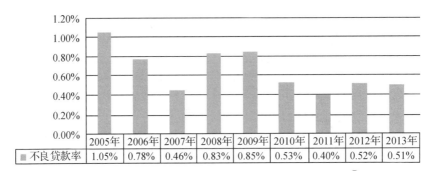

图5.14 2005—2013年我国外资商业银行不良贷款率①

四、我国商业银行贷款风险评估机制及问题

(一)商业银行贷款风险评估有关概念阐释

本章在探讨商业银行贷款风险评估的有关问题时会涉及几个常用的概念,为了使本章研究思路能清晰和准确地表述,有必要在此做一个简单的介绍。

1. 商业银行贷款风险评估

商业银行贷款风险评估是指从接受贷款对象向商业银行提出贷款申请之日起,商业银行有关信贷人员对所授贷款所面临的风险进行评估的工作。商业银行贷款风险评估是一个动态的过程,随着内外部环境变化,商业银行需要多次适时地对贷款进行风险评估,以及时规避风险,降低贷款损失。

2. 商业银行贷款风险管理

商业银行贷款风险管理是指为了最大限度地规避贷款风险,商业银行所采取的一系列针对贷款业务的管理活动。商业银行贷款风险管理是商业银行管理的核心内容,也是商业银行得以持续经营、健康发展的重要前提条件。商业银行贷款风险管理是要解决与贷款风险有关的一系列问题。

3. 商业银行贷款风险控制

商业银行贷款风险管理的内涵要远大于商业银行贷款风险控制的内涵。从管理学的角度出发,管理的基本职能有计划、组织、协调、领导与控制。因此,商业银行贷款风险控制是商业银行贷款风险管理的一项职能内容。商业银行贷款风险评估、商业银行贷款风险管理和商业银行贷款风险控制之间有

---

① 资料来源:中国银行业监督管理委员会商业银行主要监管指标统计数据。

密切联系,商业银行贷款风险管理是商业银行的一项重要管理内容,商业银行贷款风险评估是其基础和前提,商业银行贷款风险控制是其手段和目的。

(二) 商业银行贷款风险评估的阶段

从商业银行贷款业务的阶段来看,可将商业银行贷款风险评估的过程划分为贷前评估、贷中评估和贷后评估三个阶段。

1. 贷前评估

贷前评估是指贷款发放前商业银行对贷款申请人、贷款项目、贷款环境等进行的一系列评估活动。评估的目的是找出影响贷款偿还的不利因素,初步估计和比较贷款发放为商业银行带来的收益和损失大小,从而对贷款业务的可行性进行判断与决策。贷前评估的重点是贷款主体的基本情况。以企业为例,需要对企业的所有制性质、组织结构、所处行业、经营特点、经营历史、所处内外部条件、过去的偿债记录等内容进行调查、了解与分析。此外,还要对企业的财务状况进行调查与分析,主要包括资产负债表、现金流量表、损益表等内容。通过全面调查、搜集与贷款主体有关的资料和信息,可以对商业银行所面临的贷款风险进行初步评估。然后,在有关专家既有经验的基础上,就能做出贷款业务通过与否的相关决策。

2. 贷中评估

贷中评估是指在初步通过贷款对象的贷款申请之后,商业银行高层管理人员对贷款进行复查的风险评估过程。贷款从提请、审批到发放有一个长时间的过程。一般来说,贷前评估的评估主体是商业银行的专家或信贷主管,他们在综合各方面信息后对贷款对象的信用、项目已经有了一个初步的认识和了解,在对贷款对象进行信用评级后已经得出了大致的风险判断。然而,他们并不具有贷款发放的最终决策权。贷款发放的最终决策权掌握在信贷委员会的手中。信贷委员会是由银行的高层管理人员(行长或副行长)以及信贷部门的领导组成的。该委员会的职能就是对贷款主体的资格、贷款项目、贷款结论等事项进行复查。只有通过了信贷委员会的复查,贷款才能得以顺利发放。

3. 贷后评估

贷后评估是指在受理完贷款业务,将贷款发放至贷款对象资金账户中之后,商业银行对贷款对象、贷款项目、贷款环境进行跟踪监测与评估的过程。商业银行贷款风险贷后评估是商业银行贷款风险评估的重要环节之一。因为受到资料信息不全等因素的影响,贷前评估和贷中评估可能无法真实评估出商业银行所面临的贷款风险,从而导致误判乃至错判的情况发生。因此就需要在贷款发放之后对贷款对象进行持续的跟踪监测,及时搜集与贷款对象有关的信息,从而尽快弥补之前的失误。此外,有些贷款在发放之前属于正常的贷款,但是在实际使用过程中,由于贷款内外部条件的变化,可能会向不良贷款转化,这就需要做好贷后评估工作,从而及时识别风险并及早规避。

(三)商业银行贷款风险评估的方法

在商业银行贷款风险评估过程中,形成了许多不同的评估方法,按是否引入数学方法及其引入比例,可以将现有方法划分为3大类:定性评估方法、定量评估方法和混合评估方法。

1. 定性评估方法

定性评估方法是指通过对贷款业务有关信息的搜集、整理、描述和分析,在不借助任何数学工具、方法、模型的基础上,借助贷款业务受理人员、专家的有关经验,对贷款的风险进行质和量的判断的评估方法。定性评估方法是商业银行早期贷款风险评估的方法,随着商业银行贷款业务的日益复杂,这种方法的弊端凸显,已经很难适应现代银行发展的需要。此外,由于这种方法过分依赖于个人或团体的经验与见识,所以在实际操作中很难准确规避贷款风险,这是由人认知的局限性所决定的。而且,每个人对于不同评估标准的取舍和重视程度不同,因此,在评估贷款时所赋予的权重也不同。这很容易导致对于同一贷款项目,不同的人持有不同的观点。

2. 定量评估方法

定量评估方法是指在商业银行贷款风险评估的过程中引入数学工具,构建数学模型,通过对贷款主体的一系列统计数据进行数学运算、分析与处理,从而得出商业银行所面临的贷款风险大小的评估方法。定量评估方法是西方科学不断发展的产物,在商业银行贷款风险评估中引入数学工具、方法与模型是一种伟大的创新。这种方法克服了人的主观性,从而将商业银行贷款风险评估提升到一个新的高度,即重视客观统计数据,通过科学严谨的数学推演与计算揭示潜藏在贷款业务背后的风险。常用的定量评估方法有层次分析法、模糊数学法、判别分析法、神经网络法、主成分分析法、聚类分析法等。随着有关学者研究的不断深入,许多新的定量研究方法也被逐渐引入商业银行贷款风险评估中。

3. 混合评估方法

混合评估方法是指在商业银行贷款风险的实际评估过程中,既采取定性分析方法又采用定量分析方法的评估方法。在商业银行贷款风险评估的过程中,完全应用定性分析方法或定量分析方法进行评估是不准确的,也是很难实现的。因为无论是定性分析方法还是定量分析方法都有各自的缺陷。定性分析方法依赖于人的经验与判断,从而具有主观性;定量分析方法则因为不同的数学理论基础和推演计算方法而容易使结果出现不一致的情况。此外,商业银行贷款风险定量评估方法的许多数据来自企业的财务报表,而财务报表容易被人为操作,从而使评估结果出现失真的情况。种种原因导致在实际应用中,人们往往将定性和定量方法结合起来使用,于是出现了混合评估方法这一具有综合性、交叉性的评估方法。例如,许多银行在对贷款业务进行审批前会采用定性分析的方法对贷款的可行性进行大致的判断。同时,会搜集企业的财务报表,运用有关数学模型对企业进行综合得分评估。这种定性与定量相结合的评估方法大大降低了贷款风险误判的概率,从而保证了商业银行金融资产的安全。

(四) VAR方法在商业银行贷款风险评估中的应用

1. VAR方法概述

VAR方法,也称为风险价值模型。"VAR"是英文 Value at Risk 首字母的缩写。它是在传统的 ALM(Asset-Liability Management,资产负债管理)、CAPM(资本资产定价模型)等金融界市场风险测量方法的基础上由 G30 集团提出的。到目前为止,该方法已经成为一种主流的风险度量方法,并被众多国际金融机构所推崇。就其含义而言,VAR 是指在市场正常波动的情况下,某一金融资产或证券组合的最大可能损失。用数学公式表示如下:

$$P = (\Delta P \Delta t \leqslant \text{VAR}) = a \tag{1}$$

其中,P 表示资产价值损失小于可能损失上限的概率;ΔP 表示某一金融资产在一定持有期 Δt 的价值损失额;VAR 表示在给定置信水平 a 下的风险价值,即可能的损失上限;a 为给定的置信水平。

2. VAR方法的优缺点

VAR方法的优点主要有三点:第一,操作简单。VAR方法的技术性不强,结果直观易懂,适合任何投资者进行风险判定。第二,属于事前评估。传统的风险评估方法属于事后评估,而 VAR 方法则属于事前评估。第三,适用范围更广。VAR 方法能够计算单个金融工具和多个金融工具组成的投资组合风险。相比传统方法,其适用范围明显得到了扩张。

VAR方法的缺点主要表现为三点:第一,对数据的要求很高。VAR方法是基于数学运算的一种方法,其对数据的真实性和有效性要求十分严格。因此,在使用该种方法时要事先收集足够数量和质量的金融数据,这样得出的结论才可能是正确的。第二,在估计方法上有一定的缺陷。基于概率估计基础之上的 VAR 方法只关注风险的统计特征,灵活性不够。第三,基于一定的前提假设。一方面,VAR 方法假设金融资产未来和过去的走势一致,另一方面假定市场是正常的。但实际情况显然要复杂得多。

3. 使用 VAR 方法的基本步骤

VAR 方法的使用主要有三个基本步骤:确定信用等级转移概率矩阵、计算贷款的远期价值和计算风险 VAR 值。

(1) 确定信用等级转移概率矩阵。

确定贷款主体的信用等级转移概率矩阵是使用 VAR 方法对贷款风险进行评估的首要步骤。而要确定信用等级转移概率矩阵需要选定一个基本的信用评级体系,不同信用评级体系下建立的信用等级转移概率矩阵是不同的。常用的信用评级体系有穆迪评级系统、标准普尔评级系统等。当然,各银行内部往往也有自己的评级系统,也可以予以采用。在确定了信用评级体系之后,就可以构造贷款主体的信用等级转移概率矩阵了。

(2) 计算贷款的远期价值。

贷款的远期价值计算一般采用远期无风险利率进行推导。一个 5 年期的贷款一年末的现值计算公式为:

$$P = L + \frac{L}{1+m_1+n_1} + \frac{L}{(1+m_2+n_2)^2} + \frac{L}{(1+m_3+n_3)^3} + \frac{L+B}{(1+m_4+n_4)^4} \quad (2)$$

其中,P 为 5 年期贷款一年末的现值,L 为贷款的年利息,m_i 为远期无风险利率,n_i 为第 i 年的信用差价,B 为贷款本金。

(3) 计算风险 VAR 值。

在计算出贷款的远期价值后,还需要推导贷款价值的远期分布,然后根据分布情况采取合适的 VAR 值计算方法。对于正态分布情况下 VAR 值的计算,需要明确转移概率、贷款未来现值、贷款的概率加权价值、贷款的未来价值与平均价值的离差和加权离差平方和,然后进行有关运算;对于非正态分布下的 VAR 值计算,则可以采用线性内插法。就正态分布情况下的 VAR 值计算而言,其中:

$$贷款的概率加权价值 = 转移概率 \times 贷款未来现值 \quad (3)$$

$$贷款的未来价值与平均价值的离差 = |贷款未来现值 - 平均价值| \quad (4)$$

$$加权离差平方和 = 贷款未来价值与平均价值的离差^2 \times 转移概率 \quad (5)$$

当置信度为95%时,VAR=1.65×标准差 　　　　　(6)

当置信度为99%时,VAR=2.33×标准差 　　　　　(7)

4. 基于VAR方法的实证分析

(1) 前提假设。

本研究引入VAR方法对商业银行贷款风险进行评估,为了得出可靠的结论,必须事先提出若干前提假设:第一,假定贷款环境正常,排除极端条件的影响;第二,贷款金额假定为100万人民币,年利率恒定为7%,贷款期限为5年;第三,假设贷款价值的远期分布服从正态分布。

(2) 信用等级转移概率矩阵确定。

本研究采取标准普尔评级系统建立贷款对象的信用等级转移概率矩阵。假定贷款企业的预先信用评级为A,则1年后该企业信用评级仍为A的概率为91.05%,上调至AAA或者AA的概率分别为0.09%、0.27%,下调至BBB、BB、B、CCC和违约的概率分别为5.52%、0.74%、0.26%、0.01%和0.06%,如表5.2所示。

表5.2　A级企业一年末信用等级转移概率

评级	AAA	AA	A	BBB	BB	B	CCC	违约
概率/%	0.09	0.27	91.05	5.52	0.74	0.26	0.01	0.06

(3) 贷款远期价值计算。

表5.3　不同信用等级的一年期远期利率[①]

单位:%

信用评级	第一年	第二年	第三年	第四年
AAA	3.60	4.17	4.73	5.12
AA	3.65	4.22	4.78	5.17
A	3.72	4.32	4.93	5.32
BBB	4.10	4.67	5.52	5.63
BB	5.55	6.02	6.78	7.27
B	6.05	7.02	8.03	8.52
CCC	15.05	15.02	14.03	13.52

我们来依次计算该企业一年后由A级评级转移到AAA级、AA级、BBB

---

① 资料来源:Credit Metrics-Technical document,1997.4.2.

级、BB 级、B 级、CCC 级评级的现值。依据公式（2），并结合表 5.3 中的数据可求得：

当企业一年后的信用评级保持不变时，其贷款远期现值为：

$$P_A = 7 + \frac{7}{1.037\,2} + \frac{7}{1.043\,2^2} + \frac{7}{1.049\,3^3} + \frac{107}{1.053\,2^4} = 113.20(万元)$$

当企业一年后的信用评级由 A 级上调至 AA 级时，其贷款远期现值为：

$$P_{AA} = 7 + \frac{7}{1.036\,5} + \frac{7}{1.042\,2^2} + \frac{7}{1.047\,8^3} + \frac{107}{1.051\,7^4} = 113.74(万元)$$

当企业一年后的信用评级由 A 级上调至 AAA 级时，其贷款远期现值为：

$$P_{AAA} = 7 + \frac{7}{1.036} + \frac{7}{1.041\,7^2} + \frac{7}{1.047\,3^3} + \frac{107}{1.051\,2^4} = 113.93(万元)$$

当企业一年后的信用评级由 A 级下调至 BBB 级时，其贷款远期现值为：

$$P_{BBB} = 7 + \frac{7}{1.041} + \frac{7}{1.046\,7^2} + \frac{7}{1.055\,2^3} + \frac{107}{1.056\,3^4} = 112.02(万元)$$

当企业一年后的信用评级由 A 级下调至 BB 级时，其贷款远期现值为：

$$P_{BB} = 7 + \frac{7}{1.055\,5} + \frac{7}{1.060\,2^2} + \frac{7}{1.067\,8^3} + \frac{107}{1.072\,7^4} = 106.42(万元)$$

当企业一年后的信用评级由 A 级下调至 B 级时，其贷款远期现值为：

$$P_B = 7 + \frac{7}{1.060\,5} + \frac{7}{1.070\,2^2} + \frac{7}{1.080\,3^3} + \frac{107}{1.085\,2^4} = 102.42(万元)$$

当企业一年后的信用评级由 A 级下调至 CCC 级时，其贷款远期现值为：

$$P_{CCC} = 7 + \frac{7}{1.150\,5} + \frac{7}{1.150\,2^2} + \frac{7}{1.140\,3^3} + \frac{107}{1.135\,2^4} = 87.53(万元)$$

由于该企业信用评级属于 A 级，因此为无担保优先级贷款，则其违约时银行可追回原贷款金额的 51.13%，即 51.13 万元。上述计算结果可用表 5.4 表示。

表 5.4　一年后贷款信用评级调整后现值

单位：万元

评级	AAA	AA	A	BBB	BB	B	CCC	违约
现值	113.93	113.74	113.20	112.02	106.42	102.42	87.53	51.13

（4）贷款风险 VAR 值的计算。

根据公式（3）易计算出各信用评级下贷款的概率加权价值，进而可以求得贷款的平均价值为 110.76 万元；根据公式（4）可以算得各信用评级下的离差；根据公式（5）可以求得加权离差平方和，进而求得其方差为 3.7 万元，标准差为 1.923 6 万元。详见表 5.5。

表 5.5 贷款风险 VAR 值运算数据

信用评级	转移概率/%	未来现值/万元	概率加权价值/万元	离差/万元	加权离差平方和/万元
AAA	0.09	113.93	0.10	3.17	0.009
AA	0.27	113.74	0.31	2.98	0.024
A	91.05	113.20	103.07	2.44	5.421
BBB	5.52	112.02	6.18	1.26	0.088
BB	0.74	106.42	0.79	4.34	0.139
B	0.26	102.42	0.27	8.34	0.181
CCC	0.01	87.53	0.01	23.23	0.054
违约	0.06	51.13	0.03	59.63	2.133

在贷款的市场价值服从正态分布的前提下,可以求得置信度为95%时的贷款风险 VAR 值为 1.65×3.7=6.105(万元),置信度为99%时的贷款风险 VAR 值为 2.33×3.7=8.621(万元)。也就是说,在贷款发放后的第二年,这笔 100 万元的贷款损失不超过 6.105 万元的可能性为 95%,损失不超过 8.621 万元的可能性为 99%。有了这个参考数值,再结合银行自身的风险设定,银行就可以根据自身实际情况调整贷款,决定继续发放还是停止贷款。

五、商业银行贷款风险评估机制完善的对策

基于上述研究可发现商业银行贷款风险评估机制的完善应紧紧围绕并契合商业银行贷款风险评估的三个阶段,只有在每一环节落实好贷款风险评估的各项工作,才能真正防患于未然。

(一)建立贷前风险预警体系

1. 明确贷前评估内容

商业银行贷款风险评估的首要前提是明确风险评估的具体内容。商业银行贷款风险评估是一项十分精细的工作,如果在不明确评估具体内容的条件下展开风险评估工作,很容易造成人力、物力和财力的浪费,导致最终评估结果无效。因为准确的商业银行贷款风险评估要求尽可能覆盖与贷款对象有关的信息,尤其是不能遗漏重要的信息。同时,对于无关的、冗杂的干扰信息要尽可能剔除,以避免不必要的评估损耗。就商业银行贷款评估的具体内

容而言,首先,需要对贷款对象的基本信息进行评估,包括财务状况、发展情况、偿还能力等关系到贷款偿还的基本保障内容;其次,需要对贷款用途的有关信息进行分析与调查,不符合国家和公众利益的非法用途贷款是严厉禁止的;最后,需要对贷款对象所处的宏微观环境进行分析,贷款主体与其所处的宏微观环境是一个有机的整体,通过对贷款对象所处宏微观环境的分析,能够大致分析出贷款对象在一定时间内的状态和发展趋势。除了上述一些基本内容外,贷前评估还应结合不同贷款的特性对评估的内容进行合理的取舍。尤为重要的是,信息的获取方式应该多元化,避免单一渠道带来的信息失真。

2. 提升业务人员的水平

商业银行贷款的业务人员是商业银行贷款风险防范的第一道重要关卡。只有具备较高的业务水平,才能辨识潜在的贷款风险,从而做出正确的判断与相应的决策。然而,由于商业银行贷款业务涉及的信息量较为庞杂,因此业务人员需要具备较好的信息搜集和分析能力;同时,商业银行贷款风险防范需要时间和经验的积累,因此,我国商业银行应该加大对贷款业务人员综合素质的培训力度,让他们系统学习商业银行贷款业务有关知识和风险防范技能。在培养过程中,不能刻意为了追求一时的经济效益而缩短培训时间,应着眼于长远,立足效率。

3. 创新风险评估方法

商业银行贷款业务日益复杂化,这不仅要求商业银行不断提高贷款业务人员的业务水平,也要求传统的贷款风险评估方法有所创新,与时俱进。高水平的业务人员是基本人才保证,新的商业银行贷款风险评估方法则是技术保障。只有在人才保证和技术保障的双重保护下,商业银行才有可能在激增的贷款业务中立于不败之地。商业银行贷款风险评估方法的发展历程告诉人们,商业银行贷款风险评估是一个不断完善的过程,虽有起点,但无终点。从早期的传统的定性判断到如今各种复杂的数学模型,商业银行贷款风险评估方法已经发生了翻天覆地的变化。然而,即便如此,面对新的形势和新的贷款需求,现有的方法仍然显现出了许多不足。方法的创新一方面有赖于学者在理论上的突破,但更重要的是商业银行贷款业务从业者的有效实践与探索。只有结合商业银行贷款业务发展的实际情况,在工作中不断总结经验,推陈出新,才能够创新出最适合商业银行贷款业务发展的风险评估方法。

（二）完善贷中审批决策制度

1. 优化审批人员结构

贷中审批是商业银行贷款能否发放的一个至关重要的环节。审批人员的结构对于商业银行贷款的最终去向具有决定性的意义。因此,合理的审批人员结构是保证商业银行贷款使用合理性与可行性的必要条件。就审批人员的结构而言,主要指的是审批人员的数量、人员构成等。过多的审批人员不利于形成一致的判断,过少的审批人员又缺乏说服力,只有数量合适的审批人员才能使审批结果趋于合理。审批人员数量以奇数为好,这样可以避免偶数带来的僵持情形。如果贷款金额比较小,项目风险比较容易估算,则审批人员以 5 人为好;如果贷款金额巨大,项目风险难以估算,则审批人员应不少于 5 人,但也不应多于 9 人。审批人员的年龄分布应具有合理性,既要避免年轻化的趋势,也不能完全由年迈的工作者充当。良好的年龄配比能够激发审批委员会的内部活力,从而使审批事项的进行向着良好的预期方向发展。

2. 坚持贷款审批原则

在商业银行贷款审批过程中,一定要坚持贷款审批的基本原则。具体而言,商业银行贷款审批的原则有以下三条:第一,少数服从多数原则。在商业银行贷款审批的过程中,少数服从多数原则是一项最主要的也是最基本的原则。只有严格遵循这条基本原则,才能使商业银行贷款的最终发放决策权牢牢把握在大多数人手中,从而将商业银行所面临的贷款风险最小化。第二,公平公正公开原则。商业银行贷款审批过程应该允许所有的审批人员大胆就某笔贷款阐述自己的看法与意见,这是"公平"的含义。"公正"是指对于每一笔贷款业务,审批人员应该本着公正的严肃态度做出相应的决策判断。"公开"是指商业银行贷款的操作流程和最终结果应公开透明,使贷款主体能够接触到相应的信息。第三,社会效益至上原则。对于商业银行而言,通过贷款的发放从而获取高额的利息是其盈利的一种重要模式和主要途径。因此,商业银行应以追求其经济效益最大化为首要目标。然而,商业银行的存在及其发展不能忽视其所处的社会大环境,更不能只顾自身发展而忽略了每一笔贷款背后可能涉及的众多微观利益群体。因此,社会效益至上原则在商业银行贷款审批中的重要性就显得十分突出。"社会效益至上"是指商业银行贷款审批人员应充分考虑到每笔贷款发放后可能带来的社会影响,将社会效益置于经济效益之上加以考量。如果这种影响是极为负面的,那么即使这笔贷款能为银行带来很好的经济收益,也不应通过审批。

3. 杜绝人情暗箱操作

在商业银行贷款审批过程中,难免会有不少贷款对象通过自身影响力或者人际网络对审批人员施压或人情贿赂,从而试图间接参与贷款审批过程,干预乃至操纵审批结果,这种违反贷款原则的行为是应该严厉禁止的。但在我国这种人情社会想真正做到秉公办事实属不易。许多贷款对象往往会选择在业务上与自己有长期合作关系的商业银行进行贷款,这就使得贷款业务的审批过程实质上已经成为一种人情化的产物。一旦所贷资金出现了问题,银行有关负责人会想方设法推卸责任,而不会选择主动承担。为杜绝这种情况发生,一方面应建立贷款审批监管机制,即对于每一笔贷款的受理要从头至尾进行跟踪监管,一旦发现存在暗箱操作的行为,应立刻采取有关措施应对;另一方面,应加大对暗箱操作的惩处力度。对于暗箱操作的行为及其实施主体应该严惩,轻则扣除工资,重则直接开除。同时,各银行应该建立诚信黑名单,对于暗箱操作人员,应将其列入诚信黑名单之中,避免其再从事有关贷款业务。

(三) 构筑贷后跟踪监控机制

1. 强化贷后风险意识

商业银行贷款从贷款对象提交贷款申请之日起,到通过审批至放贷需经历一个严格审查的过程,但这并不意味着贷款发放后,商业银行所面临的贷款风险也已消失。相反,商业银行所面临的贷款风险很大一部分来自商业银行贷款发放后无法偿还的违约风险。这种风险具有动态性和复杂性,往往会随着外界环境的变化而变化,是很难事先预见和识别的。因此,对于发放的每笔贷款,商业银行有关部门还应做好贷后跟踪监控工作。每一名贷款业务人员都应强化自身的贷后风险意识,充分意识到贷款工作不是一劳永逸的工作,只有时刻留意贷款的动向,才能将商业银行贷款风险控制在一定的范围内,而稍有疏忽都有可能给银行造成巨大的损失。商业银行应将贷后风险意识牢牢树立于每一个员工的心中。通过定期的培训和案例演示提升信贷人员的风险防范意识和风险管理水平。同时,不定期邀请业内著名的风险管理从业者现身说法,使贷后风险管理真正落到实处。

2. 打造贷后管理团队

随着商业银行贷款业务的增多和金融环境的日益复杂,商业银行贷款风险贷后管理的广度和深度都有所增加,对于银行从业者的贷后管理能力的要求也就越高。就人才构成而言,商业银行贷款风险贷后管理团队应吸纳各方面的复合型人才,以计算机、数学、金融、经济学等方面的人才为主,配以具有良好沟通协调能力和团队合作能力的人才。在商业银行贷款风险贷后管理的技术手段上,要善于通过高新技术的投入,建立商业银行贷款风险贷后管理动态检测模型。同时,要完善贷款数据库,及时更新每笔贷款的有关数据。此外,不同商业银行间要做好交流学习工作,通过不定期地组织有关活动,促进各自贷后管理团队的经验交流,完善自身贷后管理能力的建设工作。

3. 制定有效激励和惩罚措施

对于商业银行贷款贷后管理团队而言,每一个团队成员所面临的工作压力都是十分巨大的,这是由他们所从事的贷款风险贷后管理工作的性质所决定的。为了更好地调动团队成员工作的积极性,商业银行应该研究制定出相应的激励措施,通过实实在在的物质或精神激励推动贷后监管工作顺利进行。因此,商业银行应制定切实有效的激励和惩罚措施。通过构建贷款风险管理量化指标体系对每个信贷人员进行合理考核与评价,以提高贷款风险管理的质量。

第六章
B银行城市分行操作风险管理研究

本章以B银行S市分行为研究对象,采用理论与实践相结合的研究方法,通过文献梳理,在国内外金融管理与操作风险相关研究的基础上,以S市分行为例,根据工作实践中所积累的相关数据、信息和案例,运用比较分析等多种方法,以该分行所面临的操作风险和风险管理工具为切入点,本着实事求是的原则,对S市分行的操作风险管理进行深入分析,发现其存在的问题与原因,并提出针对S市分行的对策和建议,以此为该行业务的可持续发展提供理论参考,同时对国内其他银行也具有一定借鉴意义。

一、研究背景和意义

(一)研究背景

从20世纪90年代以来,随着全球一体化进程的加快,互联网技术迅速发展,金融产品不断创新,由操作风险引发的商业银行经营事故频繁发生,且造成的损失巨大,甚至不乏一些看似稳健运营的银行,由于操作风险损失事件引发破产的案例,迫使商业银行开始重视操作风险管控工作。《巴塞尔新资本协议》也对各金融机构的操作风险管理提出了分步骤达标要求。相对于信用风险和市场风险,操作风险管理面临诸多难点与挑战,其风险来源广泛,风险表现形式多样,而管理工具成熟度相对有限。如何对金融市场业务的操作风险进行有效评估和管理成为每个银行亟待解决的问题,各国银行业在这一问题上仍然处于不断探索之中,尚未形成一套成熟的应对机制。

根据中国银监会的安排,国内首批大型商业银行已于2010年年底开始实施《巴塞尔新资本协议》,银监会也明确鼓励商业银行逐步建立以净资本为核心的风险控制指标体系。部分国内银行(工、农、中、建及部分股份制商业银行等)已将净资本作为一个重要管理内容,开始探索引入净资本管理方法。尽管有《巴塞尔新资本协议》的定义和计量框架,但对于现阶段的中国商业银行来说,操作风险的管理仍处于探索阶段,现有操作风险管理体系仍存在风险管理体系不完善、认识有误区、数据质量差等问题,在一定程度上制约了操作风险管理作用的发挥。因此,对操作风险管理的研究和实践仍然需要进一步深化。

(二)研究意义

2000年以来,我国东部沿海地区部分区域经济发展迅猛,个别地级市二级行业务发展尤为迅速,存贷款规模不断扩大,利润不断增加,为加大对上述地区分行的支持与投入,提高其市场竞争力,B银行在部分地区设立了城市分行,脱离原先的省、地架构,由原先的二级机构升格为直属一级机构。但上述机构在升格后的转型发展过程中普遍遇到了困境。以S市分行为例,在其从被动管理向主动管理的变革中,由于欠缺管理经验,导致业务规模虽拓展迅速,但并未完成整体风险管理和内控任务,尤其是在内部控制与操作风险管理方面,近年来案件和风险事件多发,严重制约着其盈利能力的提高,并且对B银行整体声誉、监管造成较大的负面影响。因此,通过对B银行S市分行操作风险及其管理的特征进行深入分析,研究其操作风险领域分布、操作风险管理中存在的问题以及问题产生的原因,在此基础上提出有效的改进措施和建议,对该行业务的可持续发展具有十分重要的现实指导意义。同时,对于B银行所属的其他经营机构及国内其他银行也具有一定的借鉴意义。

二、国内外文献综述及简要评析

(一)关于商业银行操作风险管理的研究

2003年巴塞尔银行监管委员会提出了《操作风险管理与监管的稳健做法》,涉及操作风险有效管理措施与原则,一是营造适宜的风险管理环境,董事会与高级管理层都有责任营造这样一种公司文化,即将有效的操作风险管理与坚持稳健的营运控制确立为重中之重,并使全体员工在从事银行业务中遵守统一的行为规范;二是风险管理,其中包括识别、评估、监测和缓释/控制,采用的工具可能包括自我或风险评估、风险对应关系、风险指标、计量等。

2004年巴塞尔银行监管委员会发布了《统一资本计量和资本标准的国

际协议:修订框架》①,将操作风险定义为"由不完善或有问题的内部程序、人员及系统或外部事件所造成损失的风险。本定义包括法律风险,但不包括策略风险和声誉风险"。同时指出商业银行应开发出一个管理操作风险的框架、进行操作风险披露的需求以及3种计量操作风险的方法,即基本指标法(BIA)、标准法(SA)和高级计量法(AMA),并确定了银行是否有资格使用SA法和AMA法的标准。

陈忠阳②从操作风险的概念、操作风险管理的基本框架、操作风险管理的环境和文化、操作风险量化、操作风险管理的策略和方法进行了深刻分析和阐述。他认为实施《巴塞尔新资本协议》过程中的我国商业银行,应该从西方管理实践中学习和借鉴先进的理念、制度和方法。第一,应该提升对操作风险的认识,作为一类独立风险进行独立地专业化管理;第二,建立现代公司治理结构和内部控制体系,营造良好的环境和文化氛围;第三,要建立适当的操作风险管理组织体系,保持独立性和专业性;第四,要尽早开始损失数据库的建设和操作风险量化模型的研究开发;第五,综合应用多种操作风险管理策略和方法,增强操作风险管理的有效性和竞争力。

阎庆民③认为,中国银行业的操作风险有着自身鲜明的特征,提高我国商业银行操作风险管理水平需要从实际出发,将经济、金融规律与中国国情相结合,探索操作风险管理"中国化"的路径和方法,主要包括:一是在操作风险资本计量高级法的方法论和实证演示上有所突破;二是将信息科技风险管理纳入全面风险管理体系的管理思路和模式;三是提出有关操作风险管理框架和流程的"三大理念"和"八个原则",实行全流程管理与"嵌入式"做法。

李宝宝、王言峰④从管理学理论出发,提出商业银行应遵循企业经营管理规律管理操作风险,操作风险管理属于商业银行内部的经营管理活动,并针对商业银行操作风险的特性,分别从战略管理理论、内部控制理论、组织决策理论、公司治理理论等角度对操作风险管理进行解释。

---

① 巴塞尔银行监管委员会.统一资本计量和资本标准的国际协议:修订框架[M].第1版.中国银行业监督管理委员会,译.北京:中国金融出版社,2004.
② 陈忠阳.现代金融机构操作风险管理研究[J].经济理论与经济管理,2008(6):42-47.
③ 阎庆民.操作风险管理"中国化"探索——中国商业银行操作风险研究[M].第1版.北京:中国经济出版社,2012.
④ 李宝宝,王言峰.商业银行操作风险的管理学理论解释[J].华东经济管理,2012(4):101-104.

袁吉伟[①]从概念和意义、实施方法、实施流程三个方面,结合花旗银行 RCSA 实践,对商业银行如何开展操作风险与内部控制自我评估(RCSA)进行了阐述,并提出商业银行应当重视 RCSA,高级管理人员要积极参与自我评估,起到示范效应,要建立标准化的制度、政策、工具、语言,提高评估的客观性,要形成操作风险管理文化,要根据不断变化的环境持续开展 RCSA 评估。

朱震[②]认为,商业银行要想弥补单纯依赖审计检查的被动式识别存在的不足,就需要在各类业务领域、产品和管理活动中开展操作风险自评估活动,加强主动管理。并提出商业银行实施操作风险自评估应当建立评估工具应用制度、建立规划与发展计划、开发信息系统、加强改进优化方案的执行和监督、建立鼓励应用工具的激励机制。

邢治国[③]以 1994—2009 年间通过公开渠道收集的 325 件中国农业银行操作风险损失事件作为分析数据,构建损失分布法模型,运用蒙特卡洛模拟方法度量了中国农业银行一年所需的操作风险资本金,提出以下三点:(1)基于蒙特卡洛模拟的损失分布法可以用于我国商业银行操作风险的度量,但需重点对损失频率分布和损失金额分布拟合,不同的拟合函数会有不同的拟合结果;(2)度量操作风险所需的数据缺失是目前影响操作风险度量与管理的关键;(3)各商业银行应建立起完备且有效的操作风险管理框架,创建适合本机构实际的度量模型,切实有效地管理好操作风险。

梁力军、李志祥[④]基于复杂系统理论和企业能力理论、风险管理理论,采用理论研究和实证分析法,提出了商业银行"操作风险管理能力"的概念及其内涵构成,从安全管理理论中的"人因失误"和"组织错误"角度分析与研究了影响商业银行操作风险管理能力的各项重要因素;并对前述因素进行了相应题项设计,向各类商业银行从业人员发放调查问卷,获取了我国商业银行当前操作风险管理的具体状况。研究得出:"银行员工层次"是商业银行在操作风险管理中所必须要重点关注的影响因素。

陈元富[⑤]从商业银行内生性操作风险的生成机理角度出发,对内生性操

---

① 袁吉伟.银行操作风险与内部控制自我评估:理论与实践[J].西南金融,2011(6):58-61.
② 朱震.充分利用自评估工具有效识别和评估操作风险[J].商场现代化,2015(14):76-78.
③ 邢治国.基于损失分布法的商业银行操作风险度量[J].财会月刊,2012(15):43-46.
④ 梁力军,李志祥.我国商业银行操作风险管理能力影响因素及管理状况分析[J].管理评论,2010(5):11-19.
⑤ 陈元富.商业银行内生性操作风险的生成机理与防范对策[J].金融理论与实践,2011(2):74-76.

作风险进行了模型化和理论分析,认为内生性操作风险事件发生与否及其规模大小是既定资源环境约束下决策主体理性选择的结果,影响因素包括舞弊收入、舞弊被惩罚的概率和力度、未来期望收入及时间偏好等。

欧晖、周玮[1]认为,操作风险高级计量法对商业银行日常操作风险管理和内部控制缺乏有针对性的具体指导,也未能向管理层提供各业务板块、条线、产品、流程、环节的全行的系统性结论,无法揭示隐藏于各环节中的操作风险事件,很可能导致商业银行的系统性重大风险。因此,从统计测量法入手,通过建立模型,以内部控制检查、外部审计、监管检查信息为基础,对银行内部控制体系的建立和运行情况进行统计抽样调查、测试、分析和评价。

甄青锋[2]认为,我国商业银行在操作风险管理方面存在以下问题:一是操作风险的管理体系陈旧,二是操作风险管理的管理手段落后,三是欠缺健全的操作风险管理结构。从提升操作风险管理水平出发,商业银行需要对风险进行集中管理,明确流程、职责、内部关系;应以人为本,完善激励制度;开发风险管理系统,加强数据收集与分析应用;加强操作风险管理知识的培训,强化管理意识;规范相关制度,制定并实施一个统一的经营风险管理政策。

王曦村[3]认为,商业银行操作风险的成因一方面主要来自银行自身的因素,包括人员因素与系统技术因素;另一方面来自外部因素。我国商业银行在操作风险管理方面的主要问题在于缺乏先进的管理理念、管理体系不健全、操作风险的数据支持力度不够。对此,应当加强人员管理,包括企业文化、培训、选拔;加强技术管理,包括应急策略、升级、备份、管理与维护人员;加强与外部联系,减少政策性风险与内外部欺诈行为。

赵丽霞[4]认为,基层商业银行存在对操作风险重视程度不够,合规文化未能入脑入心;业务学习不到位,执行制度有偏差,查处整改不到位,警示效果不明显;互联网技术的快速发展易形成较大资金风险等问题,是基层商业银行操作风险的主要成因。控制基层商业银行操作风险需要培育良好的合规文化,实现观念上的转变;构建适合基层商业银行特点的管理架构,有效监督和控制柜面操作风险;建立健全制度管理,狠抓制度落实;强化学习和培训,积极开展警示教育;加大科技投入,提高操作风险防范水平。

---

[1] 欧晖,周玮.统计测量法在商业银行操作风险管理中的运用[J].经济理论与经济管理,2012(4):16-25.
[2] 甄青锋.浅析我国商业银行操作风险管理问题[J].卷宗,2015,5(12).
[3] 王曦村.商业银行操作风险管理问题解析[J].中小企业管理与科技(下旬刊),2015(9):50.
[4] 赵丽霞.浅议基层商业银行操作风险管理[J].经济管理(文摘版),2015(6):227.

胡琳娜、张文晋、沈沛龙[1]认为,在商业银行操作风险管理过程中,有必要构建全通道信息沟通网络,以监控整个银行体系可能存在的操作风险,并提出三个假设:一是商业银行已实现全行范围的网络信息化,同时已构建起监控系统;二是组织管理中信息沟通既有越层信息,也有横向联系,呈现的是网络化全沟通模式;三是组织管理中信息沟通的主体是信息元素,以信息元素为考察主体。基于后两个假设,提出引入网络化组织模式,并构建信息沟通环境、信息沟通能动体、信息通道、信息元、目标集,开展信息沟通机制研究。

(二) 关于商业银行内部控制的研究

美国 COSO 委员会在 1992 年把内部控制定义为"一种为合理保证实现经营的效果和效率、财务报告的可靠性及符合法律和规章制度三大目标的程序"。在《COSO 内部控制整合框架》中首次提出内部控制 5 个控制要素的概念,这 5 个控制要素分别是"环境控制、风险评测、活动控制、信息和沟通以及监控"。为满足监管变化、IT 技术应用等新形势需要,2013 年再次发布了《内部控制——整合框架》(2013 年版),在保持 1992 年确定的内控目标、要素的基础上,重新定义了内部控制:内部控制是一种由主体的董事会、管理层和其他员工实施的,旨在为实现运营、报告和合规目标提供合理保证的过程。总结归纳出内控管理的 17 项基本原则和 82 个细化属性,提出了新的内部控制标准,进一步拓宽了内控边界,强调了内部控制在反欺诈、舞弊方面的作用。

吴念鲁[2]基于《巴塞尔协议》及我国监管规定的内部控制制度的主要目标和内容,结合德意志银行的实例分析,提出我国商业银行内部控制必须贯彻全面、审慎、有效、独立的原则,不断完善内部控制制度,具体包括完善公司治理机制和激励约束机制、完善全面风险管理体系、完善会计管理体系和核算原则、实施专业的内部审计和内部评价制度、完善现代化的科技手段和及时的信息反馈机制。

王禄河[3]对比分析了银监会 2014 年发布的《商业银行内部控制指引》与 2007 年发布的《商业银行内部控制指引》的差异,认为新指引对内部控制的定义更强调员工的共同参与,不再局限于风险;新指引在目标与原则上更加突出了受托责任的履行;新指引突出强调了对内部控制的持续评价。对比财

---

[1] 胡琳娜,张文晋,沈沛龙.商业银行操作风险管理中的信息沟通机制[J].哈尔滨工业大学学报(社会科学版),2011(3):64-70.
[2] 吴念鲁.完善我国商业银行内部控制制度的思考[J].金融教育研究,2011(1):12-17.
[3] 王禄河.《商业银行内部控制指引》探析[J].财务与会计,2015(9):49-50.

政部等五部委2008年发布的《企业内部控制基本规范》,认为两者在定义及目标、结构、职责界定、内部控制措施四个方面存在差异。并在此基础上建议监管部门在完善指引时应关注指引的定位、考虑原则导向的不利影响、界定内部控制是过程还是机制、明确内部控制与风险管理的关系。

陈韬、王晖、陶斌智等[1]从历史的角度阐述了内部控制的发展变迁,并比较和分析了国内外不同银行的内部控制发展路径,提出:(1)商业银行的公司治理具有特殊性:银行是风险聚集地,具有很强的负外部性;资本结构特殊,即高资产、高负债和债务结构的分散化;信息不对称现象严重。(2)内部控制、公司治理以及风险管理在理论和实践中逐步走向融合。(3)国内银行内部控制优劣程度大致按"巨型银行—大型银行—中型银行—小型银行"依次递减;外资行整体上优于内资行。(4)完善内部控制应分类逐步提高监管水平、强化审计监督、全面风险管理与重点风险监控结合、加强内部控制文化建设。

中国工商银行江苏省分行课题组[2]在借鉴发达国家及地区银行内控案防管理做法的基础上,得出明确的权责划分是有力保障,严格的员工行为管理是关键环节,独立的审计检查是必要措施,强大的信息系统是有效手段,良好的内控文化是坚实基础的启示,并将其运用于我国商业银行内控案防提升对策中。

陈晓嘉、张长安、刘杰[3]以某银行省分行为例分析得出,我国商业银行内控管理在内控设计和运行两个层面存在缺陷与不足,在当前外部环境发生深刻变化、内部管理面临巨大压力和全新挑战的新形势下,建设全面内部控制管理体系需树立全面内控管理新理念、夯实全面内控管理制度基础、完善全面内控管理组织体系、加强全面风险主动管控、全面提升基础管理水平、运用信息技术提升全面内控管理能力、构建集约高效的全面内控管理监督体系。

孙晨璐、张梦芸[4]通过对商业银行内部控制进行理论研究,对建设银行总行内部控制典型案例进行分析,认为我国商业银行重大案件时有发生,内部控制还存在许多问题和不足,包括:内控文化建设不到位,风险评估技术较落后,监督手段落后,监管力度不够。同时,提出了提高和改善的建议。

---

[1] 陈韬,王晖,陶斌智,等.商业银行内部控制完善路径研究[J].财会通讯,2015(14):110-113.
[2] 万辉,陈亦松,陈健.商业银行内控案防创新研究[J].金融纵横,2015(5):16-23.
[3] 陈晓嘉,张长安,刘杰.新形势下我国商业银行全面内部控制管理体系构建[J].武汉金融,2015(2):53-55.
[4] 孙晨璐,张梦芸.我国商业银行内部控制研究[J].经营管理者,2015(12):59.

（三）关于内部控制对操作风险管理的相关性研究

袁仁书[①]从操作风险管理与内部控制的关系角度出发，对COSO委员会报告与《巴塞尔新资本协议》管理要求进行了横向对比研究，提出以下观点：即使是高度有效的内控系统仍有操作风险存在；内部控制主要基于责任分权机制及操作政策程序来扩大对失误风险的控制；操作风险管理的目的在于对风险的管控，内部控制则强调正常运营；操作风险管理职权的范围广于传统的内部控制制度，但应遵循内部控制主要意图；操作风险管理应包括提供改善操作风险管理的动机，这是传统内部控制没有的；等等。

代绍华、何广文、邵一珊[②]认为，国内外实践表明，内部控制是防范操作风险的有效方法，从实证角度考察内部控制对操作风险防控的影响，并以此验证内部控制在操作风险管理中所发挥作用的研究不足。因此，从内部控制与操作风险的对应分析、内部控制对操作风险产生影响的定量分析两个角度，通过实证分析得出内部控制对操作风险管理有比较明显的逆向对应关系，即内部控制优良的支行操作风险较低，反之则较高。

朱平、刘瑞文、张同建[③]从四大商业银行内部控制和操作风险及其相关性角度出发，认为对我国银行业危害较大的是人员操作风险与流程操作风险，其风险事件数与风险损失额远远超过系统操作风险与外部事件操作风险，内部控制同样也是我国银行业实施操作风险防范的基础性策略。

余日波[④]结合内部控制框架理论与操作风险管理特点分析了操作风险与内部控制的关系，得出内部控制不完善是操作风险的主要成因以及内部控制是防范操作风险的主要保障这两个结论。并且认为，商业银行还存在内部控制环境较差、技术手段落后、控制活动效果不理想、信息沟通不畅、内部监控不完善的问题，应当有针对性地进行改善。

张雪梅、吕金阳[⑤]从商业银行操作风险损失的典型案例出发，分析得出商

---

① 袁仁书.操作风险管理与内部控制的关系研究[J].生产力研究,2012(8):83-86.
② 代绍华,何广文,邵一珊.商业银行内部控制对操作风险管理的影响分析[J].农村金融研究,2013(3):41-44.
③ 朱平,刘瑞文,张同建.四大商业银行内部控制和操作风险及其相关性评述[J].山东商业职业技术学院学报,2013(2):16-19.
④ 余日波.基于操作风险视角下我国商业银行内部控制研究[J].金融经济,2014(8):115-117.
⑤ 张雪梅,吕金阳.基于内部控制的商业银行操作风险防范研究[J].经济研究导刊,2014(29):209-210.

业银行操作风险损失多以内外勾结和内部欺诈为主,多是银行内部流程不健全、人员素质不高及管理存在漏洞造成的,且基层机构管理层参与的比重较大。他们还提出通过高效的内部控制系统降低银行的操作风险,银行应该从内部控制的视角出发,从内部控制的5个要素出发,全面有效地降低自身的操作风险。

周玮[①]试图解决商业银行操作风险管理暨内部控制与高级计量法脱节的问题。他认为COSO与BASEL风险管理理念的差异给金融机构具体实施带来不便,内部控制标准的缺失制约我国内部控制理论与实践的发展,流程梳理是COSO和BASEL的契合点。操作风险管理暨内部控制的抓手在于框架、机制、办法、制度等基础建设,企业应加强风险管理文化建设,有针对性地防控欺诈舞弊案件。

(四) 文献评论

从理论层面看,国内外学者就商业银行内部控制与操作风险管理已经在相关理论基础上进行了广泛的研究,也正在寻找适合中国国情的操作风险管理之路,但相关的理论和具体的实践结合还略显不足。一是对我国商业银行操作风险管理存在的问题与对策的研究,仍停留在有或没有的层面,未能结合最新的管理实践进行实证分析与评判。尤其是在2009年以后,国有大型商业银行已普遍开始实施全面风险管理,将操作风险作为一项单独的风险进行管理,理念与实践均开始向国外银行靠拢,在操作风险管理工具的应用等方面,如自我评估的开展、关键指标的设立、损失数据的收集,部分银行已经达到了《巴塞尔协议》要求的实施高级法的标准,并且通过了国内监管部门的审核,这是我们不能忽略的阶段性背景。二是对内部控制与操作风险管理的区别带来的影响的应用性研究略显不足。对内部控制与操作风险管理的关系,在两者的同一性方面有较多的理论与实践研究,但是对两者的区别如管理理念的区别研究不足。但鉴于两者都是控制操作风险如欺诈舞弊案件的有效措施,在具体的应用过程中应当有所区别,在内部管理的不同措施中体现不同的精神。因此,本章将以相关内部控制与操作风险管理理论为基础,以国内商业银行操作风险管理现状为依据,提出国内商业银行操作风险管理的对策和建议。

---

① 周玮.商业银行操作风险管理暨内部控制评价理论与方法[M].北京:中国金融出版社,2014.

三、操作风险管理的相关理论

(一) 操作风险理论

操作风险管理系统应建立在对操作风险的适当定义上,该定义应列出本行操作风险的具体构成。该系统应通过制定具体的风险管理政策、操作风险管理行动的先后顺序(包括向银行外转嫁操作风险的程度和方法),以阐明本行对操作风险的喜好和容忍度。该系统还应包括具体的政策规定,列明本行识别、评估、监测和控制/缓释风险的方法。一家银行操作风险管理系统的规范与复杂程度应与其风险状况相称。

1. 定义

2004年,在《巴塞尔新资本协议》中,巴塞尔委员会对操作风险的定义进行了修订,表述为"操作风险是指由不完善或有问题的内部程序、人员及系统或外部事件所造成损失的风险"。本定义包括法律风险,但不包括策略风险和声誉风险。中国银监会基本上采纳了上述定义。

2. 类型

(1) 按照事件类型分为7类,具体包括:

① 内部欺诈,指故意骗取、盗用财产或违反监管规章、法律或公司政策导致的损失,此类事件至少涉及内部一方,但不包括歧视及差别待遇事件;

② 外部欺诈,指第三方故意骗取、盗用银行财产或逃避法律责任导致的损失;

③ 就业政策和工作场所安全,指违反劳动合同法、就业、健康或安全方面的法规或协议,个人工伤赔付或者因歧视及差别待遇事件导致的损失;

④ 客户、产品和业务操作,指因疏忽未对特定客户履行分内义务(如诚信责任和适当性要求),或产品性质或设计缺陷导致的损失;

⑤ 实物资产的损坏,指实体资产因自然灾害或其他事件丢失或损坏;

⑥ 业务中断或系统失灵,指业务中断或系统失灵导致的损失;

⑦ 执行、交割及流程管理,指交易处理或流程管理失败和因交易对手方及外部销售商关系导致的损失。

(2) 按照业务性质分为8类,如表6.1所示:

表 6.1　巴塞尔委员会的银行产品线分类①

1级目录	2级目录	业务群组
公司金融	公司金融	兼并与收购,承销,私有化,证券化,研究,债券,股本,银团,首次公开发行上市,配股
	市政/政府金融	
	商人银行	
	咨询服务	
交易和销售	销售	固定收入,股权,外汇,商品,信贷,融资,自营证券头寸,贷款和回购,债券,经纪人业务
	做市	
	自营头寸	
	资金业务	
零售银行业务	零售银行业务	零售贷款和存款,银行服务,信托和不动产
	私人银行业务	私人贷款和存款,银行服务,信托和不动产,投资咨询
	银行卡业务	商户/商业/公司卡,零售店品牌和零售业务
商业银行业务	商业银行业务	项目融资,不动产,出口融资,贸易融资,保理,租赁,贷款,担保,汇票
支付与清算	外部客户	支付和托收,资金转账、清算和结算
代理服务	托管	第三方账户托管,存托凭证,证券贷出(消费者),公司行为
	公司代理	发行和支付代理
	公司信托	
资产管理	可支配基金管理	集合,分散,零售,机构,封闭式,开放式,私募基金
	非可支配基金管理	集合,分散,零售,机构,封闭式,开放式
零售经纪		执行指令等全套服务

3. 管理方法或工具

具体内容包括:评估操作风险和内部控制(Risk And Control Assessment,简称 RACA)、损失事件的报告和数据收集(Loss Data Collection,简称 LDC)、关键风险指标的监测(Operational Risk Key Risk Indicators,简称 KRI)、新产品和新业务的风险评估、内部控制的测试和审查以及操作风险的报告等。

(二) COSO 内部控制理论

操作风险具有明显的内生性特点,主要来源于银行内部(除了自然灾害和一些不可预测的事件以外),并且大多是银行可以控制的内生性风险,主要

---

① 阎庆民.操作风险管理"中国化"探索:中国商业银行操作风险研究[M].北京:中国经济出版社,2012.

是由于内部制度不健全、业务流程不完善、相关法律制度不配套等因素所致,包括人员在操作过程中出现的意外事故,以及利用职权违规操作。因此,需要从内部控制的角度防范操作风险。巴塞尔委员会在2003年发布的《操作风险管理和监管稳健做法》中指出"银行机构内部控制框架是操作风险管理的基础",这反映了操作风险与内部控制的密切联系。一套完善、科学、行之有效的内部控制框架对控制商业银行操作风险具有天然的促进作用。

1. 定义

美国COSO委员会在1992年把内部控制定义为"一种为合理保证实现经营的效果和效率、财务报告的可靠性及符合法律和规章制度三大目标的程序"。为满足监管变化、IT技术应用等新形势需要,2013年再次发布了《内部控制——整合框架》,重新给出了定义:内部控制是一种由主体的董事会、管理层和其他员工实施的,旨在为实现运营、报告和合规目标提供合理保证的过程。

2. 目标

运营目标——组织运营的效果和效率,包括运营和财务业绩目标、保护资产以避免损失。

报告目标——内外部的财务和非财务报告的可靠性、及时性、透明度,以及监管者、标准制定机构和组织政策所要求的其他方面。

合规目标——遵守组织所适用的法律法规及规章。

3. 要素和原则

要素和原则包括环境控制、风险评测、活动控制、信息和沟通以及监控在内的5个要素17个原则(略)。

有效的内部控制要求5个要素中的每个要素以及相关原则必须同时存在并持续运行,5个要素以整合的方式共同运行。

4. 内部控制的局限性

① 目标设定的适当性是内部控制的先决条件;
② 在决策过程中的人为判断可能造成错误的偏见;
③ 因差错等人为过失而导致的内部控制失效;
④ 管理层凌驾于内部控制之上;
⑤ 管理层、组织其他人员和(或)第三方通过串通而规避控制;
⑥ 发生超出组织控制能力的外部事件。

(三) 战略管理理论

战略管理是指企业确定其使命,根据组织外部环境和内部条件设定企业的战略目标,为保证目标的正确落实和实现进行谋划,并依靠企业内部能力将这种谋划和决策付诸实施,以及在实施过程中进行控制的一个动态管理过程。

操作风险管理与商业银行内部各项经营活动密切相关,因此,在操作风险管理中,必须引入战略管理的思维和模式。从商业银行的角度系统思考,在整体的操作风险管理框架下构建操作风险管理战略,提出操作风险管理的具体目标,以此对各项业务和管理活动中可能发生的操作风险进行系统管理。

(四)企业文化理论

20世纪80年代初,美国哈佛大学教育研究院的教授特雷斯·迪尔和麦肯锡咨询公司顾问阿伦·肯尼迪在长期的企业管理研究中积累了丰富的资料。他们在6个月的时间里集中对80家企业进行了详尽的调查,写成了《企业文化——企业生存的习俗和礼仪》一书,用丰富的例证指出:杰出而成功的企业都有强有力的企业文化,即为全体员工共同遵守,但往往是自然约定俗成的而非书面的行为规范;并有各种各样用来宣传、强化这些价值观念的仪式和习俗。正是企业文化这一非技术、非经济因素,导致了这些决策的产生和企业中的人事任免,甚至小至员工们的行为举止、衣着爱好、生活习惯。在其他条件都相差无几的企业中,由于其文化的强弱,对企业发展所产生的结果就完全不同。

《操作风险管理和监管稳健做法》中提到,虽然一整套书面的正式的政策和步骤很关键,但是企业更需要一种强有力的促进稳健风险管理的控制文化。董事会和高级管理层都有责任建立强有力的内部控制文化,即将有效的操作风险管理与坚持稳健的营运控制确立为重中之重。当一家银行的文化以高标准的道德操守严格要求各级管理者时,操作风险的管理才会最为有效。董事会与高级管理层应通过各种活动和言语,努力促进这种公司文化的建立,使全体员工在从事银行业务时遵守统一的行为规范。

(五)相关性分析

1. 从目标维度看:内部控制的目标大于操作风险的目标,操作风险管理有助于实现内控目标

《企业内部控制规范》提出了5个目标,即合法合规、资产安全、财务报告真实完整、提高经营效率和效果、实现发展战略。战略目标来自企业的使命和价值观,是最高层次的目标。战略目标进而转化为合法合规、资产安全、财

务报告真实完整、提高经营效率和效果4个目标,这些相关目标必须与战略目标协调一致。操作风险管理的目标则是减少损失、实现"无意料之外的风险"文化。因操作风险发生的损失在内控的5个目标中,可以归入资产安全与经营的效率和效果。因此,可以说,内控的目标包含了操作风险的目标。

但是,同时也应看到,操作风险管理对于实现内控的目标具有重要作用。在财务报告目标方面,良好的操作风险管理可以使财务报告真实完整;在非财务报告目标方面,有效的操作风险管理在很大程度上能够保障企业合法合规、资产安全、提高经营效率和效果这3个目标;在战略目标方面,操作风险管理对于战略实现具有很大的影响,但是战略实现还涉及银行面临的其他各类风险的管理。

2. 从要素维度看:内部控制与操作风险的管理要素有较多重合

内部控制与操作风险管理框架都涉及风险管理的治理结构、风险偏好政策、风险管理流程、信息沟通机制、管理框架运转的监督等方面的内容,两者存在较多共性。《企业内部控制规范》要求企业建立有效的内部控制时至少要考虑"内部环境、风险评估、控制措施、信息与沟通、监督检查"5个要素,其中风险评估主要包括目标设定、风险识别、风险分析和风险应对,这实质上涵盖了COSOII的8要素。《巴塞尔新资本协议》关于操作风险的管理要求涉及治理结构、风险识别与评估、风险控制与缓释、监测、报告、独立检查、资本计量等要素。

两者的相同之处有五点,一是都要求建立风险识别评估机制,识别风险事件、评估风险的严重程度;二是都要求建立控制措施和风险缓释机制;三是都要求建立信息沟通机制,建立清晰的报告路线和信息系统,增强企业风险管理的透明度;四是都要求建立监督检查机制,将管理过程中的持续监控活动和具体的个别监控评价相结合;五是都要求建立内外审核独立验证机制,评价风险管理和控制活动的有效性。

两者的差异之处主要有两点,一是《企业内部控制规范》在内部环境方面提出了更为丰富且完整的评估维度和要求,从董事会、道德价值观、员工胜任能力、管理层风险、管理理念、权责分配、人力资源等方面指明了企业改善内部环境的路径;二是操作风险管理有资本计量的定量管理要素,这是内部控制所欠缺的内容。

3. 从方法维度看:内部控制与操作风险的管理方法有较多重合

《企业内部控制规范》提出了7类内部控制方法:不相容职务分离、授权审批、会计系统、财产保护、预算控制、运营分析控制和绩效考评控制。银监会关于操作风险的监管要求中,除了应用风险控制与评估、关键风险指标、损失数据收集等方法外,还包括不相容职务分离、授权管理、轮岗代职、对账、未达账项管理、印押证管理、账外经营监控、改进科技信息系统、激励机制等13项控制方法和手段。内部控制与操作风险管理的方法、工具、手段大部分重合,完全可以统筹整合,发挥控制措施的合力。

四、城市分行操作风险管理现状分析

(一)B银行S市分行简介

S市分行地处长三角地区,重建于1980年,原为省一级行下的二级分行,2001年被列为总行直属分行,2009年通过总行评定升格为总行直管一级分行,本部内设21个部门(除去党务、工会),其中专职部门9个、业务管理部门12个,对接总行各部门,履行条线管理职能;辖内各区县设有10家二级分行,对外营业的基层机构197个,在编员工4 782人。30多年来,S市分行根植地方经济,不断创新发展,实现了由外汇外贸专业银行向综合性现代大型商业银行的根本转变:积极支持区域经济建设,广泛参与地方重大国计民生项目;同时在外币兑换、出国留学、私人银行、个人信贷等领域始终关注个人客户金融消费升级的需求变革,各项业务指标保持稳步增长,综合竞争力不断提升,本外币存、贷款总规模双超2 000亿元,连续两年荣获《欧洲金融》"陶朱奖"最佳供应链金融重点推荐奖项,成为地区金融体系中最具竞争能力和发展潜力的商业银行之一。

(二)S市分行面临的主要操作风险

通过整理2011—2015年期间S市分行正式记录的问题清单以及收集的损失事件清单,并以此作为分析对象,分别按照巴塞尔委员会的操作风险管理分类标准,对当前S市分行所面临的操作风险进行定量分析。

1. 操作风险问题分析

通过整理2011—2015年S市分行正式记录的问题清单,得出2011—2015年S市分行操作风险问题汇总,如表6.2所示。S市分行内外部检查共发现各类问题16 201个,涉及7个业务条线和非业务管理活动。通过比对2011—2015年度S市分行操作风险问题数、项目类型及问题影响度,可以得出近几年S市分行操作风险的总体趋势及风险分布情况,下面将具体展开分析。

表 6.2　2011—2015 年度 S 市分行操作风险问题汇总①

单位:件

影响度	业务条线	问题来源	2011	2012	2013	2014	2015	总计
很高	交易和销售	内部审计				1		1
		内控检查		1				1
	零售银行	内控检查			1			1
	商业银行	内部审计					3	3
		内控检查		1				1
	支付与清算	内控检查					1	1
		自查与评估	1					1
高	代理服务	内控检查	5			2		7
	交易和销售	内部审计	1					1
		内控检查	3		1	3	2	9
	零售银行	监管					5	5
		内部审计	3					3
		内控检查	7		1	6	9	23
	商业银行	监管					14	14
		内部审计			2		16	18
		内控检查	4	27		6	12	49
	支付与清算	监管					3	3
		内控检查	1	4	4	10	8	27
	非业务	监管					15	15
中	代理服务	内部审计					20	20
		内控检查	12	2		1	1	16
		自查与评估		6				6
	公司金融	监管			1			1
		内控检查	6					6
	交易和销售	监管					1	1
		内部审计		8	4	2	10	24
		内控检查	15	11	18	16	47	107

① 数据来源:搜集整理 2011—2015 年度 S 市分行问题库数据。

续表

影响度	业务条线	问题来源	年度 2011	2012	2013	2014	2015	总计
中	零售银行	监管				3	13	16
		内部审计	23	7	30	19	69	148
		内控检查	60	57	75	46	199	437
		自查与评估	5	4				9
	商业银行	监管				1	20	21
		内部审计	2		64	18	146	230
		内控检查	113	85	40	89	90	417
		自查与评估	10	5				15
	支付与清算	监管	2				8	10
		内部审计	1	24			15	40
		内控检查	69	124	73	45	138	449
		自查与评估	5	8				13
	资产管理	内部审计			1		2	3
		内控检查				4	3	7
	非业务	监管					18	18
		内部审计	1			5	29	35
		内控检查	4	30	11	30	57	132
低	代理服务	内部审计			1	4		5
		内控检查	18	25	12	15	14	84
		自查与评估		52	1			53
	公司金融	内控检查		1		2	1	4
	交易和销售	监管					3	3
		内部审计		1	6	2		9
		内控检查	62	83	108	139	239	631
		自查与评估		4	1			5
	零售银行	监管	3			4		7
		内部审计	14	22	16	12	2	66
		内控检查	155	365	367	368	777	2 032
		自查与评估	14	8	11			33

续表

影响度	业务条线	问题来源	年度					总计
			2011	2012	2013	2014	2015	
低	商业银行	监管				10	15	25
		内部审计	1		34	13	19	67
		内控检查	221	279	280	395	524	1 699
		自查与评估	11	17	8			36
	支付与清算	监管					3	3
		内部审计			19			19
		内控检查	182	380	299	402	499	1 762
		自查与评估	5	6	9			20
	资产管理	监管					1	1
		内控检查					1	1
	非业务	监管				1	6	7
		内部审计			1	9	3	13
		内控检查	55	86	28	85	175	429
		自查与评估	1					1
很低	代理服务	内部审计				1		1
		内控检查	9	15	4	11	4	43
		自查与评估	3	24	30		1	58
	交易和销售	监管					2	2
		内部审计				2		2
		内控检查	12	13	26	35	27	113
		自查与评估	7	20	15	1	13	56
	零售银行	监管					2	2
		内部审计	11	18	9	8	2	48
		内控检查	90	112	144	198	205	749
		自查与评估	502	1 492	682	6	14	2 696
	商业银行	监管				6	4	10
		内部审计			16	11	9	36
		内控检查	65	40	142	160	167	574
		自查与评估	19	53	45			117

续表

影响度	业务条线	问题来源	年度					总计
			2011	2012	2013	2014	2015	
很低	支付与清算	监管				3		3
		内部审计		8			1	9
		内控检查	59	126	180	215	188	768
		自查与评估	135	614	428	16	34	1 227
	资产管理	内控检查					1	1
	非业务	监管					8	8
		内部审计				5		5
		内控检查	16	60	36	47	52	211
		自查与评估	39	27	17			83
总计			2 062	4 374	3 281	2 489	3 995	16 201

(1) 操作风险问题的年度变化趋势分析。

① 问题数量的年度变化趋势。

2011—2015年,S市分行操作风险问题数分别为2 062、4 374、3 281、2 489和3 995件,从总量来看,呈上下波动的趋势。但是,通过整理2011—2015年度期间问题来源发现,除自查发现的问题数从2013年开始大幅减少外,内控检查、内部审计、监管都呈现上升趋势,如图6.1所示。这在一定程度上反映了两个问题:一是说明S市分行在竞争日益激烈、经济形势不断变化、经营情况越来越复杂的背景下,风险防范效果不佳;二是一道防线自查监督履职存在不到位的问题。

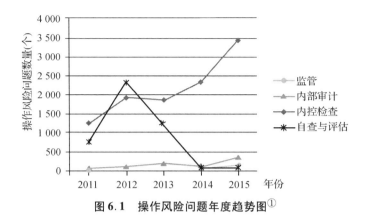

图 6.1　操作风险问题年度趋势图①

② 问题所属业务的年度变化趋势。

从上面的分析得知,由于 S 市分行一道防线检查监督履职存在不到位的问题,"自查与评估"发现的问题成为对变化趋势进行分析的干扰因素。因此,本章在分析 S 市分行操作风险问题在业务条线的年度变化趋势时,在剔除问题来源为"自查与评估"的前提下进行整理,如图 6.2 所示。2011—2015年,从横向来看,零售银行、支付与清算、商业银行是 S 市分行问题发生较多的业务;从纵向来看,除代理服务和公司金融两个业务无明显的变化特征以外,零售银行、商业银行、支付与清算、交易和销售、资产管理等业务以及非业务方面的问题的数量呈现上升趋势,尤其是 2013 年后上升趋势尤为明显。

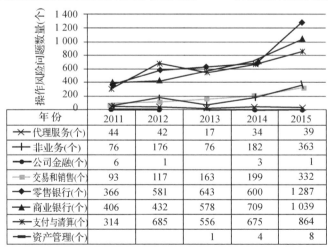

图 6.2　操作风险问题归属业务条线年度趋势图

---

①　数据来源:根据表 6.2 中数据统计整理。

（2）操作风险问题的业务条线与影响度分析。

通过梳理发现问题的业务条线与问题影响度的关系,如表6.3所示,零售银行、支付与清算、商业银行、交易和销售为问题数量较多的业务条线,影响度为"中"以上的问题数量也较多,但在本条线内的占比不高,说明上述业务条线以发生频率高、损失较少的日常差错为主;同时,影响度"很高"的问题也存在发生重大操作风险事件的隐患,但是由于影响度"很高"的问题具有偶发性和较大的不确定性,因此更加难以进行预测和管理;另外,相较于零售银行、支付与清算,商业银行业务由于在银行资产中占比大,产生风险后造成的影响也更大。资产管理、公司金融业务虽然在日常发生问题的概率较小,但是发生"中"以上影响度的问题的概率较高,属于低频高危业务。

表6.3 S市分行操作风险问题的业务条线与影响度分析表①

业务条线	全量问题数		"中"以上问题数（含"中"）					
	问题数	占比问题总数	中	高	很高	合计	占比"中"以上总数	占比本业务问题数
零售银行	6 275	38.73%	610	31	1	642	27.16%	10.23%
支付与清算	4 355	26.89%	512	30	2	544	23.01%	12.49%
商业银行	3 332	20.57%	683	81	4	768	32.49%	23.05%
交易和销售	965	5.96%	132	10	2	144	6.09%	14.92%
非业务	957	5.91%	185	15		200	8.46%	20.90%
代理服务	293	1.81%	42	7		49	2.07%	16.72%
资产管理	13	0.07%	10			10	0.42%	76.92%
公司金融	11	0.07%	7			7	0.30%	63.64%
总计	16 201	100.00%	2 181	174	9	2 364	100.00%	

（3）操作风险问题的事件类型分析。

为了进一步对S市分行操作风险问题的形成原因进行分析,本章对2015年发现的7个业务分类中的3 632个问题,按照事件原因和风险因素进行了分类,如表6.4所示。

① 仅从事件数量看,主要集中在执行、交割和流程管理,客户、产品和业务活动,分别占总数的72.08%和19.47%,两种事件合计占比达到91.55%。

② 结合事件类型和业务条线来看,支付与清算业务和零售银行业务中

---

① 数据来源:根据表6.2中数据统计整理。

的执行、交割与流程管理事件占比较高,分别为23.07%和22.55%。

③ 结合事件类型和影响度来看,影响度为"中"以上的问题仍然集中在客户、产品和业务活动(222),执行、交割和流程管理(457),但是执行、交割和流程管理问题数仅占本类型总数的17%,说明该类型为高频低危事件;内部欺诈(73)和外部欺诈(98)分别占本类型总数的68%和59%,说明一旦发生风险事件,产生高损失风险的可能性较高。

表6.4 S市分行操作风险事件类型分布表①

单位:个

事件类型	影响度	代理服务	公司金融	交易和销售	零售银行	商业银行	支付与清算	资产管理	总计
内部欺诈	合计			5	72	14	16	1	108
	高			1	7	1	2		11
	中			2	42	12	5	1	62
	低			2	19		7		28
	很低				4	1	2		7
外部欺诈	合计	1			91	70	3		165
	很高					1			1
	高					3			3
	中	1			58	34	1		94
	低				32	27	2		61
	很低				1	5			6
就业制度和工作场所安全	合计			3	14	1			18
	中				4				4
	低			3	9	1			13
	很低				1				1
客户、产品和业务活动	合计	15	1	52	303	293	41	2	707
	很高				1	2			3
	高				5	24	2		31
	中	13		21	49	97	7	1	188
	低	2	1	28	206	131	24	1	393
	很低			2	43	39	8		92

① 数据来源:搜集整理2015年度S市分行问题库数据。

续表

事件类型	影响度	代理服务	公司金融	交易和销售	零售银行	商业银行	支付与清算	资产管理	总计
信息科技系统事件	合计			12	2	1	1		16
	中				1	1			2
	很低			12	1		1		14
执行、交割和流程管理	合计	24		272	819	660	838	5	2 618
	很高						1		1
	高			1	2	14	7		24
	中	7		35	127	112	148	3	432
	低	12		208	517	399	470	1	1 607
	很低	5		28	173	135	212	1	554
总计		40	1	344	1 301	1 039	899	8	3 632

（4）操作风险问题的机构分布分析。

通过整理发现S市分行2011—2015年间操作风险问题的责任机构分布如表6.5所示,问题主要集中在基层经营性网点,占问题总数的80.74%。从问题严重度分布来看,"很低"影响度的占92.93%,"低"影响度的占76.24%,"中"影响度的占60.52%,"高"影响度的占40.80%,"很高"影响度的占22.22%。除"高""很高"以外,其余三项均占了很大的比重。

表6.5 操作风险问题机构分布表[①]

单位:个

影响度 责任机构	很低	低	中	高	很高	总计
一级分行	72	146	321	31	2	572
二级分行	410	1 521	540	72	5	2 548
经营性网点	6 340	5 348	1 320	71	2	13 081
总计	6 822	7 015	2 181	174	9	16 201

相应的柜员、业务经理、网点负责人、公司客户经理、个人客户经理作为网点的主力,承担了较大的风险敞口。柜员的主要问题在于柜面操作未能完

---

① 数据来源:搜集整理2011—2015年度S市分行问题库数据。

全符合 B 行规章制度要求,操作存在随意性;业务经理的问题主要在于交易的二次核实、营运机具管理、规章制度传导不到位;网点负责人的主要问题在于网点日常管理履职不到位、贷款审批责任缺失;公司客户经理的问题在于贷前调查、批复条件落实、贷后资金监控等环节不严格;个人客户经理的问题主要集中在个贷资金用途不符、理财风险测评不合规及代客保管等问题。

2. 操作风险损失分析

根据 S 市分行 2011—2015 年期间操作风险损失数据收集工作实施情况,梳理得到了 S 市分行 2011—2015 年 LDC 汇总数据,如表 6.6 所示。S 市分行于 2011—2015 年间共收集损失事件 536 起(收集门槛为毛损失等值 10 000 元人民币),毛损失金额累计 15 969 万元,净损失金额累计 14 735 万元。

表 6.6　S 市分行 2011—2015 年 LDC 汇总数据表①

业务流程	事件类型	事件数(按影响度)/个				毛损失金额(折人民币)/万元	净损失金额(折人民币)/万元
		低	中	高	很高		
零售银行	内部欺诈		2		2	12 621.38	12 570.00
	外部欺诈	439	11			1 267.90	1 224.90
	客户、产品和业务活动	61				109.48	85.38
	执行、交割和流程管理	2	3			92.98	1.28
商业银行	客户、产品和业务活动		2	1		726.91	726.91
支付与清算	客户、产品和业务活动			1		120.64	120.64
	执行、交割和流程管理	4	3	5		1 029.95	6.00
总计		506	21	6	3	15 969.24	14 735.11

在损失事件类型上,S 市分行操作风险的表现形式主要为外部欺诈,客户、产品和业务活动,执行、交割和流程管理,内部欺诈。从业务条线和损失事件类型分布来看,呈现集中化趋势。事件数占比最大的是零售银行中的外部欺诈,占到了总数的 81.90%,主要形式为窃取信用卡信息进行盗刷,金额普遍不大;损失金额最大的是零售银行的内部欺诈,毛损失金额和净损失金

---

① 数据来源:搜集整理 2011—2015 年度 S 市分行操作风险管理报告。

额占比分别达到79.04%和85.31%,仅4起事件就造成了12 570万元的损失,主要形式是有基层网点管理人员参与的挪用客户资金案件,说明相对于外部欺诈,一旦商业银行内部人员参与欺诈活动中,就会给银行造成巨大损失。另外,零售银行和商业银行中的客户、产品和业务活动损失主要是未按规定审查客户信用而产生的不良款项,产品设计不合理以及服务质量不规范造成的诉讼、罚款;执行、交割和流程管理主要是业务记账错误,由于可以向客户追回款项,所以净损失较低。

3. S市分行面临的主要操作风险综述

综合以上分析结果,我们可以得出以下结论:

(1)从业务条线来看,S市分行面临的风险主要存在于零售银行、支付与清算、商业银行。这与以往我们看到的关于我国商业银行操作风险业务条线分布的研究结论不同。根据阎庆民在《操作风险管理"中国化"探索:中国商业银行操作风险研究》一书中的研究结果,商业银行业务的操作风险在整个操作风险中占比比较大,零售银行和支付与清算业务相对金额较少。① 笔者认为,这是因为近年来随着互联网金融的不断崛起,对商业银行中个人存款、个人理财、转账汇款等零售业务与清算业务形成了冲击:如个人负债业务,各级营销人员和管理人员面临巨大考核压力,现有的业务流程和控制又比较复杂,基层机构为了业绩放松对合规要求;再如网上银行、手机银行等电子支付业务,为了追赶互联网企业脚步,商业银行加大了对上述业务的开发和推广力度,又苦于缺乏技术力量和管理经验,造成产品和流程存在一定问题,但比较幸运的是,相对传统的银行卡业务,电子支付渠道信息被窃取导致的客户损失(如钓鱼网站、泄露验证码等)尚未有客户追究银行管理责任,因而没有财务损失的记录,但潜在的客户负面评价也严重影响银行业务拓展。

(2)从事件类型来看,执行、交割和流程管理,客户、产品和业务活动,外部欺诈,内部欺诈等人员因素是S市分行操作风险产生的主要因素。而且相对于外部欺诈的外部因素,内部因素占了绝对的比重。在内部因素方面,执行、交割和流程管理,客户、产品和业务活动方面的操作失误是主要因素,但这类问题产生重大损失的可能性较小,因此,应重点关注和防范人员故意违规行为。

---

① 阎庆民.操作风险管理"中国化"探索——中国商业银行操作风险研究[M].北京:中国经济出版社,2012:117.

(3) 从风险分布机构来看,基层经营性网点是操作风险主要敞口(除操作风险问题外,操作风险损失中的4起内部欺诈事件也都发生在网点),这是由于相对于一级分行和二级分行,基层经营性网点作为全行经营的最基本单元,处于业务最前线,多数业务的发起、处理都在网点,但是由于当前的垂直结构设计,网点离顶层管理部门的路径较远,分布散、人员多、情况复杂,管理要求传达与执行的时效性和完整性都会打折扣,风险更加难控制;同时,为了防范重大损失的发生,对于享有更高一级业务发起权限的二级分行,应在商业银行业务中提高审查力度。

(三) S市分行操作风险管理实践

根据总行的统一要求,S市分行于2005年开始全面启动内控体系建设,围绕"构建我行全面系统、动态、主动和可证实的内部控制体系"的目标,初步搭建了以三道防线为核心的内部控制与操作风险管理体系,重点解决了"双基"薄弱的问题。从2011年起,根据发展战略的调整,并结合新的监管变化,以实施《巴塞尔新资本协议》操作风险管理项目和企业内部控制基本规范为契机,着手建立"全面风险管理、全部业务流程、全过程控制,体系可靠、风险可控、运行可持续"的内部控制与操作风险管理体系,在政策制度、管理语言、信息平台等方面,引入操作风险管理的方法理念,实行一体化管理,通过建立内部控制三道防线,开发运用多种操作风险管理方法与工具,初步建立了较为完善的内控及操作风险管理体系。

1. 建设内部控制三道防线

在组织架构和运行模式方面,S市分行建立了覆盖银行各个层级、条线和机构的操作风险管理组织架构,形成了内部控制三道防线体系(如图6.3所示)。成立风险管理与内部控制委员会,在操作风险管理方面负责维护本行操作风险管理框架的总体运行,评估操作风险管理框架及制度的有效性,识别操作风险管理框架的不足和缺陷,决定采取相关改进措施并督导落实和执行。指定内控与法律合规部作为本行操作风险管理的牵头部门,在业务条线部门设立操作风险管理团队或岗位开展操作风险识别、评估、监测、控制或缓释、报告工作。各部门以及下级机构依据职责,在承担的业务经营和管理活动范围内承担直接责任,作为操作风险所有人,负责对其所有的操作风险进行日常管理。

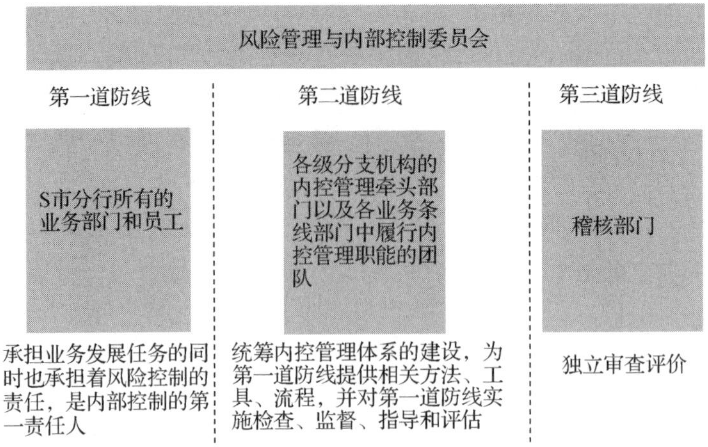

```
                    风险管理与内部控制委员会
        第一道防线              第二道防线              第三道防线
                              各级分支机构的
                              内控管理牵头部
        S市分行所有的          门以及各业务条            稽核部门
        业务部门和员工          线部门中履行内
                              控管理职能的团
                              队

        承担业务发展任务的同    统筹内控管理体系的建设，为     独立审查评价
        时也承担着风险控制的    第一道防线提供相关方法、工
        责任，是内部控制的第    具、流程，并对第一道防线实
        一责任人              施检查、监督、指导和评估
```

图 6.3　S 市分行内部控制三道防线[①]

第一道防线强调业务条线和基层机构作为风险所有者,要对风险实施主动管理;第二道防线强调对风险的专业化管理,负责提供管理方法和工具,对第一道防线履职情况进行监督、检查和评价;第三道防线强调的是独立监督和提供内控增值服务。同时为促进三道防线的有效运转,充分发挥第二、三道防线的作用,建立第二、三道防线间的沟通协调机制,实现信息的及时共享和充分利用,提高管理资源利用的效率和有效性。

2. 确定操作风险分类标准

在管理方法方面,B 银行从操作风险原因、事件、风险影响后果、影响评级、风险概率评级及风险严重度评级等方面对操作风险进行分类,为操作风险管理流程在全行范围内提供了统一标准和"共同语言",主要分类如表 6.7 所示。

表 6.7　B 银行操作风险分类表[②]

操作风险原因一级分类	操作风险事件一级分类	操作风险影响分类	操作风险影响评级、概率评级、严重度评级
资产	内部欺诈	财务影响:操作风险损失事件引起的直接财务损失	很高
信息科技系统	外部欺诈		高
流程	就业制度和工作场所安全事件		中

---

① 资料来源:参考 S 市分行三道防线架构编制。
② 资料来源:参考 B 银行操作风险管理制度编制。

续表

操作风险原因一级分类	操作风险事件一级分类	操作风险影响分类	操作风险影响评级、概率评级、严重度评级
人员	客户、产品和业务活动事件	非财务影响:客户/服务、声誉、员工、法律/监管影响,指由操作风险损失事件引起的对组织直接造成不利影响的非财务结果	低
经营活动	实物资产的损坏		很低
环境	IT系统事件		
政治	执行、交割和流程管理事件		
监管			

S市分行遵循了该标准,通过应用各类管理工具,如风险与控制评估(RACA)、关键风险指标(KRI)、损失数据收集(LDC)、内控监督检查、操作风险管理报告等,建立操作风险识别、评估、控制/缓释、监控、报告的管理循环(如图6.4所示),实现"无预料之外的风险",同时将控制融入日常管理,嵌入业务流程,兼顾精细化管理与基层操作的便利性;以IT系统为支持实现风险控制、监督的自动化和信息化,先后出台了事后监督、业务经理派驻、远程视频监控、问题整改跟踪、基层自查等20余项内控措施,初步建立了较为严密的管控措施体系。

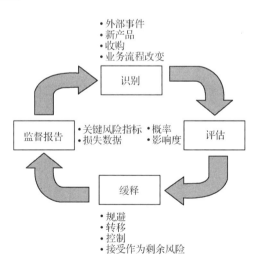

图6.4 操作风险管理循环示意图[①]

---

① 资料来源:参考B银行操作风险管理框架编制。

3. 营造合规环境

随着风险管理体系的改革和不断完善,S市分行不断加强规章制度建设,通过使用模拟内部操控风险发生的方法,制定相应的规章制度,从而建立起一套完整的管理流程体系,分别是政策总体架构、管理具体方法、管理一般流程、具体操作指导、风险提示。结合40小时培训、合规测试、基层机构等方式,提高员工的业务技能,解决履职能力问题。同时,开展各类警示教育活动和合规主题活动,建立违规处理问责和奖励机制,进一步增强合规经营和风险防范意识,牢固树立"合规创造价值,防范人人有责"的理念,营造安全、稳定、和谐的经营环境。

(四) B银行S市分行操作风险管理存在的问题

1. 三道防线履职交叉错位

按照三道防线的设计,各道防线应各司其职,各负其责。但普遍存在"一道没做的二道做,二道没做的三道做"的现象,第二道、第三道防线管理越位,造成管理错位和风险敞口后移;同时,第二道、第三道防线由于自身专业性不强,未能充分发挥监督与指导功效,无法完全替代第一道防线的自我管控作用,造成整个三道防线体系运转效果不佳。

(1)第一道防线自查履职不到位。

自我检查、监督职能发挥不充分,业务条线和基层机构自我检查监督的职能削弱,风险管理的主动性降低,能力下降。由于近年来第二道防线加大内控检查监督力度,而且监管检查、稽核检查、外部审计较多,第一道防线的主要精力用于应付检查监督,业务条线的检查监督基本由第二道防线(内控团队)组织落实,第一道防线(业务团队)组织开展的检查、监督减少。基层机构的自我检查监督职能主要集中于派驻业务经理一人,在其转型后(由派驻业务经理转为基层主管内控运营的副职),由于承担大量网点事务性工作,检查监督职能有所弱化。

(2)第二、三道防线管理越位。

第二道防线积极履行检查监督职责,通过加大现场检查、非现场监控、应用操作风险管理工具等开展风险识别、评估、监控,但对第一道防线的自我管理能力培养不足,客观上限制了第一道防线自我检查、自我监督职能的发挥,同时业务条线内控团队作为第二道防线也参与业务流程的梳理和改造中,存在一定的管理越位现象。稽核部门在内控第三道防线改革后的定位是履行稽核确认、内控评价、咨询与反欺诈舞弊4项职能,但近年来主要发挥的仍是稽核检查功能,与第二道防线的内控检查在功能上存在重复。

(3)第二、第三道防线的专业性有待提升。

第二道防线的风险分析、预判能力不足,对于 RACA、KRI 等新型工具的应用不足;在内控检查项目整合、跨条线风险管理方面还做得不到位,对业务条线的指导不够深入。相对于一级分行,二级分行对基层营业网点的监督指导不充分问题更为明显与严重:在 2011—2015 年间 S 市分行内控检查发现的 10 702 个问题中,分行对二级分行本部检查发现问题 4 299 个,相当于平均每年每行发现问题 85 个;二级分行对网点检查发现问题 6 403 个,相当于平均每年每网点发现问题 6.5 个,且问题风险影响度普遍较低;相较于二级分行面临的众多营业网点而言,内控监督检查职能对网点风险的发现能力稍显不足。同时,第三道防线存在内控评价、咨询与反欺诈舞弊等专业职能发挥不足问题,对改进内控管理的价值贡献度不高。

(4)基层管控存在多头管理。

基层管控存在风险管理、运营管理、监察等部门共同管理基层内控的局面,增加了基层负担,如图 6.5 所示。监察部门开展的案件风险排查、基层案件风险考评机制与风险管理部门的内控检查、内控合规考核存在交叉现象。监察部门开展案防工作运用的几乎全部为内控资源,造成基层内控资源紧张。同时风险管理部门与运营管理部门在基层管控、基层风险监控方面存在交叉现象,但基层主管运营内控及运营的副职(派驻业务经理)考核完全由运营总部负责,不利于基层管控职责的落实。

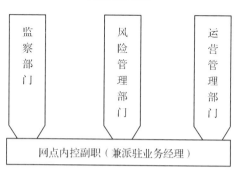

图 6.5 基层管控多头管理示意图[①]

---

① 资料来源:参考 S 市分行基层管控现状编制。

(5) 第二道防线范围相对偏窄。

与国际内部审计师协会(IIA)2013年发布的《有效风险管理及控制中的三道防线》、巴塞尔委员2012年发布的《银行内部审计职能》中内控三道防线相比(如表6.8所示),S市分行内控第二道防线中除牵头部门外再无其他服务支持部门,信息科技部门、人力资源、运营服务、授信管理等部门均游离于三道防线之外。

表6.8 三道防线比较①

	第一道防线	第二道防线	第三道防线
国际内部审计师协会(IIA)	拥有并管理风险的运营管理部门	进行风险监控的相关职能部门,如风险管理部门、合规部门和财务监控部门等	对风险状况提供独立性保证的内部审计部门
巴塞尔委员会(BIS)	业务单元,任何与客户直接接触的业务活动	支持性职能部门,包括风险管理、合规、法律、人力资源、财务、运营、技术等	内部审计
S市分行	业务经营机构和业务职能管理部门	内控管理牵头部门以及各业务条线部门中履行内控管理职能的团队	内部稽核

2. 操作风险管理工具应用不足

(1) 风险与控制评估(RACA)。

根据S市分行2011—2015年期间风险与控制评估工作实施情况,梳理得到S市分行RACA计划实施结果汇总数据,如表6.9所示。

表6.9 S市分行RACA计划实施结果汇总表②

单位:次

年度	评估开展情况		自行开展			应总行要求开展			总计
			触发式	年度	合计	触发式	年度	合计	
2011		评估计划数	1	1	2		40	40	42
	评估结果	识别风险数	12	10	22		969	969	991
		剩余风险"中"以上		1	1		13	13	14

---

① 资料来源:参考S市分行三道防线架构及公开资料编制。
② 数据来源:搜集整理2011—2015年度S市分行操作风险管理报告。

续表

年度	评估开展情况		自行开展			应总行要求开展			总计
			触发式	年度	合计	触发式	年度	合计	
2012		评估计划数	3	3	6	3	31	34	40
	评估结果	识别风险数	24	47	71	34	937	971	1 042
		剩余风险"中"以上					1	1	1
2013		评估计划数	3	1	4	3	35	38	42
	评估结果	识别风险数	36	31	67	16	688	704	771
		剩余风险"中"以上							
2014		评估计划数	2		2	6	25	31	33
	评估结果	识别风险数	9		9	35	510	545	554
		剩余风险"中"以上							
2015		评估计划数	1		1	1	19	20	21
	评估结果	识别风险数	2		2	13	422	435	437
		剩余风险"中"以上							

① 识别与评估的主动性不足。

一是2011—2015年期间，S市分行共开展了178次风险与控制评估工作，其中自行开展评估计划15次，占比8.43%；应总行要求开展评估计划163次，占比91.57%。二是上述年度内，S市分行评估对象涵盖了69个流程，其中27个流程在5年内仅开展过一次评估，与集团操作风险管理政策要求的"核心流程一年一评估，非核心流程三年一评估"的要求存在较大差距。三是对于个别操作风险损失超过100万元以上的损失事件，未能按照要求完成触发式的风险与控制评估。这说明S市分行评估工作大多是被动接受总行安排的业务和产品的风险评估，而没有主动针对分行操作风险管理的薄弱环节和内控体制方面开展特色化的风险评估工作。

② 识别和评估的专业性不足。

风险识别与评估技术包括定性和定量两个方面。定性指的是对银行面临的操作风险性质进行识别与评估，针对不同的风险，进一步完善内控、健全内部审计，从而达到防范和降低操作风险的目的。定量指的是以银行历史数据作为研究和探讨的依据，选择一些合适的指标，将操作风险量化，并运用相关的软件进行统计分析。在选择指标时，主要是借鉴前人的研究成果，运用损失频率及损失严重程度这两个指标进行量化分析,进而对风险进行更加具体的测量。从评估结果来看,S 市分行存在定性不精确、定量无效的问题。

在定性方面,不能完全按照风险识别与评估所要求的场景分析法来确定风险,未能按照"环节+行为+后果"的方式组织风险点,或者未能详细阐述控制措施,造成风险点、控制措施描述不精确,导致在数据系统风险库中,由于只字之差形成过多的无效、冗余风险点和控制措施,使得风险库的应用大打折扣。

在定量方面,S 市分行始终不能做到量化分析。一是所有的评估结果都欠缺历史数据的支撑,评估结果中的影响、概率级别主要依靠专家组成员的主观判断。二是评估人员未能理解风险与控制间的逻辑关系,主要控制措施为减损性措施,但在剩余风险中的表现则变成了概率评级的下降。上述两种不合理的评估行为导致影响级别不具备科学性,其他工具(如检查发现问题的严重度)无法应用,形成了互相矛盾的现象。同时,从 2012 年开始,评估识别的"中"级别以上的风险,原则上为不可接受风险,需要主管部门优化控制方案,否则需由主管部门总经理签字明确表示接受该风险,导致部分部门人为地降低风险严重程度,规避管理责任。

(2)关键风险指标监控(KRI)。

根据 S 市分行 2011—2015 年期间关键风险指标管理工作实施情况,梳理得到了 S 市分行 KRI 监控汇总数据,如表 6.10 所示。

表 6.10　S 市分行 KRI 监控汇总表①

属性	监控指标数/个			覆盖部门范围/个	监控次数/次	监控预警情况/次	
	按季监控	按月监控	合计			预警指标数	预警次数
总分行共用	21	13	34	9	673	6	12
分行自用	17	14	31	10	833	6	43
总计	38	27	65	12	1 506	12	55

① 监控指标风险覆盖不足。

操作风险 KRI 覆盖度不足。2011—2015 年间,S 市分行设置过 65 个操作风险 KRI,共覆盖了 12 个部门,覆盖率为 57.14%;其中授信业务指标 20 个,占比 30.77%,而在柜员管理、账户管理、网银交易、理财产品销售、信息科技等容易引发操作风险损失的业务领域的 KRI 偏少。

---

① 数据来源:搜集整理 2011—2015 年度 S 市分行 KRI 监控报表。

② 指标风险预判能力较弱。

一是65个指标类型中,预测性指标为9个,占比13.85%;滞后性指标为56个,占比86.15%,风险预防性指标占比较少,对风险的总结作用大于对风险的防范作用。二是指标敏感性不足。监测中发生预警的KRI偏少,2011—2015年间,全行仅有12个KRI指标出现预警,占全部指标总数的18.46%,有53个指标从未出现过预警;出现预警次数为55次,占监控总次数的3.65%。这反映了现有KRI阈值不够敏感,各部门确定的操作风险偏好仍然偏松。三是数据采集方式落后,所有的指标监控数据均由指标管理人员手工录入,监控数据的准确性与及时性得不到保证,对于指标的使用人员而言,该KRI监控体系与业务报表、数据系统相比沦为鸡肋。

(3) 操作风险损失数据收集。

S市分行在损失数据收集的过程中,存在着严重的时效性不足以及完整性不足的问题。

① 损失数据收集的时效性不足。

2011—2015年间,在S市分行收集的损失事件中,从发现日期到填报日期,平均时长超过了1年,这与操作风险管理要求的"发现之日起1个月内填报"存在巨大的差距,主要体现在外部欺诈、内部欺诈与执行、交割和流程管理造成的损失方面。在外部欺诈方面,由于主要是客户原因造成的损失(如卡被盗刷),但客户认为银行存在管理责任而向银行追偿,由于存在银行可能免责的结果,所以业务主管部门在事件赔偿最终确定后才将事件录入,但事件处理过程涉及跨境调查、诉讼等,时间跨度较长。在内部欺诈方面,对于有员工参与的案件损失,管理部门间相互推诿,无法确定主报告部门,确定报告部门后,由于事件最终责任尚未明确,不愿意进行预判并履行管理责任,导致时间被延长。在执行、交割和流程管理方面,由于对毛损失概念的不理解,或是出于对自身的保护,发生差错的机构、部门未向风险管理部门报告损失事件,风险管理部门也没有账务实时监控的权限,直至风险管理部门在半年度核查时才发现。

② 损失数据收集的完整性不足。

对于部分应纳入操作风险的损失数据未能完整提供。如信用风险中不良损失,部分是人为因素,如个别个人贷款仅还款三期后即不良,信贷人员的贷前调查不尽职,因而应当承担主要责任,相应行内人员也被问责,但是该类损失未能按照一定的比例纳入操作风险损失事件。再比如,借记卡业务中的盗刷损失,2015年已核销的事件均未能在数据库中予以反映。

③ 损失数据收集的准确性不足。

这主要是指对损失事件的定性方面,例如在原因中,根据B银行操作风险管理分类标准,应当按照资产、信息科技系统、流程、人员、经营活动、环境、政治、监管8个类别进行准确分类,但S市分行将所有监管处罚均认定为监管原因,实际上应当是员工操作问题以及新产品开发的流程设计问题导致的处罚,监管并未调整政策,存在定性不准确问题。另外,在对除财务损失以外的声誉、客户、员工、法律等影响因素的级别划分上,存在过于主观、随意的现象。

(4) 管理工具之间欠缺关联。

B银行操作风险管理框架中各管理工具间关系如图6.6所示,RACA、KRI、LDC、检查与整改等操作风险管理工具之间应当形成有效的数据关联,但从S市分行执行的情况来看,并未达到该目标。第一,部分操作风险管理工具尚未真正嵌入并影响银行业务和管理流程的机制,导致工具纯粹为工具,使用操作风险管理工具的目的是为了完成任务,而不是加强管理。第二,操作风险管理工具缺乏与银行内部控制管理之间的有效结合,操作风险管理水平与考核及资本约束之间欠缺关联。第三,RACA、KRI、LDC、检查与整改这些工具及数据之间欠缺关联,孤立的应用未能使工具发挥应有的效果,比如未能将检查、LDC的记录对应到相应的流程风险点,在RACA评估的支持界面提供统计结果反馈;又如检查手册,也未能采用RACA评估结果进行定性,而是另起炉灶。

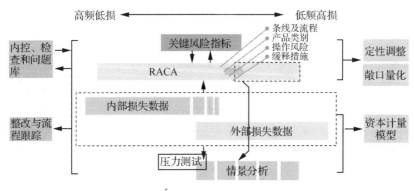

图6.6 操作风险管理框架关系图①

---

① 资料来源:参考B银行操作风险管理框架编制。

五、城市分行操作风险存在问题的原因分析

（一）管理理念落后，激励导向偏颇

1. 集团操作风险偏好不清晰

B银行在风险偏好量化方面以信用风险、市场风险为主，操作风险偏好尚不明确。集团层面仅有"案件风险率"作为境内一级分行绩效考核指标间接发挥了操作风险偏好作用，操作风险偏好不完整，尚未全面覆盖人员、系统、流程、外部风险等要素。由于集团层面操作风险偏好不够清晰，S市分行在执行以及向下传导风险偏好时缺乏尺度。

2. 操作风险管理偏重合规性

由于集团偏好不清晰，案件一票否决制成为管理层脑袋上摘不掉的"紧箍咒"，所以，无论是在内控体系建设之初，还是操作风险管理理念的引入，S市分行管理层都始终强调的是防范案件、控制风险、实现合规经营，奉行守土有责、失土问责的"零容忍""高压式"管理理念。这就使得全行各级管理人员普遍存在将操作风险管理等同于业务合规、零风险的片面认识，造成操作风险管理与战略实施、业务发展、客户服务的对立，这就与操作风险管理理念中损失是必然的这一定论南辕北辙。同时，偏重合规性也导致S市分行在内控监督、审查方面投入了较多的资源，而在操作风险管理工具的应用和风险的定性、定量分析方面投入不足，影响了工具使用的效果。

3. 绩效考核导向存在偏颇

一是在业绩制度的整体设计中较为侧重业绩指标，对合规风险管理指标的权重设置得较低或者不全面。激励政策更是偏重于一线营销部门的员工，对合规风险控制及相应支持保障部门的记录措施则相对较弱。同时对于员工违规行为的问责和处罚制度的建设也相对薄弱。由于考核结果与员工切身利益密切相关，在违规处罚力度不够的情况下，容易使员工在业绩与合规中选择前者。二是在以负向扣分为主的内控合规考核机制（在分行100分绩效考核中内控合规为－10分）中，仅针对案件、重大违规事件进行扣分，偏重结果考核，以成败论英雄，对内部控制与操作风险管理的过程关注不够，对内部控制与操作风险管理在业务发展中的保障和支持作用关注不够。

(二) 专业人才缺失,管理资源错配

1. 操作风险管理人才缺失

(1) 分行操作风险管理牵头部门人员配置长期不到位,仅配置 7 名内部控制与操作风险管理人员,无法落实专人专岗要求,在管理工作中较多地应付上级行以及监管要求的各类排查及治理工作,缺乏对分行自主地、有针对性地风险分析、优化改进的时间和空间;部分管理职责只能通过向下级机构借调的方式临时性增加岗位人员,缺乏稳定性和持续性,这种人员结构的缺陷制约了牵头部门职能的发挥,牵头部门的专业性与权威性遭到质疑。

(2) 本部及二级分行操作风险管理人员占比较低。S 市分行本部各业务部门、职能部门配置操作风险管理人员 67 人(其中 1 名行长、19 名总经理、20 名主管、27 名员工),二级分行配置操作风险管理人员 98 人(其中 10 名行长、43 名主任、45 名员工),全行共计 164 人,占全行总人数的 3.4%。其中专职人员 36 人(本部 24 人,二级分行 12 人),兼职人员 128 人,受过总行级培训的不足 20 人。操作风险管理专职人员配置不足,缺少系统的培训,由于管理人员不够专业,又要兼顾产品推进,在有限的时间内,管理人员无法把精力都放在管理操作风险上,机构层级越低,现象越明显。

(3) 操作风险管理人员流动过快。与 2011 年年初相比,人员的流动率为 72%。操作风险管理岗位需要具备一定的专业知识和工作经验,但目前银行内人员流动普遍较快,人才流失比较严重,岗位新人专业技能不足。

(4) 主动管理操作风险的经验欠缺。由于升格前长期处于省分行的领导,各项管理措施、方案均由省一级分行制定、细化,各业务部门、职能部门主要管理人员长期处于被动管理的状态,欠缺对风险主动识别、分析的能力与经验。

2. 操作风险管理资源错配

S 市分行基层机构一线操作类员工在全行的人数占比很高,要管理好全行的操作风险,就必须抓基层,只有管理好基层经营性机构的操作风险,操作风险才能得到有效控制。然而从前述操作风险管理架构以及人员配置的情况来看,操作风险管理资源与操作风险分布实际上存在结构上不匹配的问题(如图 6.7 所示),在操作风险多发区域的直接管理部位配置的管理资源较少,二级机构操作风险管理部位呈"瓶颈"状,导致大量的上级管理信息在此部位形成"滞胀"。

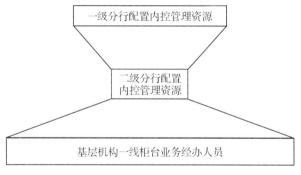

图 6.7　S 市分行操作风险管理资源配置图①

(三) 文化氛围不浓,制度执行不力

1. 对风险管理职责认识不足

基层机构对在风险管理条线中应承担的职能定位不够清晰,认为风险是内控、纪检监察等管理部门的事情,与自己关联度不强。由于风险管理文化并没有在全员中得到普及,导致部分基层机构管理人员以及普通操作人员对管理风险缺乏全面、系统的认识,尚未形成浓厚的控制文化,加之面临业务发展的直接压力,各级机构重业务发展、轻风险管理与内部控制的思想比较普遍,风险管理工作的目标性和方向性不明显,基层风险管理意识普遍较弱。

2. 部分员工风险意识淡薄

在国内银行业竞争越来越激烈的背景下,一方面,任务压力大导致员工在主观方面放弃执行银行的规章制度。员工薪酬考核制度考核的重点是业绩的好坏,在业务规模及盈利能力的双重压力下,员工往往不能合理地协调业务量和风险控制之间的关系,他们往往追求业务量,忽视风险的潜在性,甚至会存在故意越权、欺诈等行为,从而导致操作风险的发生。另一方面,S 市分行在操作风险管理过程中将各类工具范围限制在一定的层级,操作人员、营销人员无法通过对风险点信息的获取来加深对自己业务活动、操作行为的风险认知,导致员工对银行各类风险管控措施的认同感降低,自认为可以在无风险的情况下违反规章制度,实际上存在重大隐患。

3. 制度制定与传导不合理

(1) 对 S 市分行管理人员而言,5 个级别的制度体系最大限度地保证了政策的完整性,但对于基层而言,上级行制定的各项规章制度繁多且分散:一

---

① 资料来源:参考 S 市分行岗位人员配置整理。

是规章制度过多,条线多、产品多、层级多,每个条线、每个产品、每个层级重重加码,员工看完都不容易,更不要说熟记了;二是通知多,很多通知都是针对一个情况提出要求,没有与原有制度有机融合;三是经常修改,很多制度每年都修订,但是修订后又是全文下发,没有针对性说明,增加学习成本;四是难以快速理解,绝大部分规章制度表达形式单一,只有文字没有流程图,不易理解,尤其是存在跨条线、多岗位配合的情况。

(2)规章制度在自上而下传导时效果不佳:一是传导时间过长,无论哪一层级下发制度,都是以文件形式在OA中流转,层层转发,环节多、时滞长;二是查询不便,由于业务终端无法介入办公系统,基层网点业务种类繁多,遇到不常见的业务时,没有办法即时、快速地查询制度,往往需要去请示上级,或者离柜翻查资料;三是咨询不便,基层网点有疑问需要找上级条线部门咨询时,往往找不到咨询对象,而且没有办法记录上级的指导作为依据;四是难以沟通与反馈,上级部门缺乏了解新情况、新变化、新问题的手段来及时收集工作中存在的问题,也缺乏各级共同参与讨论、反映问题的机会。

(3)新产品管理制度建设滞后:银行新业务、新产品不断涌现,经营领域和业务范围扩大,但与之配套的制度修订速度缓慢,风险控制相对滞后,导致新产品开发和风险控制支撑严重脱节,业务流程出现管理空白和风险敞口。个别新业务在未明确管理机制的情况下即投入市场,在有关交易对手准入标准、限额管理、风险监控、动态调整和审批权限等措施还不够明确的情况下,基层机构只能根据自己的理解进行业务推广。

(四)监督资源分散,工具整合不足

1. 内控检查指导效能欠缺

一是基层机构面临总行、一级分行、二级分行、监管机构的多重检查和多条线的检查,各级机构检查项目的层层加码以及近年监管检查不断增加,导致基层仍然面临较大的受检压力。二是部分检查项目存在重叠检查的现象,检查机构覆盖面要求均为100%,业务环节几乎涵盖了基层机构的所有柜面业务,检查时间长、检查时点不同,造成对基层机构的多次进点。三是当前的内控检查主要是立足于揭露和发现问题,对问题产生的原因分析和对整改工作的指导监督不足,内控检查与业务辅导、员工培训结合不足,管理价值未能充分发挥,不利于推动基层机构解决实际问题,导致基层问题屡查屡犯。

2. 工具设计与推广需改善

《巴塞尔新资本协议》实施过程中引进的管理工具的设计、应用和推广需要改善。一方面,基层机构对内控检查、内部稽核等传统手段的管理作用的评价较高,对 RACA、KRI、LDC、内控评价等新型工具的评价偏低,这反映了此类工具在设计、操作方面需要进一步优化,提高可操作性。现有工具的应用不足,尚未发挥出应有的功能。另一方面,在部分管理人员、工具使用人员中存在理解误区,如在开展 RACA 评估时,将风险严重度评估结果与部门、个人管理成效挂钩,认为:评估结果风险度越高就意味着工作不到位,绩效也就越差;剩余风险严重度的评估结果越高就可能要承担流程优化的责任,多一事不如少一事等。

3. 监督资源需进一步整合

S 市分行有远程视频监控、运行监控、操作风险监控 3 项基层风险监控措施,分属保卫、运营、风险 3 个条线,均有独立的监控队伍和系统,如表 6.11 所示。通过比较发现,这 3 项措施在功能上相似但又各自独立,一方面,监控的对象和范围存在重叠,造成了资源浪费,同时多头管理也加大了基层机构应对上级行核实的压力,增加了工作负担;另一方面,相互独立的监控措施导致信息割裂,3 个监控措施只能将通过监控发现的问题录入问题库实现信息的整合,但是没有发现问题的数据被单独地存放于各系统之中,未能对其他操作风险管理工具形成有益的数据支持。虽然从单个事件来看,这些数据没有意义,但是如果从一个阶段的整体性趋势分析,仍然具有十分重要的意义。

表 6.11 S 市分行基层风险监控措施对照表[①]

监控措施	监控部门	监控内容	监控方式	监控系统
视频监控	保卫部、运营服务部	柜面操作、员工行为、文优服务	人工监督、视音频过程监督	远程视频监控系统
运行监控	运营服务部	柜面操作、重点账户、特殊交易	手工核查与系统核查相结合	运行监控系统(分行开发)
操作风险监控	内控与法律合规部	业务操作、各类交易、各类账户、员工行为	在系统筛查基础上开展人工核查、分析	操作风险监控系统(总行开发)

(五)欠缺数据平台,信息传导不畅

1. 管理信息供需不对称

信息传导缺乏有效的统筹,主报告部门未能将需求有效传递给同级责任

---

① 资料来源:参照 S 市分行风险监控措施整理。

部门与各个下级牵头部门,形成"供"与"需"的不对称。一方面,下级管理者无法从纷繁复杂的信息中提取适当内容进行报告,上级管理者也无法从报告中提取到有效信息为操作风险评估活动做基石;另一方面,多头管理导致各个职能部门重复要求下级机构报送数据资料的现象,造成下级机构"疲于应付、劳民伤财"。

2. 与传统考核观念冲突

操作风险管控的结果不仅涉及各部门的成本支出和利益分配,还涉及操作风险责任的承担问题。因此,从本部门的利益出发,各部门对操作风险信息共享存在一定的顾忌,共享信息不完整。巴塞尔委员会2008年在收集损失数据的过程中就发现,银行相关部门并不愿意主动报送自己的损失数据,尤其在一些损失金额较小的事件上,由于上报事件可能会对机构和主要负责人员的考核产生负面影响,因此,主动上报损失事件的意愿并不强烈。各机构往往只会在不得已的情况下报送已进行会计结算的损失信息,而会计日期相对于事件发生日期的滞后性对事件发生的时间特征造成影响,从而影响数据质量。

3. 缺乏统一的信息平台

银行经营信息经过各部门、各条线自发收集、整理、传递等多个环节后汇总到风险管理部门,容易出现信息失真甚至流失的现象,使得风险管理部门无法通过获取真实、完整的第一手信息资料进行分析和判断,就有可能造成风险评估不准确或错误,甚至出现遗漏现象,直接导致风险防范和管理反应滞后或者根本没有反应,从而失去操作风险管理的主动权。

六、城市分行操作风险管理的对策

(一)加快操作风险偏好指标体系建设

风险偏好设定是《巴塞尔新资本协议》第二支柱的重要内容之一,也是国际监管的重要内容之一。风险偏好阐明了银行对风险的基本态度,包括银行愿意以何种方式承担何种风险、多少风险,以及为了增加盈利愿意多承担多少风险等,明确操作风险偏好对于确立内部控制与操作风险管理的基调具有重要作用。

1. 集团应明确操作风险管理偏好并有效传导

(1)尽快在集团风险偏好指标中增设操作风险指标。在一级偏好指标中可以纳入银监会"腕骨"监管指标中的"案件风险率"指标、操作风险损失金额等综合性指标以及重大操作风险(如IT中断、重要岗位人员流失)指标。同时,要尽快将操作风险经济资本纳入RAROC考核,全面体现风险成本与受益。

(2)通过绩效考核强调内控对战略实现和经营绩效的保障作用,而不是简单地对风险说"NO"。应进一步优化现有的内控绩效考核指标体系,一方面应通过扩大内控考核权重,提高全行对内控及风险管理工作的重视程度,传导总行稳健经营的管理理念;另一方面,应改变单纯以合规目标为主的考核导向,将内控对业务发展的支持、内控管理成本与受益的平衡作为重要的考核内容,促进各级机构全面把握保障战略实施、保障经营绩效、保障信息准确、保障合规经营的内控工作目标。

2. S市分行应在集团偏好下实现区域差异化

(1)应强调对总行各项风险管理政策的传导与细化,并通过差异化的区域政策发挥各区域的潜在优势,实现统一偏好下的区域差异化,由风险管理部门主导。一是通过收集风险偏好设置所需要的相关信息,按照银行既定的战略发展目标与要求,提出差异化方案,推动风险偏好传导至各业务条线、各级机构。二是依托绩效考核体系加强风险偏好指标传导,持续监测风险偏好执行情况,定期分析、报告风险偏好执行情况,并进行年度评价。三是对风险偏好指标体系的适用性进行年度重检,根据战略及外部环境变化、风险偏好执行情况,提出风险偏好调整方案。主要风险管理部门参与本专业范围内风险偏好的设置和实施工作。

(2)根据S市分行当前面临的内外部经营管理环境,与系统内同级分支机构相比,S市分行在操作风险管理方面的优势和机会在于:机构层级较少(从总行到网点共有4级,普通一级分行为5级),地区优势明显,员工学历和素质较高,盈利能力较强,2014年案件爆发后全行开展彻底的治理,全行人员对风险认知显著提高。弱势和挑战在于:操作风险管理人员配置不足,操作风险管理专业能力不足,主动管理经验欠缺,创新能力弱,基层网点多、人员流失率高、盈利能力下降,尤其是案件爆发后,高压式处罚导致各级员工普遍存在"越做越错、多一事不如少一事"的心理。据此,S市分行在操作风险管理中应当以一级分行为主,加强对内部管理专业人员的培养,加强一级分行对基层网点的监督指导,立足基础性业务管理,实施宽严相济的处罚规则。

(二)坚持并完善内控三道防线体系

内控三道防线体系目前已得到巴塞尔委员会等国际监管机构的认可,成为内控管理的较佳实践。国际国内同业也普遍建立了三道防线。实践表明,三道防线体系在推动内控管理的自我完善方面发挥了重要作用,应继续坚持三道防线体系并不断完善。

1. 做强第一道防线,提高管理主动性

未来,S市分行应致力于将第一道防线(业务条线、基层机构)建成三道防线体系的主力,发挥风险所有者的作用,从被动的接受检查监督转为主动的风险管理,推动风险管理关口。

(1)从业务条线看,重点是要把好流程设计、产品设计和系统设计关,发挥事前控制功能,将流程控制嵌入系统,以"机控"代"人控"。业务部门要制定简单、易操作的规章制度,解决制度繁杂的问题,促进基层提升制度执行力。系统设计要减少落地交易,减少手工干预。此外,要将内控管理工具(如检查、RACA、KRI)的应用主体由二道防线为主转变为一道防线为主,二道防线要为一道防线履职提供空间,重点发挥辅导、监督职能。

(2)从基层机构看,重点是要发挥好业务经理、客户经理、理财经理三支队伍的作用。一方面,要发挥好业务经理的现场监督作用,梳理业务经理职责,减少行政性和事务性工作,保障核心职责履职到位.加强对业务经理履职能力的培养,结合基层管控能力适时取消派驻制,真正实现管自己。另一方面,要加强对客户经理与理财经理的资格准入、业务培训和风险意识的培养,防止代办业务、产品销售过程中的法律风险、道德风险。

2. 充实第二道防线,提高管理专业性

(1)在"嵌入式"的基础上将支持性职能部门,如风险管理部门、法律合规部门、人力资源部门、运营部门和科技部门、采购管理部门等全部纳入内控第二道防线,调动各类管理资源参与内控管理,协助第一道防线识别、管理相关风险,制定风险管理制度流程。同时,按照巴塞尔委员会、银监会有关操作风险事件的分类,案件(内部欺诈和外部欺诈)属于操作风险管理范畴,属于银行业务运营的服务支持功能之一,因此,案件风险管理职能应纳入内控第二道防线,相应职能从监察部门移交风险管理部门。基于新的第二道防线职能范围,统筹和调动人力资源、信息科技、运营服务等服务的支持功能,为第一道防线提供专业指导。加大对案件风险管理的统筹,优化案件报告和处理流程,建立由监察保卫部门、案发业务部门、风险管理部门参与的信息共享机制和分工协作的案件调查处理机制,重点发挥业务条线在案件调查处理工作中的作用,以提高风险识别、评估和控制效率。

（2）提高第二道防线的专业性。在银行的经营管理中，员工的专业程度和业务素养对操作风险管理起决定性作用，因此，培养一批专业素质高、管理经验丰富的风险管理专家是操作风险管理的关键。一是完善专业序列建设工作方案，逐步推进任职资格课程研发，建立考试题库，由风险管理部门确定业务部门内设团队中风险管理人员的任职资格。二是按照风险管理人员与业务人员的适配比例，优化风险管理人员结构配置，要重点加强业务部门和二级分行及以下机构的风险管理人员配置。三是推动人员交流与专业培训，积极开展短期人员交流，采用以岗代训的方式，提高风险管理人员对风险管理、跨业风险的认识和把握。四是建立科学的薪酬制度，通过有竞争力的报酬水平吸引风险管理方面的专业人才，保持风险管理人员的稳定性。

（3）树立内控权威性，强化内控考核评价权、否决权、问责建议权和现场调查权，改变内控约束主要依靠绩效考核的局面。一是要强化内控评价考核权，第二道防线要对业务部门、基层机构内控管理过程及结果实施全面评价。要结合监管要求，提高内控合规及操作风险管理在绩效考核中的正向分值权重，促进基层机构重视内控管理，树立科学的业绩观，实现业务发展与内控管理的平衡。二是要建立内控否决权和问责建议权，提高内控部门在机构业务扩展、机构升级、人员晋升和岗位调整中的发言权，对于管理薄弱或存在违规行为的内控部门应行使否决权和问责建议权。三是要赋予内控第二道防线现场调查权，保障内控人员通过突击检查和对异常交易、异常行为相关人员、资料、账册、档案的调查开展风险监控。

（三）加强管理工具整合的思路

1. 明确工具间相互关系

围绕风险与控制，明确以RACA评估为中心的关系体系，对所有的业务、管理流程开展全面RACA评估，形成风险点与控制措施。第一，风险点与控制措施是设立业务、管理标准（规章制度）的基础，也是用于宣传和培训的主要素材。第二，KRI的设立应从风险点和控制出发提出量化需求，根据量化需求进行指标设置和系统开发，形成自动化的表单，而不是像当前存在的逆向逻辑，即将已有的量化系统或报表定义为KRI。KRI是RACA评估量化数据的来源之一。第三，检查监督的所有对象应当来自RACA评估的控制库，因为风险是由业务或管理产生的，而控制则是银行员工应当履行的职责。银行出问题要么是没有控制措施，要么就是控制失效。发现是否存在控制失效才是内控监督的主要职责，关于问题的所有描述都应规范地契合控制措施。

检查监督的结果是 RACA 评估量化数据的来源之一。第四,LDC 作为对单个事件的收集,上游不依赖于任何现有的结果,只是需要根据事件的实际情况,对其进行准确的定性,划分种类,用于补充风险点的识别以及量化的调整。第五,检查作为失效控制的发现方式,加上 LDC 中归集于人员方面的问题,合并起来就是对员工在业务、管理中所承担的职责的履行评价。

2. 工具使用的改进和优化

(1) 改变传统的检查方式,提升现场检查的效率。将内控检查模式从以常规检查为主向"集中筛查,重点跟进"转变,要将非现场监控分析作为现场检查的前提,精准定位检查对象,提升检查效率。逐步压缩现场检查项目,未来的现场检查,一类用以核查非现场监控发现的异常交易,另一类则用以对员工异常行为、实物安全开展突击性检查。优化问题库建设,实现对全行内部检查、稽核项目及监管检查、外部审计项目的统筹,提高全行检查监督工作的计划性和针对性。

(2) 整合风险监控资源,建立集约化的风险监控体系。应整合功能相对单一的运行监控(原事后监督)、远程视频监控、各业务条线的风险监控系统,实现监控资源的释放,提高监控人员的能力。

(3) 提升操作风险管理 3 大工具的效率,以 RACA、KRI、LDC 等自动化、集约化、定量化工具为抓手,提高对风险的评估、监控、分析和预判能力。

RACA 方面,增加一线业务人员参与操作风险与控制评估讨论会的比例,在评估阶段增加质疑和监督环节,以确保所有重大操作风险都已经被评估,并且评估结果可以体现当前的风险状况;区分固有风险和控制有效性的评估,固有风险由操作风险牵头部门进行统一评估,控制有效性的评估以各条线内控与操作风险团队为主导,组织条线业务人员完成。

KRI 方面,检视并优化现有指标体系,应重点审阅高风险领域、汇总、分析和报告环节以及指标重检环节。建立针对人员、系统、流程、外部风险的具体操作风险偏好 KRI,如业务差错率、客户投诉率、问题整改率等。对于现有的操作风险 KRI,重点是提高对各类业务中主要风险的监控覆盖度,研究提高针对柜员行为、理财业务、网银交易等领域的 KRI 阈值敏感度。

LDC 方面,应结合财务对账、前后台对账、后台与托管行的对账、后台与账户行的对账以及产品控制机制,通过 4 种对账手段发现不匹配的交易记录后,逐条分析该差异造成的影响,若造成的财务损失或净损失不为零,则可参照典型的操作风险损失事件进行逐一判断与归类,将相符合的记录作为操作风险损失事件进行收集。

3. 推进信息系统建设,加强数据管理

强大的风险管理信息系统是提高风险识别、监控和计量能力的基础,也是实现有效风险管理的重要条件,要高度重视系统建设在风险管理过程中发挥的重大支持作用,不断加大系统开发和应用,提高管理效率,实现管理标准化和专业化。一是要持续推进风险管理信息系统的开发和优化,建立完善的风险识别、计量、管理和监控的系统体系,为风险计量与管理提供数据、信息支持。二是要加强对风险数据的挖掘和应用,推进风险数据集市(RDM)建设,建立统一的风险数据展现平台,实现全面、统一、集团口径风险管理数据展现及监控等,提供仪表盘、各种图表等多种展现形式,设定预警指标和预警阈值,支持风险预警功能。三是要加强风险数据管理,完善数据标准,保证良好的数据质量,加强数据积累,进一步加强对数据、系统的深入研究和应用,支持管理决策。

(四)规范业务管理的对策

1. 优化现行业务流程与制度体系

(1)构建标准化的业务流程。业务流程的标准化可以使商业银行各项业务都处于严格的受控状态,有助于银行防范各类风险,因此,S市分行应该贯彻"过程控制、预防为主、不断改进"的经营理念,建立和全面实施有效的、长久的质量体系,使质量体系内的各个管理层面和操作环节相互制约、互相促进,如制订各类产品服务指南、产品操作细则、服务规范标准、服务流程等,使各项产品和服务行为有据可依。

(2)变革制度信息文本。良好的制度信息文本形式能够提高信息传导的质量与效率。S市分行制度文本形式囿于行政公文的限制,常常无法满足基层业务操作的需要。因此,应该在制度传导之初变革制度信息文本,以适应基层业务需要。首先,各级管理部门在制订各类规范性文件时,应该充分开展基层调研,邀请基层的业务专家参与文件的制订,以融入基层的"基因"。其次,在现有的公文行文要求下,增加"精简文本""要点文本"同时下发,以利于基层机构阅读和掌握。

(3)建设统一的制度文本库。S市分行未建立统一且完善的内控信息库,各类以通知、风险提示等形式下发的内控信息未得到统一编撰,甚至有些内控要点在基层网点只能口口相传,难觅正式的出处。因此,统一且完善的制度文本库亟待建立。首先,组织各条线部门编撰各类业务控制要点信息库,要做到全面且精炼。其次,借助信息技术进行结构化,形成数据库,实现简便接入、易于检索。最后,开展动态维护,剔陈维新,不断完善内控信息库,满足基层机构对内控信息的需求。

2. 规范新产品管理

(1) 加强对新业务和新产品的统筹管理。明确新产品牵头管理部门,负责对新产品开展实质性的统筹管理,履行新产品总体风险监控职能。针对各业务条线新产品管理制度流程及系统建设、新产品风险监控、新产品后评价工作实施监督,针对跨条线新产品风险、新产品总体风险开展独立的评估和监控,组织开展新产品管理绩效考核。新产品牵头管理部门应组织和指导各业务条线对各类新产品交易规模实施监控,设立阈值并实施监控,对于交易规模超过阈值的新产品开展系统的风险评估。在业务和产品创新过程中应立足于实质性的创新,创造核心竞争力,减少监管套利性质的产品创新,坚守合规底线。

(2) 规范对新产品风险评估的监控机制。建立对新产品风险的触发式评估机制,针对国内外同业同类产品发生的风险事件、客户投诉,产品管理部门应立即组织开展触发式风险评估,并向新产品牵头部门及风险管理部门报备。鉴于各类产品创新及销售环节均存在操作风险,同时部分新产品存在低信用风险、高操作风险的特点,为实现对新产品操作风险的合理评估,针对各类新产品均应开展操作风险 RACA 评估,而非仅对 A 类产品和部分 B 类产品实施 RACA 评估。

(五) 加强对员工合规管理的建议

控制操作风险最经济有效的方法就是防患于未然,让风险意识渗透到每一位员工的思想深处,这在很大程度上还得依靠企业文化,从管理学的角度看,好的企业文化更有助于人们价值观念、道德规范的形成,能减少制度对人的强制作用,增强制度的执行力。

1. 倡导并强化全员风险管理理念

提高全行的操作风险管理意识,让每个员工认识到操作风险管理的重要性、必要性和紧迫性,是确保银行稳健发展的重要工作。应对各管理层、各部门、各岗位进行操作风险培训,提高员工的风险意识,引导员工树立对风险文化的认同感,认识到风险管理不只是合规部门的工作,更是每位员工应尽的基本职责。依法经营、合规操作是银行一切工作的基本要求,是与每位员工的成长和发展息息相关的,使风险意识跨越部门界限,融入每个部门和员工的行为规范中,使合规经营的理念贯穿到日常行为中,使每位员工都能自觉识别、控制和防范自身岗位上存在的各类风险点,把操作风险管理的各项具体措施落实到每个环节、岗位和节点上,形成防范风险的第一道屏障。

2. 实施宽严并济的激励和约束机制

很多研究都提出要加大对违规行为的处罚力度,提高违规成本,遏制违规行为,但是一味地加大处罚力度必然会导致员工畏首不前或者人员流失,造成效益下降或者人力成本上升。所以,不管采取何种激励和约束机制,首先要维护好员工的合法权益,应体察员工的情感变化和思想动态,诚心诚意地关心员工的工作和生活,不断完善激励和约束机制。考虑到当前S市分行面临的操作风险中的人员因素,应当实行宽严相济的约束机制。宽操作责任,严管理责任,对于普遍存在的违规行为,应当从管理人员、管理过程开始查找问题所在;宽过失责任,严主观责任,对于员工的过失行为,应当综合劳动强度、员工生活状况分析,对于存在外部因素影响的,适当采取保护性约束措施;宽经济责任,严声誉责任,研究表明,商业银行工作人员作为知识工作者,个人声誉对知识工作者有着直接的约束作用,个人声誉可以被企业作为约束知识工作者的一个激励手段。[①]

3. 加强对基层重点岗位人员的管理

建立二级分行及以下机构负责人的内控任前审查和任内工作评价制度,将操作风险指标纳入绩效管理和资本分配的计算,不受监督的权利必然导致腐败,不受约束的行为必然导致违规,各级高管人员滥用手中的权力,非但不能带好头,还会带坏一班人。有针对性地开展内控案防培训,对入行三年以内以及转岗三年以内的新晋员工,既要做好技能培训,又要做好案例警示教育,避免盲从或胁从;对机构负责人、业务经理、客户经理等资历较深的员工,要加强对异常行为的排查和心理引导,不断完善职业道德和法制、法规教育,以案释法,教育员工树立正确的人生观、价值观、利益观,减少作案动机。

4. 强化培训,根治"习惯"做法

针对基层员工素质、能力及合规意识的差异性,集中师资力量抓好专项培训,重点解决业务操作不规范、做法不统一的问题,促使一线业务员工(特别是新入行员工和从业经验较为欠缺的一线员工)熟练掌握制度要求,依法合规操作具体业务。对容易引起操作失误的常规性问题进行集中梳理,提醒员工在操作中重点关注,防止无主观意识的习惯性违规操作。

---

① 廖飞,施丽芳,茅宁,等.竞争优势感知、个人声誉激励与知识工作者的内生动机:以知识的隐性程度为调节变量[J].南开管理评论,2010(1):134-145.

参考文献

[1] Bikker J A, Katharina Haaf. Competition, concentration and their relationship: an empirical analysis of the banking industry [J]. Journal of Banking and Finance, 2002, 26(11): 2191-2214.

[2] Berger Allen N, Mester Loretta J. What explains the dramatic changes in cost and profit performance of the U.S. banking industry [J]. Working Papers, 1999: 1-47.

[3] Richard S Barr, Kory A Killgo, Thomas F Siems, et al. Evaluating the productive efficiency and performance of U.S. commercial banks [J]. Managerial Finance, 2002, 28(8): 3-25.

[4] Sherman H D, Gold F. Bank branch operating efficiency: evaluation with data envelopment analysis [J]. Banking and Finance, 1985(2): 279-315.

[5] Thomas H Brush, Kendall W Artz. Toward a contingent resource-based theory: the impact of information asymmetry on the value of capabilities in veterinary medicine [J]. Strategic Management Journal, 1999(3): 223-250.

[6] Birger Wernerfelt. A resource-based view of the firm [J]. Strategic Management Journal, 1984, 5(2): 171-180.

[7] The Banker. Top 1000 world banks 2010 [R]. London: The Banker, 2010(7): 10-18.

[8] Eisemann Peter C. Diversification and the congeneric Bank holding company [J]. Journal of Bank Research, 1976, 7(1): 68-77.

[9] Templeton W K, Severiens J T. The effect of nonbank diversification on bank holding companies risk [J]. Quarterly Journal of Business and Economics, 1992, 31(4): 3-16.

[10] Santomero A W, Chung E J. Evidence in support of broader banking powers [J]. Financial Markets, Institutions and Instruments, 1992, 1(1): 1-69.

[11] Kevin Rogers, Joseph F Sinkeyjr. An analysis of nontraditional activities at U.S. commercial bank [J]. Review of Financial Economics, 1999, 8(1): 25-39.

[12] Smith R, Staikouras C, Wood G. Non-interest income and total income stability

[J]. Bank of England Quarterly Bulletin,2003,43(3):332.

[13] Vincenzo Chiorazzo, Carlo Milani, Francesca Salvini. Income diversification and bank performance: evidence from Italian banks [J]. Journal of Financial Services Research, 2008,33(3):181 – 203.

[14] De Young R, Roland K P. Product mix and earnings volatility at commercial banks: evidence from a degree of total leverage model [J]. Journal of Financial Intermediation,2001, 10(1):54 – 84.

[15] De Young R, Tara Rice. Noninterest income and financial performance at U. S. commercial banks [J]. Financial Review,2004,39(1):101 – 128.

[16] Stiroh K J. A portfolio view of banking with interest and noninterest activities [J]. Journal of Money Credit and Banking,2006(38):1351 – 1361.

[17] Merciecaa S, Schaecka K, Wolfe S. Small European banks: benefits from diversification [J]. Journal of Banking & Finance,2007,31(7):1975 – 1998.

[18] Calmès C, Liu Y. Financial structure change and banking income: a Canada-U. S. comparison [J]. Journal of International Financial Markets, Institutions and Money,2009, 19 (1):128 – 139.

[19] Lieven Baelea, Olivier De Jongheb, Rudi Vander Vennetb. Does the stock market value bank diversification? [J]. Journal of Banking and Finance,2007,31(7):1999 – 2023.

[20] David A Carter, James E McNultyb. Deregulation, technological change, and the business-lending performance of large and small banks [J]. Journal of Banking and Finance, 2005,29(5):1113 – 1130.

[21] De Young R, Tara Rice. How do banks make money? A variety of business strategies[R]. Federal Reserve Bank of Chicago Economic Perspectives,2004,28(12):52 – 67.

[22] Smith J M. The interaction of capital structure and ownership structure [J]. Journal of Business,2005,78(3):787 – 816.

[23] Sudha R, Thiagarajan A S, Seetharaman A. The security concern on internet banking adoption among Malaysian banking customers [J]. Pakistan Journal of Biological Sciences Pjbs, 2007,10(1):102 – 106.

[24] Calisir Fethi, Gumussoy Cigdem Altin. Internet banking versus other banking channels: young consumers' view[J]. International Journal of Information Management,2008, 28 (23):215 – 221.

[25] Subsorn P, Limwiriyakul S. A comparative analysis of internet banking security in Thailand: a customer perspective [J]. Procedia Engineering,2012,32:260 – 272.

[26] B Xu, B Shao, Z Lin ,et al. Enterprise adoption of internet banking in China [J]. Journal of Global Information Technology Management, 2009, 12(3):7 – 28.

[27] Syed H Akhter. Impact of internet usage comfort and internet technical comfort on online shopping and online banking[J]. Journal of International Consumer Marketing,2015,27(3):207-219.

[28] Yu Pay Ling, Balaji M S, Khong Kok Wei. Building trust in internet banking: a trustworthiness perspective[J]. Industrial Management and Data Systems, 2015,115(2):23-252.

[29] Ather Akhlaq, Ejaz Ahmed. The effect of motivation on trust in the acceptance of internet banking in a low income country[J]. International Journal of Bank Marketing,2013,31(2):115-125.

[30] Sanaz Nikghadam Hojjati, Ali Reza Rabi. Effects of Iranian online behavior on the acceptance of internet banking[J]. Journal of Asia Business Studies,2013,7(2):123-139.

[31] Mohana Shanmugam, Yen-Yao Wang, Hatem Bugshan, et al. Understanding customer perceptions of internet banking: the case of the UK[J]. Journal of Enterprise Information Management,2015,28(5):622-636.

[32] Juwaheer T D, Pudaruth S, Ramdin P. Factors influencing the adoption of internet banking: a case study of commercial banks in Mauritius[J]. World Journal of Science, Technology and Sustainable Development,2015,9(3):203-234.

[33] 李泉,尹文娟.我国上市商业银行竞争力探析——基于16家银行年报数据的分析[J].太原理工大学学报(社会科学版),2013(3):10-14,33.

[34] 沈雪达,李盛晔.股份制商业银行竞争力分析[J].改革与战略,2013,29(2):75-78.

[35] 陈光水.基于三维模型和五性指标的商业银行竞争力评价体系研究[J].发展研究,2013(3):99-103.

[36] 周毓萍,陈中飞.商业银行竞争力形成机理文献综述[J].会计之友,2013(24):10-13.

[37] 刘水根.基于因子分析的商业银行竞争力研究[J].金融与经济,2014(3):53-56.

[38] 刘晓飞.我国大型商业银行竞争力评价研究[J].中国集体经济,2014(5):47-53.

[39] 郗莎,杨童舒.我国三种类型商业银行竞争力分析[J].沈阳农业大学学报(社会科学版),2014(5):537-542.

[40] 袁舟.我国商业银行竞争力研究[J].南京理工大学学报(社会科学版),2014(6):22-26.

[41] 陈建国.基于因子分析的国有商业银行竞争力比较的研究[J].商场现代化,2014(7):147-149.

[42] 刘小驹,李小江.商业银行竞争力实证分析及对策研究[J].农村金融研究,2016(6):41-45.

[43] 许金娜.中国股份制商业银行发展现状及建议——基于核心竞争力的分析[J].知识经济,2017(2):55-56.

[44] 赵世刚.商业银行发展的新常态[J].中国金融,2014(19):54-56.

[45] 方先明,苏晓珺,孙利.我国商业银行竞争力水平研究——基于2010—2012年16家上市商业银行数据的分析[J].中央财经大学学报,2014(3):31-38.

[46] 陈志刚,李斐然,尤瑞.基于因子分析的商业银行竞争力比较研究[J].现代商贸工业,2017(4):24-26.

[47] 高士英,许青,沈娜.经济"新常态"下的商业银行流动性研究与压力测试[J].现代财经(天津财经大学学报),2016(2):77-86.

[48] 唐丹.经济新常态下商业银行的应变与转型[J].金融经济,2015(6):148-149.

[49] 李淑英,郭晶,朱成全,等.从自由发展看全面深化改革——"新常态的哲学意蕴"笔谈[J].东北财经大学学报,2015(4):3-13.

[50] 康珂,丁振辉.中国经济"新常态"与银行业改革对策——基于商业银行转型视角[J].海南金融,2015(4):21-25,43.

[51] 张志强,吴健中.企业竞争力及其评价[J].管理现代化,1999(1):24-25.

[52] 周卉萍.如何提升企业核心竞争力[J].政策与管理,2000(11):4-15.

[53] 桂昭明,孙细明,朱永华,等.企业竞争力研究新论[M].武汉:华中科技大学出版社,2008.

[54] 李显君.企业竞争力形成机理[J].数量经济技术经济研究,2002(10):57-60.

[55] 李元旭,黄岩,张向菁.中国国有商业银行与外资银行竞争力比较研究[J].金融研究,2000(3):47-57.

[56] 郭宁生.提升我国股份制商业银行竞争力战略研究[J].经济导刊,2008(3):65-66.

[57] 黄兰.中国银行业竞争力评价指标体系研究[J].现代经济探讨,2001(6):52-54.

[58] 焦瑾璞.中国银行业竞争力比较[M].北京:中国金融出版社,2002.

[59] 周立,戴志敏.中小商业银行竞争力与发展[M].北京:中国社会科学出版社,2003.

[60] 邵新力.中国商业银行竞争力比较研究[J].财经理论与实践,2001(5):19-22.

[61] 雷立钧.金融全球化:我国国有商业银行竞争力分析[J].财经问题研究,2001(6):43-45.

[62] 鲁志勇,于良春.中国银行竞争力分析与实证研究[J].改革,2002(3):61-68.

[63] 陈柳,陈志.商业银行产业竞争力指标设置初探[J].金融研究,2002(4):86-92.

[64] 朱纯福.银行竞争力评价方法及其指标体系的构建[J].金融论坛,2002,7(10):8-17.

[65] 刘荣.股份制商业银行竞争力分析[J].金融研究,2002(8):82-98.

[66] 夏嘉霖,孙芳.试析提高我国股份制商业银行的核心竞争力[J].国际商务研究,2003(2):41-45.

[67] 中国人民银行营业管理部课题组.中外资银行竞争力比较与分析[J].中国金融,2004(17):42-44.

[68] 赵世刚.国有商业银行上市后如何转变经营管理理念[J].中国金融,2006(13):46-48.

[69] 姚铮,邵勤华.商业银行竞争力评价指标选择及其权重确定[J].科技进步与对策,2005(1):60-63.

[70] 王宇,谢禹.商业银行竞争力评价方法研究[J].商业研究,2005(12):58-62.

[71] 迟国泰,董贺超,杨德,等.基于AHP的国有商业银行竞争力评价研究[J].管理学报,2005(6):691-695,717.

[72] 乔云霞.我国股份制商业银行核心竞争力的评价与分析[J].当代经济科学,2006(3):60-64.

[73] 金碚.企业蓝皮书——中国企业竞争力报告(2010)[M].北京:社会科学文献出版社,2010.

[74] 中国银行业监督管理委员会.中国银行业监督管理委员会2009年年报[R].2010.

[75] 张伟.外资银行进入对我国银行业竞争格局的影响[J].特区经济,2007(12):67-69.

[76] 王松奇.中国商业银行竞争力报告(2010)[M].北京:社会科学文献出版社,2011.

[77] 宇传华.SPSS与统计分析[M].北京:电子工业出版社,2007.

[78] 幸惊,揭水利.中国商业银行收入结构调整分析——一个可持续发展视角[J].华南金融研究,2004,19(1):57-59.

[79] 邓晓益,李四维.中国银行业多元化业务收入对其利润影响的实证分析[J].特区经济,2006,213(9):339-341.

[80] 王婷.中美商业银行收入结构分析[J].银行家,2007(9):76-79.

[81] 邢学艳.我国商业银行收入结构的实证分析[J].经济师,2011(9):181-183.

[82] 盛虎,王冰.非利息收入对我国上市商业银行绩效的影响研究[J].财务与金融,2008(5):8-11.

[83] 王菁.我国商业银行收入结构转型的收益评价[J].当代财经,2009(5):44-50.

[84] 谢罗奇,龚霁虹,丁晨,等.我国上市银行非利息收入与净利息收入波动性与相关性分析[J].河北科技大学学报(社会科学版),2009(4):16-20.

[85] 魏世杰,倪旎,付忠名.非利息收入与城市商业银行绩效关系研究——基于中国40家银行的经验[J].未来与发展,2010,31(2):51-55.

[86] 陈彦,许志胜,高宇.新常态下商业银行发展战略研究[J].金融会计,2015(1):29-31.

[87] 陆岷峰,汪祖刚,李振国.关于城市商业银行应对经济"新常态"的发展战略研究[J].大连干部学刊,2015,31(1):30-33.

[88] 李扬.中国经济发展的新阶段[J].财贸经济,2013(11):5-12.

[89] 王金山.经济新常态下中小商业银行经营转型[J].北京金融评论,2014(4):14-22.

[90] 薛琦.经济新常态下,商业银行转型路在何方[J].现代经济信息,2015(2):321.

[91] 周开国,李琳.中国商业银行收入结构多元化对银行风险的影响[J].国际金融研究,2011(5):57-66.

[92] 沈传河,朱新峰,王学民.我国结构性理财产品的开发研究[J].特区经济,2006,213(7):337-339.

[93] 付一为.我国商业银行个人理财产品发展现状、问题及对策探究[J].中国外资,2013(10):32-33.

[94] 马赞军.对我国商业银行发展个人理财业务的探讨[J].商业研究,2013(14):102-104.

[95] 孙玲.商业银行个人理财产品存在的风险及对策[J].时代金融,2013(4):118,122.

[96] 陈海强.互联网金融时代商业银行的创新发展[J].宁波大学学报(人文科学版),2014,27(1):109-112.

[97] 窦育民,李富有.中国商业银行的利润效率:1994—2010年——基于随机前沿替代利润函数方法的实证分析[J].财经科学,2013(3):10-17.

[98] 芮晓武,刘烈宏.互联网金融蓝皮书:中国互联网金融发展报告(2013)[M].北京:社会科学文献出版社,2014.

[99] 杨晓晨,张明.余额宝:现状、镜鉴、风险与前景[J].金融市场研究,2014(5):96-109.

[100] 张晓朴.互联网金融监管的原则:探索新金融监管范式[J].金融监管研究,2014(2):6-17.

[101] 吕乐千.我国商业银行理财产品发展趋势研究[J].武汉金融,2013(1):66-69.

[102] 罗荣华,林华珍,翟立宏.银行理财产品收益率曲线的构建与分析——基于随机效应半参数模型的方法[J].金融研究,2013(7):99-112.

[103] 孙从海.城市商业银行理财:市场结构与展业策略——基于银行理财产品数据的实证分析[J].金融与经济,2012(2):36-39.

[104] 张思远.地方性商业银行个人理财业务发展探析[J].经济研究导刊,2014(5):127-128.

[105] 吴清泉,陈丽虹,周莉,等.个人理财[M].北京:人民邮电出版社,2012.

[106] 李欣.浅谈现阶段我国互联网金融的规范与发展[J].现代金融,2015(3):29-31.

[107] 陈红梅.互联网信贷风险与大数据——如何开始互联网金融的实践[M].北京:清华大学出版社,2015.

[108] 詹向阳,宋先平,方建文.中国现代银行核心竞争力培育与创新运营成功模式全集——模式二·中国现代银行风险防范、内部控制与金融监管成功模式[M].哈尔滨:哈尔滨地图出版社,2003.

[109] 孙庆文等.企业贷款风险测度与预警管理研究[M].北京:中国经济出版社,2007.

后 记

本书是"China Knowledge:金融与管理系列丛书"中的一本,该系列丛书由编辑组成员合作完成,法国 SKEMA 商学院(SKEMA BUSINESS SCHOOL)苏州分校前校长李志森教授担任主编,编辑组成员包括:李志森(主编)、陈作章(副主编,总编)、于宝山(副主编)、胡怡彤(副主编)、陈奕君、戴子一、邹嘉琪和史佳铭等。

本书共六章,陈作章、于宝山和胡怡彤参与了全书的撰写、修改、总纂及定稿工作,第一章由胡怡彤撰写,第二章由金敏和陈奕君撰写,第三章由孙苏卉和胡怡彤撰写,第四章由施静和陈奕君撰写,第五章由施卫东和陈作章撰写,第六章由于宝山和凌敏撰写。在本书的研讨与撰写过程中,得到了苏州大学商学院、苏州大学出版社有关领导与专家的支持和帮助,得到了各位撰写者的支持和帮助,在此一并表示感谢!

本书研究中国特色社会主义市场经济发展中商业银行经营模式创新问题,以理论联系实际、实事求是的研究态度,透过现象看本质的指导思想,问题导向的研究思路,针对中国银行业发展中存在的实际问题深入研究,因此,该研究成果具有较高的理论参考和实际应用价值。本书可作为中外金融机构高管、中外高等院校教师、研究生和 MBA 学员研究的参考资料使用。

由于著者水平有限,书中难免存在疏漏和错误之处,恳请各位专家和学者批评指正。

著者

附：

关于中盛

中盛集团致力于为全世界投资者提供中国市场的商业资讯、投资咨询以及其他相关产品的服务。中盛集新闻、出版、在线、传媒、研究和咨询服务于一体,为在中国投资的海外客户提供一站式服务。同时,中盛也为中国国内的客户提供产品和服务,帮助中国政府机构和企业在海外扩大影响及开拓国际市场。

中盛独有的商业模式以及具有强大优势的产品集合,不仅满足了客户对基本投资信息的需要,更在错综复杂的执行层面上为投资者提供服务。

专业出版

中盛出版致力于为全球的投资者、银行家、专家学者等提供高质量、有深度的专业出版物。在经常性的市场调研和对客户深入了解的基础上,中盛在世界上首次推出了一系列以行业划分的专业商务指南。这些出版物在形式和内容上的创新,为中盛赢得了广泛赞誉。

中盛出版依托其母公司新加坡中盛集团,将出版物发行到四大洲,40多个国家。

市场调研

中盛集团的行业研究处于国际领先水平,为有意投资中国市场的投资者提供深入、广泛的行业信息。中盛的研究咨询服务始终保持着全面、高品质的优势。

时至今日,中盛的研究领域已经扩大到中国的40多个行业。散布于中国众多城市的高素质的研究团队,始终为客户提供高品质的研究服务,在各种投资项目中扮演着重要角色。

中盛的研究报告也可以通过汤姆森资讯(Thomson Corporation)、彭博通讯社(Bloomberg)、路透社(Reuters)或众多在线分销商获得。

新闻专线

中盛新闻提供及时、深入报道中国经济的付费新闻服务。中盛新闻通过众多平台发布,覆盖了平面媒体、电台、电视台以及网络等媒体的广大受众。众多全球知名的资讯提供商都在使用中盛新闻来丰富其信息资源。

近几年,世界上众多大型的传媒机构、新闻提供商以及研究机构纷纷采用中盛的新闻。例如彭博社(Bloomberg)、道琼斯路透资讯(Factiva)、律商联讯(Lexis Nexis)、汤姆森资讯、FactSet以及欧洲货币的ISI新兴市场、香港贸发局等。

中盛针对中国重大的经济和金融事件发表独特、深入的评论,受到传媒业内人士、客户和读者的好评。每天,中盛的新闻和评论都能及时到达追求高质量报道的读者手中。

咨询服务

中盛咨询致力于为在中国市场的外国投资者提供全方位、有深度的投资咨询服务;同时也为中国政府和企业提供投资海外的咨询服务。

中盛咨询之所以能帮助客户在较短时间内解决投资过程中遇到的各种复杂问题,并得到他们的信任,在于它对中国的行业发展有着深入的研究,并了解外商在中国投资的程序和具体事宜。中盛的业务已经扩大到中国的众多省份。几年来,中盛咨询以财经顾问的身份参与了众多大中型投资项目,为这些项目的实施提出了大量有价值的建议。

中盛咨询的团队成员敬业乐业、充满激情、深受客户的信任,并随时准备迎接新的挑战,为客户创造更大的价值。

Appendix:

About China Knowledge

China Knowledge is in the business of providing business solutions and products on China. Within the Group, we have publishing, newswires, research, online and a wide range of consulting services offer to foreign businesses seeking opportunities in China. Our products and services also serve domestic clients which include governments, ministries, state-owned and private enterprises seeking to market to the global markets.

Our business model is unique and powerful as it seeks to fulfill the most basic informational needs to complex execution services.

Professional Publishing

China Knowledge Press is a leading provider of high-quality and in-depth contents to professional, investors, bankers and academia worldwide. We constantly research the markets to understand the needs of our clients. As a pioneer in publishing some of trendsetter guidebooks have earned us the reputation of being the first in numerous industries and sectors.

Since its inception into China Knowledge Group, the products have reached out to more than 40 countries across 4 continents.

Market Research

Our research reports pioneer in publishing some of the world's first industry intelligence. We seek to deliver in-depth and objective information, and offer services to global businesses seeking opportunities in China, and pride ourselves on maintaining the highest standards of quality and integrity in our research and consulting service.

Today, our research capability covers more than 40 industries across China. Our teams of research analysts based in numerous Chinese cities are highly qualified and excel in providing the highest quality business intelligence that is business practical. The analysts are often engaged in collaborative consulting relationships with our clients to make executable strategies in meeting business and financial objectives.

The contents are also available in Thomson Corporation, Bloomberg, Reuters and many other online resellers.

Newswires

China Knowledge Newswires is a premium brand on quality, in-depth and timely news covering China. Our newswires is featured on a variety of platforms and reaches an extensive audience on print, radio, TV and the Internet. The global content providers and news aggregators have been relying on our news to enhance their content and extend their sources.

Over the years, the world's largest media groups, news providers and research vendors use our newswires to add to their product lines. For example, China Knowledge's newswires is resold in Dow Jones & Company's Factiva, Lexis Nexis, FactSet, Thomson Corporation's Dialog, ThomsonOne, Euromoney's ISI and many other similar businesses are negotiating for our newswires.

Consulting

China Knowledge Consulting has been the most dynamic and complete in terms of consulting services to foreign companies seeking business opportunities in China. On the outward, we offer the most complete services to local Chinese government departments and companies in pitching their services to overseas businesses.

We have become a trusted name in executing complex tasks required by our clients in many parts of leveraging on our extensive operations. We have unparallel depth of both functional and industry expertise as well as breath of geographical reaches in China. Over the years, our consulting has evolved into one that adds tremendous values in areas of financial advisory services capable of executing mid to large size transactions.

At heart, we are a big family who are passionate about taking immense challenges that create values and trusted relationship with our clients.